2001 年夏,汪裕雄先生校园留影

汪裕雄先生在思考

* Горький：" 美是人们把那种的东西，是用行学和方法在都加以探求... 几乎是用成这样把提示到以种活的束缚。"

美学讲稿

第一讲 绪论：一种难治的美学

一、"美是日难的" 美学成了一座"荆棘之林"。

在"美学热"中学美学，我想唱点反调，先讲些美学之难，让大家降点温。因为学习任何一门科学都是这样：心宜热，头宜冷。一味地热，连头脑也热块来，那是学不好的。

美以难在哪里呢？难就难在它的内容太具体、太生动、太多样，同时它又太抽象、太宽泛。美的内容简直是去这脑的极端跳跃。美的欣赏令人愉快，美的研究却偏为难引。

美以是从那里研究起的呢？是从美的物开始的。美的事物大家纷述美、纷赞美，"美的物主人心中所唤依的地…感情，是喜以我们生着敬爱的人而有情丨至于我们心中的那种愉悦。我们无私地爱美，我们欣赏它，喜欢它，像像话曰：为同我们喜欢亲人一样"（Repnin：《生活与美学》p.6）

如果美以的研究，让学术停留止别美的物上，让它回答"什么是美的"那么美以也就不见得太难。这只是术对别了物作审美判断或经验描述，我

汪裕雄　著

美学讲稿

中国科学技术大学出版社

内 容 简 介

本书是汪裕雄先生自1978年起在安徽师范大学任教时留下的讲义手稿集成，他以中国传统美学的"审美意象"范畴为中心，探索由"易象"经"乐象"到"意象"从而转换为审美范畴的流变过程，溯及审美起源，探寻审美心理机制，推及审美类型，考察审美意象的媒介作用，架构起一个纵横交织的审美意象学体系。本书收录了汪裕雄先生的备课笔记、授课讲义，以及为授课而摘抄的资料等，另附学生听课笔记片段，可以充分展现汪裕雄独特的学术研究系统和教学方式，使读者更全面地领略汪裕雄的学术成就。虽为学术著作，但并不深奥，深入浅出，适合美学、哲学专业研究生和爱好者阅读。

图书在版编目(CIP)数据

美学讲稿/汪裕雄著. —合肥：中国科学技术大学出版社，2023.11
ISBN 978-7-312-05589-8

Ⅰ.美… Ⅱ.汪… Ⅲ.美学 Ⅳ.B83

中国国家版本馆CIP数据核字(2023)第063467号

美学讲稿

MEIXUE JIANGGAO

出版	中国科学技术大学出版社
	安徽省合肥市金寨路96号，230026
	http://press.ustc.edu.cn
	https://zgkxjsdxcbs.tmall.com
印刷	合肥华苑印刷包装有限公司
发行	中国科学技术大学出版社
开本	710 mm×1000 mm 1/16
印张	16.25
插页	1
字数	299 千
版次	2023 年 11 月第 1 版
印次	2023 年 11 月第 1 次印刷
定价	48.00 元

目　录

上编　美学基本理论

绪论　　　　　　　　　　　　　　　　　　　　　·003

第一章　美的本质及其特征　　　　　　　　　　　·012

　　第一节　美的本质的难解性　　　　　　　　　·012
　　第二节　西方探讨美的本质的三种途径　　　　·013
　　第三节　关于美的本质问题的初步理解　　　　·017

第二章　美的形态　　　　　　　　　　　　　　　·024

　　第一节　社会美　　　　　　　　　　　　　　·024
　　第二节　自然美　　　　　　　　　　　　　　·029
　　第三节　艺术美　　　　　　　　　　　　　　·034

第三章　美学基本范畴　　　　　　　　　　　　　·041

　　第一节　优美与崇高　　　　　　　　　　　　·041
　　第二节　悲与喜　　　　　　　　　　　　　　·045

第四章　美感的特征及其过程　　　　　　　　　　·051

　　第一节　美感研究的重要性　　　　　　　　　·051
　　第二节　美感的基本特征　　　　　　　　　　·053

第三节　审美判断及其标准　　　　　　　　　　　　　　　·055

第四节　美感的过程　　　　　　　　　　　　　　　　　·057

第五章　美感的心理要素　　　　　　　　　　　　　　　　　·062

第一节　感知　　　　　　　　　　　　　　　　　　　·062

第二节　想象　　　　　　　　　　　　　　　　　　　·064

第三节　情感:美感中的动力因素　　　　　　　　　　　·066

第四节　理解　　　　　　　　　　　　　　　　　　　·067

第六章　美育的年龄特征　　　　　　　　　　　　　　　　　·069

第一节　"游戏的年代":幼儿期的美育　　　　　　　　·070

第二节　跨入静观欣赏之门:少儿期的美育　　　　　　·075

第三节　"充满诗意的年代":青年初期的美育　　　　　·079

第七章　绘画、雕塑与美育　　　　　　　　　　　　　　　　·086

第一节　"有形诗"与"无形画"的比较:绘画的审美特性　·086

第二节　"通过眼睛来服务于知解力":绘画的审美教育途径·089

第三节　"心灵与身体形状的直接统一":雕塑的审美特性·096

第四节　"立体的诗":雕塑的审美教育途径　　　　　　·096

第八章　建筑园林与美育　　　　　　　　　　　　　　　　　·100

第一节　古老的艺术,文明的见证:建筑是技术和艺术的综合体·100

第二节　"凝固的音乐",奇妙的通感:把握建筑的音乐感·103

第三节　"和周围的风景打成一片":欣赏建筑与环境的和谐美·106

第四节　"虽由人作,宛自天开":领略中国园林的诗情画意·108

第九章　戏剧与美育　　　　　　　　　　　　　　　　　　　·111

第一节　表演——戏剧的中心:从"贫穷的戏剧"谈起　·111

第二节　把戏当戏看:从"间离效果"说到自觉的观赏态度·114

第三节　怎样把戏看懂:谈谈把握"戏剧性"问题　　　·118

下编　美学要籍导读

第十章　康德美学导引 ·125

第一节　为什么必须读康德 ·125
第二节　康德的批判哲学和美学 ·139
第三节　康德美学要义 ·153
第四节　康德的自然目的论与康德美学 ·178

第十一章　黑格尔美学导读 ·185

第一节　黑格尔哲学和黑格尔美学 ·185
第二节　黑格尔的艺术美本质论(美论) ·190
第三节　艺术创造论("理想的定性") ·193
第四节　艺术历史发展论与艺术门类论 ·199

第十二章　宗白华美学导引 ·207

第一节　宗白华生平思想述略 ·207
第二节　从中国百年美学反观宗白华 ·210
第三节　宗白华对传统意境论的现代阐释 ·216
第四节　宗白华的"艺术通观" ·231

附录　美学教学反思 ·235

拓展学科领域,注重知识更新
——开设"审美心理研究"选修课的体会 ·235
走出"滞徊状态"的中国当代美学 ·239

编后记 ·249

上编

美学基本理论

绪　论

学习美学之前,须弄清三个问题:什么是美学? 为什么要学习美学? 怎样学习美学?

一、什么是美学?

美学这门学科既古老又年轻,目前而言还是一门不成熟的学科,关于这门学科的对象、范围、性质、方法等,学术界一直有争论。

有人说美学是古老的科学,美学思想古已有之。古希腊的柏拉图、亚里士多德,都专门讨论过美的问题;我国先秦诸子中,孔子、孟子、庄子都有美学思想,庄子的美学思想尤为引人注意。战国末期传为公孙尼子所作的《乐记》,系统地记述了我国古代有关音乐舞蹈的理论。东方和西方,都在两千年前就有了丰富的美学思想,只是这些美学思想混于文艺学或哲学之中,没有独立出来。

也有人说美学是新兴的学科。从1750年鲍姆嘉登写作《美学》一书,以"aesthetic"命名这门新学科,迄今不过二百多年。"aesthetic"这个词,准确的译文应是"审美学"。鲍姆嘉登认为"美是凭感性认识到的完善"①,它是作为感性学建立起来的,是哲学体系的一部分。

朱光潜在《中国大百科全书》的"美学"条目中说:"美学并无公认的定义。最常见的说法是美学是研究美的学问。"但此解释是描述式的,不能作为"美学"的定义,因为美学不仅研究美,而且研究与其有联系的各方面。美的事物是无处不

---

① 鲍姆嘉登.美学[M].简明,王旭晓,译.北京:文化艺术出版社,1987:18.

在、无时不在的。中国人讲"良辰美景,赏心乐事",可见美的事物广泛分布于自然界、社会生活与艺术之中。艺术的美更是千变万化的。美的事物可谓林林总总、品目繁多,如何去研究如此众多的美的事物呢?

(一) 美学的研究对象

关于美学的研究对象,美学界的看法不一。有的把美学的研究对象简单归结为美,这种看法过于狭隘。美学不但要研究美,而且要研究美感。美感即面对美的事物时人的心理状态。主体的能力不同,选择也不同。对同一对象,不同的人可能有不同的反应。所以美学不仅要研究美的事物,而且要研究美感,朱光潜、宗白华皆认为美学的研究重心应当是"美感"。

还有人把美学对象归结为艺术,此乃西方美学的一种传统看法。黑格尔认为"美"只存在于"艺术"中,"美学"即"艺术哲学"。在黑格尔看来,自然界无所谓美,自然美来自心灵,真正的美在艺术中,艺术美是一种理念的美。现代西方美学虽已承认自然美,但仍以艺术美为美学的主要研究对象。

这与中国传统美学不同,中国人很早就觉察到自然美。战国后期《庄子》:"天地有大美而不言。"(《庄子·知北游》)魏晋时期,把从山水游赏得来的美感转化为艺术,形成了山水画与山水诗。山水画论的鼻祖为南朝宋时期的宗炳,山水诗的开山祖师为南朝宋时期的谢灵运。此历史与西方不同,西方在18世纪以前否认自然美,而在18世纪末,德国以歌德、赫尔德和席勒为首的"狂飙突进运动"论及风景小诗,特别是歌德的风景诗表现了自然美,其后亦出现了山水画派。到20世纪80年代,西方依然在讨论自然美的理论,西方对自然美的鉴赏较中国大约晚了1200年。

中国人非常重视社会生活的美,尤其是"人"的美。魏晋的人格品藻,其评论包括两个方面:外表(风姿)和内质(气韵)(《世说新语》)。后世知识分子也经常以人格美为理想,如"君子气象""圣人气象"。中国有人格美的传统,而西方人格美的出现则要到启蒙运动之后。由此可见,中国传统美学中的对象,不止于艺术,也包括自然美、人格美等。也就是说,中国传统美学的对象是艺术、自然与人格。

此外,在当代生活中,审美活动向各领域广泛渗透,出现生活美学、劳动美学、技术美学,甚至科学美学,这已超出艺术的范围。在理论上,有人以忽视甚至牺牲现实美(自然美、社会美)为代价,而事实上,现实的美是忽视不得的。旅游产业的发展出现景观美学,生产技术的发展出现技术美学和劳动美学,科学的发展甚至有出现科学美学的可能。美学家如果死守艺术这片领地,必然会偏离不断发展的广泛多样的现实审美活动。所以这个看法,我们也不赞成。

笔者的看法如下:审美活动是一种对象性活动(人的活动大多不是无目的、无对象的活动),所以审美活动要有如下三个要件:① 审美对象。客观存在的有审美素质的事物,不是一切事物都能成为审美对象。② 审美主体。审美主体要具有健全的感官和健全的审美能力。③ 以上两者要发生现实的对象性关系,此关系为双向的,审美主客体要相遇,相遇时要发生作用。也有人称审美活动就是审美关系,笔者认为审美关系是审美活动的实际内容,审美活动是审美关系的现实展开。

深入研究审美活动时可能出现以下问题:① 审美素质是什么? 从何处来?② 审美能力是什么? 从何处来?

(二)美学的理论构成

人和现实有多种关系,主要是认识关系、实用关系和审美关系。三种关系规定了三种活动:认识活动、实践活动、审美活动。认识活动是为了探求世界发展的客观规律,实践活动是为了按照对世界客观规律的认识去改造世界,审美活动则是包括美的欣赏和美的创造。这三种活动分别可以用三个价值范畴来衡量:真、善、美。三种活动涉及人类心理活动的三种基本形式:知、情、意。三种活动又由三个方面的学科去研究:认识论、伦理学和美学,在鲍姆嘉登时代,即逻辑学、伦理学和美学。

人对现实的审美关系该怎样研究呢? 第一,审美要有美可审,美是什么? 这是一个重大问题,即美的本质或审美对象问题。这个问题需要从哲学上去探讨。现有的观点可分为主观论、客观论、主客观统一论和怀疑论四种。第二,审美要有人去审,需要一个审美主体。主体怎样反映美? 产生什么样的感受? 产生什么样的意识? 这是审美意识问题,或称广义美感问题。第三,人这个审美主体,在反映美产生审美意识之后,如何按照自己的审美理想在实践中进一步创造美,创造现实的美、艺术的美,这是美的创造问题。

美学按照对象、反映、创造分为美论、美的反映论和美的创造论。它们所研究的问题分属三个角度:哲学、心理学和社会学。

美学的理论构成,即美学学科有哪些理论? 这一问题从属于研究对象,研究对象不同,问题不同,我们认为美学的研究对象是"审美活动",则理论问题有如下三个:

1. 美论

美论包括美的本质及特征、美的存在领域、美的类型等,亦可称为审美对象论,主要研究美及美的事物、美的类型。

2. 美感论

美感论包括美感的本质与特征、美感的过程、美感的差异性与共同性、美感的心理要素等,亦可称为审美心理学研究。

3. 美的创造论

主体实现了对象与主体的统一,创造一个新的审美对象与新的审美主体,拓展审美对象,完善审美主体,包括三个部分:① 现实美(自然景观不可创造,但其中的人文景观可以创造);② 艺术美;③ 新的审美主体(艺术教育、健全的人格)。

此三个部分构成了美学的基本理论,也就是美学原理;美学引论、概论、总论,也就是理论美学。美学除了基本理论外,还有其他组成部分,已成为一个学科体系。

(三) 美学的学科体系

美学形成了一个包括众多学科的学科体系,其构成如下:

1. 理论美学

理论美学已发展成四个学科:美的哲学(艺术哲学)、审美心理学、艺术社会学、审美教育学。

2. 应(实)用美学

应(实)用美学包括:① 艺术美学,包括各艺术门类美学;② 技术美学,如产品造型、产品设计、环境美学,与生产劳动结合在一起;③ 生活美学,围绕人来展开,涉及人的生命活动的方方面面,小到梳妆打扮,大到居室环境,直到"人格美"。

3. 美学史

美学史可分为两大类：① 审美学说史，即各时代的美学观点、命题及其发展，我们可以用现代观点对其加以阐释（诠解）。② 审美意识史，涉及历史上人们的审美意识的发展变化，我们可以根据事物以及各式各样的艺术品来研究它。

（四）美学的性质

美学历来是哲学的分支，是在哲学体系中发展起来的。鲍姆嘉登、康德、黑格尔的美学都是如此。他们都是从哲学体系出发，通过逻辑论证，来寻求美的本质。这种对美的哲学探讨，成为19世纪中叶的美学主流。19世纪后期，法国美学家、心理学家费希纳在实证主义影响下，提出美学应该废止"自上而下"的形而上学的研究，主张"自下而上"的美学，即从审美的经验事实出发，只承认经验，不超越经验，反对对美的本质做哲学概括。

费希纳的观点获得相当多的人的共鸣，成为西方美学的主流。西方有不少人主张美学是心理学的美学，与哲学无缘。

但是，自下而上的美学是不能取消自上而下的哲学研究的。第一，美在哪里的问题自始至终是个哲学问题。在实证美学看来，美感就是美，而不承认客观存在的美。既不承认自然美，也不承认社会美，更不承认艺术美是一种客观的社会存在。第二，研究美感还有一个主体与对象的关系问题，是从主观到客观，还是从客观到主观？对象是否客观存在？主观是否反映客观？这都是哲学问题。就一朵花而论，如果一朵花放在你面前，让你谈感受，谈它美不美，这是容易回答的。但要问你：感受从哪里来？到底是花本身美，还是你觉得它美？问题就复杂了。如果说花本身就美，它美在哪里？是形式还是内容？为什么它令人感到愉悦，产生美感？同样一朵花，你觉得它美，别人为什么又觉得它不美？王安石的《咏石榴花》："浓绿万枝红一点，动人春色不须多。"一星一点红花，渲染得春意盎然，令人欣喜。杜甫的《登楼》："花近高楼伤客心，万方多难此登临。"杨衡的《题花树》："都无看花意，偶到树边来。可怜枝上色，一一为愁开。"这些问题涉及主客关系，反映关系中一系列问题：内容与形式、美与善、个人与社会、相对与绝对等，需要进行哲学的分析。

所以说，心理学的研究能丰富美学的理论，甚至掩盖美的哲学探讨，但不能改变美学的哲学性质。美学与心理学、文艺学关系密切，但又不能将美学归入心理学或文艺学。那么，什么是美学呢？美学是以人对现实的审美关系为研究对象,探讨美的本质以及美感与美的创造的一般规律的哲学性的科学。

二、为什么要学习美学?

(一)提高审美教育的自觉性

自我美育,即为自己建构一个自身的完善人格。"人格"为英语"personality"的翻译,由拉丁词根"persona"演变而来。"persona"原意为"面具""脸谱",延伸为"人的社会角色"。由这个词根扩展到"personality"一词,则为近代文艺复兴以后人格觉醒的结果,其含义有三:人格、个性、品格。自我美育与人格意识的觉醒、人格价值意识的觉醒与自我价值意识的觉醒相联系。

什么是完善人格?笔者认为人格可分为以下三个层次:

(1)自然人格,是人的物质的、生理的、生物学的层次。作为动物的人是自然物,所以西方给人下定义,最后的中心词都要落到动物上。亚里士多德认为人是政治的动物,布兰克林认为人是社会的动物,马克思认为人是制造和使用工具的动物。人既为动物,则有物质需求,即感性人格。《孟子·告子上》:"食色,性也。"也是就自然人格而言的。但人身上除保留了动物性的自然人格之外,还具有社会性。《孟子·离娄下》:"人之所以异于禽兽者几希,庶民去之,君子存之。"所以儒家提出了人格修养理论,强调人与动物有区别,不能只讲自然人格。

(2)现实人格,人要从自然人格提升到现实人格,社会对个体有要求,个体也产生社会需求,如人际交往、自我发展、与他人发生关系,则存在一定的社会规范,由此也产生了道德伦理。

(3)理想人格,人不能仅满足于现实条件、现实人格,否则会成为冷冰冰的现实主义者,甚至可能发展成蝇营狗苟的势利主义者,其人格是不高尚的,理想人格才是人们应该追求的对象。在中国,理想人格的标准为"圣人","圣人"以下为"君子","君子"是"准圣人","君子"的优点在于能把道德的"他律"变为"自律"。道德是讲规范的,讲"当然之则"的,把这种"他律"的"当然之则"变成对自己的"当然之则",就是"君子"。《论语·为政》:"七十而从心所欲,不逾矩。""不逾矩"即不超越社会规范,社会规范与心中所想统一,由他律过渡到自律。在西方,人们把理想人格称为"自由人格"。康德云:"位我上者,灿烂的星空,道德律令,在我心中。"(《实践理性批判》)康德把这种境界称为自由人格,中国也有此思想。人活在世上,应"俯仰无愧",上对得起天,下对得起地,中对得起人。

审美有助人格的建构,原因有三点:第一,审美是尊重人的感性需求的,所以能发展人的自然人格。审美不排除人的物质需求,同时又把这些感性需求提高到精神中享受,也就是"悦目赏心"。由此有利于自然人格提升到现实人格。第二,审美给人们提供了一个理想的境界,使人获得了超越性的审美感受,此即审美理想。如自然界通过审美可培养人对自然万物的"抚爱之心",即能求得人与自然界的统一,由此尊重自然环境,爱护自然环境,就可达到天人合一的境界。第三,当每一个人追求自己理想人格时,把道德他律变为道德自律,人的道德本身即可通向审美,此时人就可以培养出一种稳定的道德情绪、情操,其本身即为审美。这表现为一个人不仅行为上做好事,且内心有一种稳定的内在情绪。审美有利于人形成一种高尚情操,有利于人达到理想人生,人格由此完善。

审美能够把人从自然人格引向现实人格,且求得现实人格的超越,通向理想的人格和理想的人生境界。自然人格,可以说是人的"感性生命"。"感性"有两层含义:第一,人的五官感觉;第二,人的七情六欲,即感性的欲求。审美从人的五官感觉开始,把人的欲求加以净化、深化,净化即抑制七情六欲的泛滥,审美不仅是感官的娱乐,而且是在娱乐中追求高尚的感官享受,由此过渡到现实人格,现实人格表现为社会理性规范,主要为道德;理性规范人的感性的生命,审美要人发现感性中的意义是情感中包含的意义,非说教所能达到。理想人格追求一种境界,其中包含了人生的价值意义,审美把人引入一种审美境界。除审美道德帮助人建构理想人格外,还有另一种方式,即宗教,宗教也可以帮助人们建构理想人格。但宗教与审美有区别,宗教往往带有禁欲主义色彩,否定人的感情生命。基督教认为人在世间应赎罪,修养自己的人格。佛教把人生看作苦恼,人生即在苦海迷航,应把世界看成虚幻的,从而抛弃现实。宗教是以放弃自然人格为前提而建构理想人格的,其带有一定程度上的强制性和虚幻性。但人的感性欲求是应受到尊重的。以"审美代宗教",建构理想人格,使感性生命与理性结构和谐发展。

(二)有利于对教育对象实施美育

1. 确立美育的地位

通过可控的审美活动,提高受教育者审美的能力、素养,建构一个完善的人格,即"美育"。美育在西方教育中历来作为教育的一个组成部分,即德、智、体、美四育并举。"四育并举"的心理学依据为:"德"是关于人的作为(意志);"智"是关于人的智力(认知能力);"体",即体育,是关于人的体质教育;"美",即美育,是关于提高人的审美能力素养(情感)。人类心理活动的三种基本形式:知、情、意。发展知、情、意需要德、智、美三育,体育则为其他三育的载荷。现代中国美育的地位尚未确立,德、智、体、美四育中,美育并未受到充分重视。

2. 美育的特征

美育尊重感性,尊重主体性。美育的特点可概括为"潜移默化",即通过自由、自愿的审美活动,使自己的情感得到陶冶。

3. 美育的功能

(1) 美育功能为"远期效应",苏联教育家苏霍姆林斯基说,五岁以前的教育可以奠定人一生的基础。美育过程得到的美感,不要求直接转化为行动,审美的效果不能立竿见影。

(2) 深化对艺术活动的理解。俄国思想家普列汉诺夫认为:"'文学艺术是社会生活的反映',这话很对,但等于什么也没说。"因为一切社会意识形态都是社会生活的反映。普列汉诺夫认为,艺术是表现人的情感,艺术是为人的情感交流而设立的这种说法抓住了艺术本身的特点,但需回答的是:艺术是如何表现情感的? 舞台演员哭与孩子的啼哭,一为审美,一为非审美。艺术需要形式化,情感与形式结合起来,即是意象。艺术正是通过意象表达情的。生活中有很多方式表达情感,如恐惧发抖等为情感的宣泄。艺术不同于日常的情感表达方式,艺术通过意象表现出来。笔者认为,艺术即把日常生活中人们经历的情感,通过意象来进行再体味。

(3) 学习美学可以帮助我们进行艺术通观。美学可以帮助我们了解艺术门类的共同特点及其各自的特殊性。现代社会审美风尚不断变动,其流行性、感染性强,其本身在不断变迁,有学者呼吁建立"审美文化学",以研究社会审美风尚的变迁。

为什么学习美学,小而言之是为了进一步学好文艺理论,提高欣赏和分析艺术作品的能力,使自己拥有健全的人格心理结构;中而言之是为了将来能自觉地、有计划地、有成效地从事美育工作;大而言之是为了建设社会主义精神文明。

三、怎样学习美学？

（一）美学的学科性质

美学的学科性质，主要有以下三种说法：

（1）美学传统上属于哲学学科，是哲学的一个分支。1750年德国鲍姆嘉登创立美学学科，把美学放到哲学体系中考察。人有知、情、意三种功能。知，即哲学认识论、逻辑论；情，即美学的任务；意，即伦理学，研究人的目的、动机、行为。"aesthetic"，原意为"感性学"，即研究人的感性认识的完善。

（2）把美学等同于艺术学，认为美学的研究对象是艺术，是一种艺术哲学。美学即艺术理论，研究人的艺术活动。

（3）美学是跨界学科，认为美学是兼容哲学、心理学、艺术学的跨界学科，这是20世纪80年代以来国内的主流看法。故学习美学，应有相应的哲学、心理学、艺术学素养。

（二）美学内容的两极性

美学的特征包括理论上的抽象性和对象的具体性。美学内容的两极性，要求"艺术的博学"，贯通诸艺术门类，实施艺术通观。要求感受性和思辨力的双向发展，即"具体感性←美学→理论思辨"。故学习美学要求学习者具备两种品质：一是艺术美感（艺术感受力等）或审美敏感；二是理性思辨力。

（三）历史与逻辑统一的方法

逻辑从历史中来，历史的必然性即是逻辑的必然性。历史有芜杂性和偶然性，有曲折、迂回和反复，需从中发现其运动的基本轨迹。从理论逻辑自身来说，需参照理论的历史发展，学习美学要注意学习美学史、艺术史甚至哲学史，要有理论的习得及必要的逻辑论证。

第一章　美的本质及其特征

所谓美的本质问题，通俗地说，就是美是什么的问题。这个问题要求我们回答：美有什么质的规定性？认为一个事物美，或认为一个事物不美，判断标准究竟是什么？这是美学中最困难的问题，也是争议最多的问题。

第一节　美的本质的难解性

鲁迅1912年在《拟播布美术意见书》中说过："曙日出海，瑶草作华，若非白痴，莫不领会感动。"[①]所以美的事物为人人可见可感，也不难指认。但事物何以为美？进而什么是美？要回答这个问题，则非常不易，难就难在美的事物不等于美。

西方哲学史上最早研究此问题的是柏拉图。柏拉图的《大希庇阿斯篇》是人类思想史上第一篇美学专论，其最大贡献就是将美的事物和美本身加以划分，这个划分成了后世美学学科建立的重要依据。声称美的本质是假问题的人（美的本体问题是真问题还是假问题），实际上也在动摇美学作为学科的必要基础。

在柏拉图看来，美学的任务是在探明"任何事物，因为有了它才显得美"（《柏拉图文艺对话集》）的那个"美本身"。《大希庇阿斯篇》中，柏拉图借其老师苏格拉底之口，向希庇阿斯提出美是漂亮的小姐、漂亮的母马、木勺还是金勺、希腊人的生活方式、视听感发的愉悦等一系列假定，然后逐一加以反驳，使得希庇阿斯在

---

① 鲁迅.拟播布美术意见书[M]//鲁迅全集：第8卷.北京：人民文学出版社，1981:45.

讨论中陷入窘境,最终不得不同意苏格拉底的结论:"美是难的!"

美的本质何以难解？原因如下:

(1) 美的事物极为纷繁复杂。天边一片云,地上一个人,墙上一幅画,我们都可以说是美的,但各自美又何等不同!"美"作为一个形容词,可以形容的事物林林总总,不可胜数。自然美、社会美、艺术美,各个领域又千姿百态,异彩纷呈。

(2) 美的变易性。在历史上,往昔为美当今不美(如缠足)、往昔不美当今为美(如怪异现象、石林、沙漠)的现象层出不穷。每一时代都有其审美判断的尺度和标准。

(3) 美的本质论的歧异性。1898年,列夫·托尔斯泰在《艺术论》中指出:对什么是美的问题,有五十多种定义,其差别很大,很难把它们统一,"美对只讲而不想的人是一目了然的,而对又讲又想的人来说,则始终是一个谜"①。时至今日,美的定义已有一百多种,仍是歧异不断,很难统一。现代有一种思潮,就是美学上的取消论与怀疑论。有人认为"美"的概念可以取消,"美的本质"可作为不可救药的陈腐问题予以放弃。如英国一派分析哲学家认为,"美"这个词每个人使用都有不同含义,"美"只不过是一个叹词,美学家欲把其抽象成一个定义,则构成了"语言陷阱",即认为"美"的概念为陈腐的不可知的概念,这就是取消论和怀疑论的观点。

笔者认为,在认识论中取消美的概念是不正确的,但此观点,又给我们提出一个问题,即美的语义学的分析问题。美学学科是一个古老的学科,具有很早的思想史的渊源,但同时又是一个年轻的学科,也许,没有定论正是美学的希望所生和生命所在。

第二节　西方探讨美的本质的三种途径

一、从事物的形式去探讨美

这类观点主张美在事物的形式。事物美之因,在于其外在形式美,强调事物的感性外观:"形式",即事物的外形、色彩、秩序、节奏、韵律。一个事物显出秩序、节奏时,能给人带来美感。"美在形式"的观点最早为古希腊毕达哥拉斯所提出。

---

① 托尔斯泰.艺术论[M].丰陈宝,译.北京:人民文学出版社,1958:14.

毕达哥拉斯认为,整个宇宙皆由数决定,数为世界的本源。由数决定事物间的关系和联系,数的和谐即体现为事物的点、线、面、体的和谐。事物的运动达到和谐时,则为美,美的典范为天体的运动。天体运动为最伟大的和谐,即"天体音乐"。

继其后,很多美学家从事物形式寻找美的因素及其组合规律,由此则产生了形式主义美学流派。18世纪英国美学家荷迦兹,专门研究美的形式因素,即线条的美、形状的美、形状组合的美。他有两个观点:其一,所有线条中最美的线条为蛇形线(自由度、节奏、变化),折线虽有起伏,但不自由,带有强制性;其二,强调美的因素组合时,要符合多种统一的规则。荷迦兹在西方影响较大,其主要贡献是帮助美学家研究形式美。

20世纪初,西方文学批评中的形式主义派领袖什克洛夫斯基认为文学作品的价值就在其形式、结构,所以他把文本(text)放在第一位,主张文学非意识形态化,而是瞩意其语言、结构和形式。文学作品的意识,主要在文本中,今天的英美就批评流派而言则指此端。"美在形式"观的历史功绩是肯定了美必然具有感性的形式,任何事物如显得美,皆是以外观诉诸人的感官。这促进了形式美的研究,尤其促进了实验美学的兴起,实验美学为心理学的一个分支,把形式因素抽出来进行心理测试,使形式美的感受数据化。"美在形式"观的理论缺陷为忽略了美的社会内容,大量的美的事物是有内容的,完全否认艺术品的内容是不现实的,是不利于说明美的历史性的,这也就是对同样一种形式不同地区、不同时代的人会有不同的评价的原因。实验美学把美的内容抽取出来,打破了审美的整体性。为补救以上缺陷,20世纪初,英国两位美学家克莱夫·贝尔和诺德·弗莱在1902年《艺术》一书中,主张美在形式,但为"有意味的形式"。"意味"可以是感触、情绪,也可以是某种思想感情,只有当意味与形式结合时,形式才美。但二人不能论证"意味"与"形式"何以结合和如何结合。

中国传统美学没有纯粹的"美在形式"说,而是把形式与意味结合在一起,成为"意象","意"即主体的情或意,"象"即客体提供的感性因素,值得探究。

二、从人的精神活动去探讨美

其中包括两种观点:"美在愉快""美在理念"。

"美在愉快"强调必然引起主观的愉快之感。美的事物是惹人喜爱的,能引起愉悦的,其把美归于人的主观精神和好恶,代表人物是英国18世纪哲学家休谟。他认为,美就等于主体的趣味,凡是美的东西必然唤醒主体的趣味,而引起快感,所以快感与痛感不但是美和丑的必然伴随物,而且还构成美和丑的本质,每一个人心见出一种不同的美。① 其合理性是重视了主体的美感因素,且尊重了审美中的一个经验事实:美的事物必然引起人的愉快。其片面性:一是不能回答为什么有的事物引起美感,有的事物引起痛感,完全抹杀对象的特点;二是没有区别美感与一般的生理快感。

"美在理念",即把精神客观化。理念(idea),可译为"观念、理念、理式、范式、理想"。柏拉图认为,我们面对着世界有三个层次,第一个层次为理念界,其为世界的终极存在,最终根源。第二个层次为现实界。第三个层次为艺术界。现实界为对理念界的模仿(理念界为现实界的蓝本),艺术界模仿现实界,所以,艺术与理念之间隔了三层。理念为本质,集中了这个世界的真善美。人如何通过艺术去发现理念界的美? 柏拉图提出了"回忆说",认为人的灵魂不死,人的灵魂曾存活于理念界,人出生后,则遗忘理念界,其后通过不断学习,努力回忆在理念界中的真善美。常人是通过回忆来去发现现实的美和艺术的美,艺术家则不同于常人,其通过"神智的迷狂"(灵感)来回忆理念界的美。最具灵感的为哲学家,其能完整地把握理念。

柏拉图为何把主观的东西(理念)客观化? 根本原因在于柏拉图认为"理念"等于"神"。柏拉图是有神论者,古希腊宗教把神看作人的精神的抽象化。客观唯心论观点与古代神学有联系。但可知柏拉图承认理念世界的事物亦包含了真善美,艺术品亦然,即"分有""理念"的真善美,"分有"为一个准神学概念,所以柏拉图的理论是具有神秘色彩的。但其理论尚且有价值:其一,肯定了现实界有真善美;其二,肯定艺术是对现实的模仿;其三,肯定艺术创造要有特殊的才能。艺术创作要进入到迷狂状态,它不同于病理的迷狂,也不同于爱情的迷狂,也不同于宗教的迷狂,其为"艺术的迷狂",为诗神缪斯赋予的迷狂。柏拉图最大的功绩在于区别了美的事物与美的本质,美的事物在艺术界,美的本质为理念。柏拉图的思想影响了整个西方中世纪的神学美学。古罗马阿法罗定提出了"美是神性的流溢"(《九章集》),神性饱满到要流溢出来则为美。如果把阿法罗定的"神性"不理解成"神"而理解成"人的精神",则有可取之处。欣赏美,同时是人自己精神生活的表现。可见,阿法罗定的"流溢说"亦有可取之处。阿法罗定同时发挥了"流溢说":① 一个美的事物,要从自己的"形式"显现"神性"(从对象展开),"显现"在西语中有"放光辉"之意;② 人的心灵有一种根源于神性的内在感觉(从行

① 北京大学哲学系美学教研室.西方美学家论美和美感[M].北京:商务印书馆,1980:108-109.

为展开)。所以只要培养一种崇高的宗教感情,就会发现人世间到处存在着美。

19世纪黑格尔提出"美是理念的感性显现"(《美学》)。他认为宇宙的本质是精神,宇宙的终极存在即本体为"绝对理念","绝对理念"派生出宇宙的万事万物。黑格尔把"绝对理念"看成一个封闭的运动过程,里面有三个发展阶段:第一为逻辑阶段,理念自己能运动。理念通过自身的运动,不是思维的结果。理念自身运动而达到完满,要求外化为自然界,即进入到第二阶段——自然阶段,其中又有三个阶段:无机阶段、极限阶段、有机阶段。有机阶段的最高点产生人,人的心灵把握自然界及逻辑,则进入到第三阶段——精神阶段,精神阶段也有三个层次:其一,客观精神,体现为各种各样的制度。其二,主观精神,反映这些制度的人的意识。其三,绝对精神,分为三类:艺术、宗教、哲学。艺术为绝对精神的初级阶段,艺术所要把握的理念在绝对精神中的体现,其没有完全脱离感性,需要通过感性显现理念,即是美。所以,黑格尔的美为艺术美,黑格尔讨论美是把美放在绝对运动的大圆圈中进行讨论的。黑格尔的命题包含了三者的统一:首先,理性与感性的统一。理念为理性,它要通过感性显现出来,人的心灵活动包括理性与感性两种能力,黑格尔把美看作调和感性与理性的重要活动。其次,艺术作品的内容与形式的统一。理念是内容,感性显现是形式。"显现"依然为阿法罗定的"放光辉"之意,其具有能动性,即打动人的心灵。最后,主观与客观的统一。在绝对精神的运动中,精神可以外化为自然界,自然界也可以内化为精神。

精神活动是主体主观世界的产物,但在西方哲学,长期有人将精神视为客观实体,形成客观唯心论。从柏拉图的"理式"到黑格尔的"理念",均系如此。这种客观论通向神学,但他们在将精神实体化的同时,对审美作为精神活动有过细致的考察。黑格尔提出"美(实为艺术美)是理念的感性显现",就涉及审美的内容与形式、理性与感性问题。

主观论的观点是将美等于美感,依休谟的说法美等于趣味。《人性论》:"快感与痛感不只是美与丑必有的随从,而且也是形成美与丑的真正的本质。"[1]将美感视为美,易夸大主体精神作用而忽视审美客体。

三、从事物与社会生活的关系探求美

俄国革命民主主义者车尔尼雪夫斯基提出了"美是生活"的命题,他认为"美是能够显示生活或理想的生活的那些事物"(美是一些事物),"任何事物,凡是能

---

① 北京大学哲学系美学教研室.西方美学家论美和美感[M].北京:商务印书馆,1980:109.

使我们想起生活的就是美的","任何事物,凡是能使我们想起按照我们的理解,应当如此的生活的那就是美的"。这两种表述是为了区别自然美和社会美。第一句话表述自然美,自然为何而美? 因其是生活的象征。俄语中"生活"有两个意思,一为生活,一为生命。所以,亦可说明"自然美是生命的象征"①。第二句话表述社会美,其应是理想的生活的象征。一个事物凡是符合我们理想的生活的,则是美的。"按照我们的理解","我们"是指革命民主主义者。贵族上流社会与农奴社会不同,因其生活理想不同,两种美寄托着两种社会理想。车尔尼雪夫斯基关于社会美的分析是最闪光的部分,但其理论有其弱点,即把社会美与自然美隔断了。这两种美在车尔尼雪夫斯基的美论中是不能贯通的,在艺术美中两者共有,所以他对艺术美不能自圆其说。车尔尼雪夫斯基认为,艺术是生活的忠实再现,现实美永远高于艺术美,但当其强调艺术的宣传作用时,又说艺术是生活的百科全书,艺术可以鼓舞人,可见其思想有矛盾之处,有其不彻底性与不完整性。

　　以上三种途径贯穿了整个西方美学史,现代西方美学也有不同看法,大致也可归纳于此三种途径,所以它们各有其片面的合理性。"美在形式"强调了对象和对象的形式,任何事物之所以美,在于其由感性形式而打动我们。形式包括秩序、节奏、韵律等。一个事物如果为美,其必然在形式上有其美的特质。形式派美学抓住此特点,认为美只关乎其外观,而不关乎其实体,由此则区别了审美与实用。欣赏,只欣赏事物外观形式所构成的"象"。"美在精神"讲主体,主体应有审美能力,主体的心灵应是审美心理、艺术心灵,能感受美,即探讨主体的心灵能力问题。主体的心灵与客体形式上的美如何联系? 联系是双向的联系,其建立在社会历史的基础上。人的审美能力是在社会历史的发展过程中,逐步发展形成的。受车尔尼雪夫斯基的理论启发,我们在社会历史生活中应去发现审美形式与心灵的联系。我们的任务即要综合此三者。

第三节　关于美的本质问题的初步理解

一、审美活动是一种社会性活动

　　(1) 审美活动不是单纯的生物学现象。动物不能审美,只有社会化的人才

---

① 车尔尼雪夫斯基. 生活与美学[M]. 周扬,译. 北京:人民文学出版社,1957:6-7,10-11.

能审美。19世纪中叶,达尔文《物种进化论》提出"动物审美论",认为人的审美能力与动物的审美能力一致,所以人的审美能力只是一个单纯的生物学问题。后经研究证明,例如,通过对雄性动物的研究,发现不是出于审美的目的,而是性的目的,是为了求偶、生存繁衍的需要。普列汉诺夫《没有地址的信》指明,美学不是生物学问题,应转到社会问题上。

(2)凡是美的对象都要由社会来分享。审美活动具有很高的分享性,凡美的创造,皆为了观众和读者,人的美化活动,皆是为了他人的分享,"女为悦己者容"。审美创造活动最大的悲哀是得不到人的欣赏。审美的社会分享性是审美活动的最主要的特征,美的事物,不能由私人占有,而是诉诸公众。

(3)审美活动是随着历史发展而不断发展更新的,表现为人的审美范围日益扩大。最早进入审美活动的对象是人,原始艺术的主要对象为神化了的人。之后动物成为审美对象。到农耕社会,则植物进入审美视野。最后山川风景成为审美对象。到今日,荒漠等亦成为审美对象。在不久的将来,宇宙太空可成为审美对象。人的审美范围不断扩大,同时人的审美趣味也不断更新。"趣味",即主体审美能力的标志。审美趣味为主体审美的选择性,表现其审美上特有的爱好、趋向、需求。趣味有强烈的个性色彩,"人心不同,有如其面",审美尤其如此。标志着人的趣味为审美能力,审美能力随着历史发展不断发展,所以审美趣味表现出很强的时代性。每个时代的审美风貌都不同。例如魏晋之前,中国人追求"镂金错彩之美",如马王堆"帛画",色彩绚丽、人物奇诡,直承楚文化特色,人文色彩浓厚。魏晋之后,国人追求"芙蓉出水之美""淡雅之美""清新之美",此美"绚烂之极而归于平淡",此美可称之为"玉之美",如玉石一般"精光内敛",中国人也欣赏玉一样的人格。正因如此,宋代玉器艺术达到最高峰。苏东坡认为,陶渊明的诗为此种美的典范。车尔尼雪夫斯基说:"一代人有一代人的美,在下一代又有自己新的美,前人不能欣赏,是不能加以抱怨的。"审美尤重社会历史性,因为审美活动本身是一个社会历史现象。

(4)从汉字的美的字源说来证明美关乎社会历史。"美"字最早见于甲骨文,有三种写法,如图1.1所示。

图1.1　甲骨文中"美"字的三种写法

《说文解字》解释："美,甘也。"①从羊,从大。羊在六畜主给膳也,"美"与"善"同义。此解释是从人的使用活动来看的。20世纪80年代初萧兵驳证,认为许慎讲"美"为"羊""大"合体为误,"羊"不是"美"的草体字,而是今体字,为"羊""人"合体。"大"即是"人","顶天立地之人为大"。原始时代,巫师头戴羊头(或羊角)进行巫术活动,巫师即酋长,"巫与酋同"。巫术礼仪是为了沟通人与神,巫师本身就代表神力,所以他们是最高的权威。原始先民崇拜天、地、神灵,即崇拜酋长(巫师),所以"羊人"成为崇拜对象,故"羊人"为"美"。"羊人"(巫师)代表了当时的理想人格。"羊人为美"而到"美"的产生,为"原始宗教的孑遗"②。这两种说法可以沟通,恰恰可见美与社会历史的联系:"羊人为美"在先,其与原始巫术相联系;"羊大为美"在后,代表了"美"与"善"未分化时的观念(春秋战国以前)。对美的解释发展到第一步,则是美即关乎对象的形式及其和谐。而此时"美""善"已经分化,如孔子《论语·八佾》,欣赏"韶乐"时:"子闻韶,尽美又尽善也。"孔子谓《武》:"尽美矣,未尽善也。"《韶》表现周文王"文治",推行人文教化,《武》表现周武王伐纣,建立王国武功。孔子认为《韶》乐艺术形式美,内容较好(善),《武》乐形式亦美,但内容不完满。因为孔子主张人文教化,反战。孔子区别了"美"与"善",从中国人对美的发展的三个阶段来看,不管哪个阶段都不能脱离社会历史,离开人,离开人类社会就没有审美活动。普列汉诺夫说过:"不是人为了美而存在,而美为了人而存在。"③美不能先于人,不能先于社会。

二、审美活动是一种社会性的价值判断活动

审美活动创造了审美价值,亦判断审美价值,所以人类社会活动的类型有三种:认识活动(求真),属于"知"的层面(本身不是价值活动,但其结果"知识"为价值判断);实用活动(向善),属于"意"的层面(价值活动);审美活动(爱美),属于"情"的层面(价值活动)。这三种活动都是对象性活动,认识即认识外部世界及人自己,对象为大自然、社会及人的思想,目的是求真,涉及人的心理上的认知活动。实用活动带有功利性,为满足人的某种需要的活动如物质生产活动。另外也有伦理活动,即评价人的行为及其后果,对社会有利则为善,反之则为恶,其目的为向善,涉及人的心理上的"意志"。审美活动不追求实用功利,只是为了满足

---

① 许慎.说文解字[M].北京:中华书局,2013:73.

② 萧兵.从"羊大为美"到"羊人为美"[J].北方论丛,1980(2):41-45.

③ 普列汉诺夫.普列汉诺夫美学论文集[M].程代熙,译.西安:陕西人民出版社,1983:498.

人的精神需要,目标是求美,涉及人的心理上的情感活动。这三种活动应予以区别:认识活动本身不是价值活动,认识的结果作为意识,则有价值判断。马克思说:"价值概念如何产生?它产生在主体需要和外界物的关系当中。"①凡是"价值"是指一个客观事物能否满足主体的需要。认识活动是不允许把主体需要介入的,其需要一个客观的态度,冷静的观察,连贯的思致,所以科学主张对象独立化,不需要"情感的介入"。使用活动与审美活动本身就是价值性活动,善恶按照其对社会人群有利或不利来加以评判,这里就需要用主体的参数对对象加以评判。这种价值评价,属于伦理学范畴。美丑判断依然为价值活动,其中包含价值取向。对象符合主体需要为正价值,不大符合主体需要为中价值,与主体需要相反为负价值。审美的正价值为美,负价值为丑。由此可知,我们不能用认识活动的规律去要求审美,不要把审美活动等同于认识活动。

美学大讨论中的机械唯物观点的代表人物蔡仪认为,美是纯客观的,是事物本来具有的,是天生存在的,美感是对美的认识反映。朱光潜反对说:人类出现以前,有无美存在?朱光潜认为人出现以前,事物可以说具有"潜在的美",只有人出现后,才转变为"现实的美"。蔡仪的方法是把认识活动的规则引入审美活动。另一个弱点,是把美感当作认识。认识活动也伴随情感,如求知欲或满足感等,但此种情感不影响认识的对象结果。但审美活动是由对象的形式打动情感,同时对象一方亦罩上自己的情感。蔡仪把美感当成一种反映,笔者认为美感不是反映,而是主体的心理反应。蔡仪认为情感是认识的伴生现象,这在心理学上称为"伴生论",这种观点在19世纪流行,而在20世纪遭到否定。

审美活动是价值活动,则需要价值论的观点对其加以分析。对象刺激,唤起主体的心理反应,主体的心理活动,又可投射到对象,成为一种对象与主体之间的双向活动,这种活动即是价值活动。

三、审美价值活动的根源

(1) 从对象分析,凡是美的事物必然有其美的形式(外观),这种美的形式,就是"潜在的审美素质"。当具有潜在审美素质的事物与主体相遇时,对象的形式,则化为活生生的意象。事物的美为事物的现实的审美价值,价值点是在审美活动中实现的。客体的一定的形式,为什么会对人有意义?人为什么对客体的

---

① 中共中央马克思恩格斯著作编译局.马克思恩格斯全集:第1卷[M].北京:人民出版社,
2006:406.

形式、结构、秩序有一种审美上的需要？这两个问题即回答主客体之间的关系问题。审美活动的最终根源在人类的社会实践。社会实践最基本的方式是生产劳动以及围绕生产活动展开的科学研究、艺术活动、经济活动等。所以审美价值活动的最终根源在于创造物质生产资料的活动，这是为何？因为该活动在本质上是一种造型活动。人类生产劳动开始于制造和使用工具，劳动有三个要素：劳动对象、工具系统、主体(人)。凭借工具去征服和改造对象，此活动即为造型活动，以改变对象的自然形式来满足人的需要。从客体来看，人的劳动可创造价值财富，满足人的需要，但人不能创造、消灭物质，人所能做的只是改变事物的自然形式，把原来没有关系、不能满足人的需要的形式，变为能满足人需要的形式。在生产劳动中，人们发展了自己的形式感，人由此追求一种使对象增值的形式感，因此形式对人有意义。从主体来看，人改变了自然形式，并不是追求那种形式，而是为了满足人的生活需要。对象给人的首先是一种实用价值，随着人的形式感越来越丰富，形式价值与实用价值慢慢分化，此时，分离后的形式价值就是一种审美价值。形式价值与实用价值的分化有两种形式：一是从实用品变为实用工艺品，再发展为纯工艺品(艺术品)；二是由于历史条件变化，实用意义消退，实用品转变为艺术品。由此可以说，审美起于实用，审美价值是由实用价值分化出来的形式的价值。

(2)审美活动的直接根源：神话和巫术礼仪。世界各地的神话都产生于石器时代，中国为公元前六七千年。旧石器时代打制石器，新石器时代磨制石器、陶器。新石器时代人的造型能力已经很强，更重要的是人掌握虚拟造型的能力。自然现象的变化使人创造了神话。虚拟造型能力，首先体现为天神的崇拜：天帝、风伯、雨师——自然神；其次为生命崇拜：关于人的生老病死——宗祖神，自然神与宗祖神均为至上神。至上神在中国是多元的，在西方为一元(上帝耶和华)的。神话巫术通过虚拟形式打动神灵，使其给人们降福灭灾，同时也创造了原始的艺术，神话是后世叙事文学的源头。巫术中祝告之词为诗歌的源头(诗之胚)，娱神之舞为舞之媒，祭祀激发情绪动力(乐之源)，以上三者构成了诗歌舞合一的原始艺术。原始艺术与巫术礼仪是一体两面的东西。其作用在于激发人的想象，使人在幻想中证明自然时代发展，人的自我意识觉醒。公元前5世纪到公元前3世纪，人类进入到轴心时代，即哲学超越时代，在中国为春秋时代，古希腊为伯利克里时代。在此时代，人类出现自觉的理性，开始用哲学的观念探讨宇宙的起源和人的起源。中西方都提出了一个最高范畴来顶替神。老子提出了"道"范畴，古希腊提出了"逻各斯"(logos)范畴。此最高范畴能涵盖万物，涵盖宇宙，人的任务就是掌握"道"或"逻各斯"。中国哲学讲求体道、悟道,西方哲学即是用逻辑学掌握法则。中国人掌握"道"强调体悟,西方人强调逻辑思致,由此形成了两个文化系统。"道"与"逻各斯"标志着原始崇拜的解体,这个解体也导致了神话的解体及原始的巫术礼仪消亡,但原始艺术的形式依然存在,这时诗、乐、舞不再表现对神的崇拜,而是表现人的世俗情感,由此导致了艺术的诞生。虚拟造型导致了艺术的诞生,因此它是审美的直接根源,艺术的诞生标志着人的审美活动已趋成熟。由此可知审美根源可分为最终根源与直接根源。由"艺术"一词的字源也可知,不管东西方,"艺"字皆与"农艺、工艺"相联系,艺术即农艺之术,甲骨文的"艺",是一个人跪于地上种植的形态。孟子曰:"树艺五谷。""蓺",还与农艺相联系,尚未分化;"藝",加"云",即云饰,强调装饰成分。"艺"字形的演化如图1.2所示。

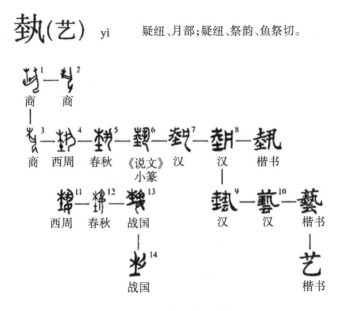

图1.2 "艺"字形态的演化

在古希腊语言中,"艺术"一词等同于"技艺"(technic),拉丁语词源为"ars",本意为技术、法术。艺术的起源有两种观点:一种认为艺术起源于劳动,如马克思;另一种认为艺术起源于原始宗教和巫术神话,如弗洛伊德说:"艺术起源于祭坛。"这两种说法有分歧。笔者认为两者可以统一,一为最终根源,一为直接根源。鲁迅的说法较为全面:"诗起源于劳动与宗教。"这两个根源,表现了审美与艺术起源于不同阶段。

四、美的本质及其基本特征

1. 何为美？

美是客观事物的形式、结构、秩序，能满足人的审美需要而产生的正价值。简单地说，美即是审美的正价值。客观事物包含两个方面，一方面为自然物，另一方面为人工物（自然物的加工形态）。凡是人工物，都是自然物的加工形态，都要利用自然形态，即形式（色、形、声）；而内在结构决定了外在的状貌，所以结构要求为完整、完满；秩序表现为动态的节奏、旋律、韵律。所以审美价值也可以看作事物的形式价值。

2. 美的特点

（1）凡是美的事物都具有可感形式，能诉诸直接感知。桑塔耶纳："如果皇冠不是金色的，如果古希腊的巴特农神庙不是大理石做的，如果大海不是蔚蓝的，如果金子不能闪闪发光，那么这一切事物的美就是荡然无存的。"[①]桑塔耶纳所举的事物皆具有可感形式。

（2）凡是美的事物都激起主体的情感交流，因为主体是一个艺术化的心灵。觉得对象可爱，就能把情绪移注于对象，即辛弃疾词中所言："我见青山多妩媚，料青山见我应如是。"（《贺新郎·甚矣吾衰矣》）李白也说过："相看两不厌，只有敬亭山。"（《独坐敬亭山》）唯此，方能彼此"契合"。

---

① 桑塔耶纳.美感:美学大纲[M].缪灵珠,译.北京:中国社会科学出版社,1982:52.

第二章 美 的 形 态

本章讲美的事物主要分布于哪些领域,并对美的事物做量的分类。美学史对美的事物的分类有两种方法:一种是两分法,即现实美与艺术美;一种为三分法,又将现实美细分为社会美和自然美,即社会美、自然美和艺术美。这两种分类方法实质上是统一的。

第一节　社 会 美

社会美是以人为中心,与社会实践直接联系在一起的相关事物的美。其内容为伦理学的"善",包含人的人体美、行为美、心灵美(人格美),包含生产劳动中产品的美与劳动过程的美,包含生活的美。研究社会美的部分,有人称之为伦理美学,即强调内容。笔者不同意这种看法,即使美的善的行为是由形式提供的,善的行为也可以没有美的形式,所以"社会美"的提法优于"伦理美学"的提法。

一、实践主体的美

实践主体的美由表层到深层,包括以下三种:

(一)形体美(外表美)

形体美(外表美)指人体自然形象和自然形象所表现出来的美。这种美主要取决于人的自然属性的生理遗传,当然也有后天的发育等因素(不是主要决定因素)的影响。

形体美又可分为以下两种：

1. 静态的美

五官、身体等"形式结构"的美。

2. 动态的美

人是一个生命体，需要活动，在活动中也显示美(动态、风姿、态度)。此"美"受心理因素影响较大，风姿态度难以言传，各人有各人的判断。

形体美的特点是时代性、民族性、地域性。

(二) 行为美

行为美指日常人际交往的行为举止的美，包括言语的美、行为的美。

行为美有以下三个主要特征：

1. 规范性

行为美体现为约定俗成的礼仪习俗，因此它具有很强的民族性、地域性、时代性。人在交往中需要遵循一定的礼仪规范。

2. 适度感

交往要恰到好处有分寸，不卑不亢。

3. 习惯性

文明行为要靠自己养成，习以成性，人有文化本性，为后天养成。马斯洛认为人类行为的心理驱力不是性本能，而是人的需要，称之为"似本能"。

(三) 人格美

人格美分为两个部分，一是人的先天素质，西方心理学把气质分为四种类型：多血质、胆汁质、黏液质、抑郁质。先天素质本身是中性的，没有优劣之分，都有可能向两极发展。二是人的后天教养。这两方面构成一个动态的、相对稳定的心理系统，即人格，也称为个性。这个心理系统是可作为善恶美丑的区分的。个性美(人格美)，是在全人类社会，特别是在实际情境中体现的人格价值(个性价值)。人格美也体现在如何处置内心冲突,冲突处置的方法体现了价值取向。价值取向是靠理想人格引导的。朱光潜和宗白华都倡导审美人格。哈姆雷特处理内在冲突,是为理想殉葬,正是通过这个过程确立"人文主义理想",人身上应该体现"世界的美"。从历史上看,人格美的意识,要建立在人格自觉的基础上,所谓人格自觉,也就是个性自觉,即有独立的人格,有独立的人格价值。西方的人格觉醒,是文艺复兴带来的历史文化成果。西方历史学家将文艺复兴称为"人的发现"。此运动也可称为"人文主义运动",经过文艺复兴运动的洗礼,人从神权中解放出来,即个性解放。《哈姆雷特》中说,"人是宇宙的精华,万物的灵长","The beauty, the world(世界的美)"。这充分肯定了人的价值,哈姆雷特肯定人为世界的美,可看作西方人格觉醒的标志。中国历史上人格自觉发生于魏晋时期——魏晋人格、魏晋风度。魏晋时期,汉朝高度集权下的儒家大一统思想的堤坝被冲开,政治上黑暗、混乱,但思想上走向了开放、自由和活跃。汉武帝"罢黜百家,独尊儒术",带来了思想专制的危机,当时儒生分为两种,一种为"经学家",其思想古板;另一种从政,其通过选举提拔,但其选举经由乡(秀才、孝廉)、州府(品藻)、征辟,带来的弊端是儒生为升官发财而沽名钓誉,弄虚作假,出现了大批"乡愿"("德之贼也")。由思想专制走向道德专制,由道德专制走向反面,造成了大批"双重人格"。

黄巾起义冲击了汉代大一统的局面,带来了以下影响:

(1) 对旧道德的冲击,出现了大批名士,其最大特点为"不拘小节"。魏晋名士强调"率性任性",强调自己的"真性情",即真实的自我,喜"玄谈""清议"。桓温问殷浩:"卿何如我?"殷答曰:"我与我周旋久,宁作我!"(《世说新语·品藻》)第一个"我"是一般意义上的"我",普通人的"我";第二个"我"是真我,独立人格的我。此言代表了魏晋人格的表率。魏晋名士中阮籍和嵇康最为后人所称道。此二人皆以不拘小节、放荡不羁为特色。《世说新语》对阮籍在其母去世后的描述:"阮籍当葬母,蒸一肥豚,饮酒二斗,然后临决,直言'穷矣',举号一声,吐血数升,废顿良久。"(《世说新语·任诞》)阮籍拿鲜血来灌溉道德的新生命(宗白华)[①],其认为"礼为情设"。孔子曰:"祭神如神在。"(《论语·八佾》)把祭神当作人的一种抒情态度。经汉儒发展,礼为束缚人的枷锁,魏晋名士有放荡的一面,但其追求的是一种新的礼数,即"礼为人设"的礼数。

(2) 魏晋人非常推崇人的人格力量。《世说新语》中有一则故事:

---

① 宗白华.论《世说新语》和晋人的美[M]//艺境.北京:北京大学出版社,1987:141.

谢太傅盘桓东山,时与孙兴公诸人泛海戏。风起浪涌,孙、王诸人色并遽,便唱使还。太傅神情方王,吟啸不言。舟人以公貌闲意说,犹去不止。既风转急,浪猛,诸人皆喧动不坐。公徐云:"如此,将无归?"众人即承响而回。于是审其量,足以镇安朝野。①

　　在突发情境中,能看到人的精神力量。西方也强调精神的力量要与体力相称。《世说新语》可以为我们提供人格美的典范,精神的力量可以使人从容赴死:

　　嵇中散临刑东市,神气不变,索琴弹之,奏《广陵散》。曲终曰:"袁孝尼请学此散,吾靳固未与,《广陵散》于今绝矣!"②

　　其为艺术音乐而惋惜,生死(个人生命)与艺术生命相比,艺术生命更可贵,生死倒在其次。魏晋人格表现了一种人生态度,即不计荣辱、不计得失的态度。在现实生活中显得很超脱,但都有一种事业的追求,其有超越的态度,又有入世的精神,超世入世(宗白华语),以超世的精神去做入世的事业(朱光潜语),这样的精神值得学习。人生的意义在于追求理想的过程,而不必在结果。魏晋南北朝思想的开放促成了唐代文化的大发展,但宋代以后,封建社会朝一种超稳态的方向发展。宋代理学虽有合理之处,但近于禁锢,正如戴震所说"以理杀人",实质上是对人性的扼杀。

　　美学强调审美自由,有利于培养审美。西方当代心理学提出一个问题——情商。过去心理学强调智商,情商是相对于智商而言的。智商衡量人有片面性,只强调人的智力因素,将智力作为决定因素,而实际生活中智力并不能解决所有问题,不能建立一个健全的人格(如智力犯罪)。情商的内容,可以用三个问题概括:人的情感状态如何? 人控制自己情感的能力如何? 人跟他人的情感协调能力如何? 审美研究,即为情感教育,情商在情感教育中占有重要地位。

二、实践过程的美

　　对于实践过程的美,可以从三个领域进行研究:

(一) 劳动(生产)美学

　　研究劳动或生产的美,即研究劳动者自身,研究劳动的条件、环境以及工艺

① 余嘉锡.世说新语笺疏[M].北京:中华书局,2015:406.

② 余嘉锡.世说新语笺疏[M].北京:中华书局,2015:378.

操作如何达到和谐、高效、节耗。其第一要素为劳动者。劳动条件与环境包含以下三个方面：人机关系，即人体工程学（工效学），研究人的体力、能力、心理状态，如何与机器设备取得协调，达到最省力、最有效的目的；劳动环境（厂区、城镇规划、国土规划、全球生存环境）；工艺操作。

（二）技术美学

为讨论工农生产的实际问题，英国人发现工业革命所带来的一个后果，即工业生产的艺术成分减退。罗斯金（Ruskin）曾指出：19世纪的手工业，可以被手工业者亲手制造得很美，其审美价值较高。但由于工业革命兴起，整个生产的批量化，形成产品造型色彩简单、粗糙，且整体划一。机器大生产与审美是势不两立的。如何补救？则要提倡"工艺美术"，把近代工业大生产与艺术创造结合起来，中心即要把技术与艺术结合，使整个技术创造与艺术创造整一，使工业产品审美价值增值。西方曾兴起"工业艺术设计运动"，包括产品的设计、设施的规划。其思想是技术与艺术统一，具体来说应实现经济、实用与美观的统一。

（三）生活美学

生活美学在狭义上是指日常生活的环境和条件的美化，即日常的起居、工作环境，也包括个人衣饰打扮。广义来说，就等于审美文化，研究审美文化的学科为审美文化学。审美文化学要研究的是整个社会的审美层面，它包括三个层次：第一，物质文化，即物质产品的生产交换，其审美层面为劳动美学、技术美学所要研究的内容。第二，制度文化，即每个国家的经济、政治文化制度，其涉及的问题为通过一定的制度统一人的情感、行为，其中"仪式"为其体现，通过意识交流，统一情感和行为。第三，风俗文化，即风俗习惯、社会风情，包括人际交往。风俗文化中涉及人际交往，人与人之间的情感交流，则属于审美文化研究范围。

三、实践成果的美

实践成果的美，即产品造型美学，分为实用产品、实用工艺品。实用产品也有美，只要有造型，就有可能有审美因素。

衡量造型美，可以从以下三个方面进行：

（1）质料美，不同的物质材料给人的造型美的感觉是不同的。

（2）功能美，任何产品都有实用功能，实用与美观求得统一，则有功能美。

一事物原来有某种功能,后来功能消退,人们依然把其当作一种美的形式来加以欣赏,即可能变为纯工艺品。

(3)产品的装饰美,指产品的外在结构及其外在装饰,包括商标、铭牌等,是一种非常简洁的视觉语言之美。

第二节 自 然 美

自然美原指自然界事物的美,包括未经人的加工和适度加工的自然事物的审美价值。

一、自然美在美学史上的地位

自然美,在中西美学上地位不一。古希腊时,审美的主要对象为人或神话的人,人是其审美的中心。中世纪在罗马基督教统治下,神取代了一切,基督教有一个荒谬的主张,认为自然界的景物为魔鬼的化身。自然界的美景都能唤醒人的情欲,是因为恶魔在作怪,所以在西方中世纪,自然美没有位置。古希腊自然美尚能称为人的活动背景,有时还能被提到,而中世纪主要歌颂对象为神像,自然美更无地位。文艺复兴后,在人被发现的同时,也尊重自然景物的美,标志为意大利14世纪诗人彼得拉克。其诗常写到自然界景物,但文艺复兴时代依然没有完整的风景诗,风景依然为人的陪衬。17世纪,荷兰的风景画才出现,但单纯描绘自然景物的画尚不多。伦勃朗,被誉为"光的诗人",他的画《三棵树》为单纯的风景画,但这样的自然景物的画少而又少。真正在艺术中表现自然景色,要到18世纪与19世纪之交,以德国的歌德、英国的湖畔派诗人为代表(柯勒律治、华兹华斯、济慈)。自然美作为独立的审美对象,到19世纪初才被确立,所以自然美研究在西方还是薄弱的。西方美学家,也为西方缺少自然美的传统而惋惜。英国李斯托威尔(Listowel)曾明确地说:"对使艺术观众愉悦的那些自然的形态,以及对大地、海洋和天空那种无穷尽的奇迹做详细的考察,这在美学中仍然是很不完备的一章。"[①] 20世纪60年代初,英国学者赫伯恩(Hepburn)说:"自然美的领域,至今仍是人迹罕至,好像地图上不见名的地方。"[②] 20世纪80年代,法

---

① 李斯托威尔.近代美学史述评[M].蒋孔阳,译.上海:上海译文出版社,1980:186.

② 李普曼.当代美学[M].邓鹏,译.北京:光明日报出版社,1986:366.

国学者、现象学美学大师杜夫海纳(Mikel Dufrenne,1910—1995)也曾指出,在有关自然的审美性质问题上,西方几乎没有专家,没有传统。造成西方自然美研究的薄弱局面的原因在何处? 首先,从表面上看,西方人普遍认为只有人和人的生活才可能有理想的美。莱辛曾表明,理想(idea)指一种美的完备而典型的形态,只存在于人的领域,自然中无所谓理想。康德亦指出:"只有人才具有美的理想,美的花朵、美的家具、美的风景,要说有理想是不可能的。"①西方普遍认为审美与艺术的中心为人,艺术的美即艺术表现人的生活的美。由此造成西方一个传统——重视艺术,轻视自然。黑格尔说:"理想是本身完满的,而自然则是不完满的美。"②黑格尔关于自然美的定义:"自然美是属于心灵的那种美的反映,它所反映的只是一种不完全、不完善的形态。"③西方美学家普遍有一种观念:大自然本身无所谓美,自然界的美是人们用艺术家的眼光发现的。克罗齐说:"自然只有对用艺术创作观点来看待它的人来说才显得美。"④

在中国美学史上,自然美(山水之美)为美学史上很完备的一章,中国历史带有自然美的传统。《论语·雍也》:"仁者乐山,知者乐水。"此为中国先秦典籍中最先出现山水之处。中国先秦思想家认为宇宙本存在美,宇宙按其自身法则不断运转,产生创造新的生命,为"生生不息"的大过程。此过程有节奏、有秩序,这种节奏、秩序给人的感受即是美。《庄子·知北游》:"天地有大美而不言,四时有明法而不议,万物有成理而不说。"圣人的任务则为穷尽探究天地之美,通晓万物之理,即"原天地之美,达万物之理"(《庄子·知北游》)。子曰:"予欲无言。"子贡曰:"子如不言,则小子何述焉?"子曰:"天何言哉? 四时行焉,百物生焉,天何言哉?"(《论语·阳货》)这肯定了天之大美。国人历来认为天地本身为美,且为大美,要靠人去体悟把握它。国人对天地山川之美有一个过程,分为两个阶段:第一阶段为先秦"比德"阶段。如:"岁寒然后知松柏之后凋也。"(《论语·子罕》)松柏成为一个人品德气质的象征,人有节操,有骨气,不向恶劣环境低头,后人将孔子的观点演化为一种审美观。"比德"先把自然物比附于人,然后做出评价,将自然物作为道德品质的象征来加以欣赏。中国绘画也有所谓"四君子"——梅、兰、竹、菊,"岁寒三友"——松、竹、梅。松、竹、梅、兰形成的意象具有道德象征意味,但把自然比附于人的道德,实际上是把自然物拟人,自然物本身尚未获得独立的审美价

① 康德.判断力批判[M].邓晓芒,译;杨祖陶,校.北京:人民出版社,2017:53.

② 黑格尔.美学[M].朱光潜,译.北京:商务印书馆,1997:184.

③ 黑格尔.美学[M].朱光潜,译.北京:商务印书馆,1997:5.

④ 克罗齐.美学原理[M].朱光潜,译.北京:商务印书馆,2012:113.

值。由此进入到第二阶段,魏晋时期,人们进入到自然美的审美自觉。阮籍和嵇康自然诗中自然物已不带有"比德"意味,陶渊明诗中的自然景物构成了一个甜蜜怡人的环境,谢灵运的山水诗已经把山水作为独立的审美对象。宗炳(375—440),山水画家,晚年"卧游":"抚琴动操,欲令众山皆响。"(《南史》)国人对自然山水中的节奏感、秩序感是非常敏感的。宗炳脱开了山水"比德"的范围,宗炳《画山水序》认为观赏山水"应目会心,神超理得"。当人面对自然景物时,都要"应于目,会于心",即拿视线接触,且从内心加以领略,加以体悟,由此而达到"神超理得"。"神超"即使精神获得超越解放,去体悟自然的理。这可看作欣赏自然美的两个步骤,"应目会心"为经验性的,"神超理得"为超越性的,即得到精神上的满足。"应目会心,神超理得"所为者何?畅神而已。神之所畅,孰有先焉?还有比它高的吗?《画山水序》提出了"畅神"的法则,对自然美的欣赏是为了从自然物中获得精神上的满足,"畅神"即把自己的精神寄托于自然物,自然物成为精神阐发的手段。"畅神"表明自然物已获得了独立的审美价值。畅神审美观的提出是自然物独立审美价值确认的标志,也是中国自然美审美自觉的标志,由此中国出现了山水诗、画。而西方开始对自然美的审美自觉比中国晚了1200~1500年。国人对自然美审美自觉发生如此评价原因何在?从文化传统看,最根本的原因是中西方在人和自然美的关系上采取了完全不同的态度。西方人也懂得人应适应自然,但更强调的是对自然的征服和改造,所以西方强调"人之美",即强调对自然事物经过人类加工而求得美,所以自然美本身的价值被推到幕后。国人也懂得人要对自然进行改造,但更强调人要适应自然,强调人与自然要建立一种亲和的关系,把自然当作"怡人"的自然,不能任意征服改造,不能破坏人与自然的关系。国人认为山水有灵,"山灵"可以为人祈福祛祸,自秦始皇起就有"封禅"之仪。袁山松笔下"山灵"不是人祭拜祭祀的对象,而是人的朋友。张涤华词云:"轻车一路浑无语,多谢山灵,为洒清尘雨。"(《蝶恋花·黄山宾馆阻雨作》)国人有自己的自然观与宇宙观。就宇宙观来讲,整个宇宙表现为一种宇宙生命,其表现为大道流行、生生不已,宇宙生命表现了生长、发展、死灭,复生长、复发展、复死灭的一个永恒流转的过程。人作为天地并生的"天地之心",也参与了宇宙生命的运行,天地之间,万物之间,人是最宝贵的,体现了人的生命及生命感。由此,国人以抚爱万物的态度,去观赏自然的美。也正因为如此,自然物与人的情思即可相通,能够"化景物为情思"。在自然事物上,寄托自己的人生体验,使人与自然界和谐相处成为一种人生理想。所以国人在自然美的欣赏中追求一种境界,即"天地与我并生,万物与我为一"(《庄子·齐物论》)。自然美中可以寄托人的理想,在活生生的自然万物中能够体悟其宇宙生命,能进入"天地与我并生,万物与我为一"的理想境界。所以,山水诗、画是最能代表中国文化的部分。日本学者东山魁夷说:"谈论中国风景之美,同时也就是谈论中华民族精神之美,风景之美,不仅意味着自然本身的优越,也体现了当地的民族文化,历史与精神。""中国风景之美"涵盖了自然景观与艺术景观。①

二、自然美的根源

凡是美的事物都可称为"有意味的形式",其能给我们提供一个"意象"。欣赏自然事物,主体以此构化一个"象",其中蕴含了主体的"情意"。

(一)自然美的形式和意味

自然美的形式取决于自然物的自然属性(物理学的、化学的、生物学的),自然物显现给我们的感性的印象(外观),皆取决于形式。此形式未经加工,是自然的,是造化赠予我们的礼品,其可感形式是为自然物本身所决定的。意味,既是自然物激发的,又是人赋予的。凡是"自然美",不完全取决于形式,也不完全取决于人所寄寓其中的情感,而要求两者完美结合,缺一即非自然美。北宋晁补之《盐角儿·亳社观梅》:"开时似雪,谢时似雪,花中奇绝。香非在蕊,香非在萼,骨中香彻。"其描写梅花之香、色,但难以给人以梅花的印象,无法传达梅花的精神。清代陈廷焯《白雨斋词话》评此词:"费尽气力,终是不好看。"②南宋林逋《山园小梅》:"疏影横斜水清浅,暗香浮动月黄昏。"此诗写梅极虚幻,但"深得梅花之魂"。其梅临水斜出,似在自赏疏影,月色朦胧,于香气中,香气亦朦胧于香气中,交融成一片。表现了诗人自我人格的返照,似成为了池塘边的早梅。不是哗众取宠,只是想表现自己的本来面目,这无疑是高洁的。林逋晚年隐居,植梅畜鹤,梅妻鹤子。修辞的象征皆是确指的,一个事物象征另一个事物,而艺术中的象征是不确指的,高明的艺术家既能写出自然物的风神,同时也能造就一种意象,让读者自己玩味。由此可见,自然美不取决于形式,且形式与主体情意,应水乳交融,构成一个完美的意象。

---

① 徐晓力.山水画的文化解释[M].哈尔滨:黑龙江人民出版社,2008:174.
② 申骏.中国历代诗话词话选粹[M].北京:光明日报出版社,1999:523.

（二）自然美的情意，是否完全取决于主观？

西方认为自然本身无美，自然美是人通过艺术家的观点看出来的。国人欣赏自然美的时候，认为"风景如画"，近代画论家王鉴说："人见佳山水，辄曰：'如画'，见善丹青，辄曰：'逼真。'"（《染香庵画跋》）人用自然观点评画，也用艺术观点评价山水，由此可见西方对此只讲一半，而未能全面。为什么可用艺术家的观点看待自然？为什么人能把自然事物拟人化、象征化？其有一个前提，即人与自然亲和关系的建立。马克思用历史唯物论的观点加以研究，称之为"自然的人化"。在远古时代，人要适应大自然，那时大自然对人来说更多地表现出"异己性"，使人感到陌生、可惧、可怖。人只能消极地适应自然，受其支配，不能有效地支配自然，改造自然，人的早期生活为半动物的生活。经过了长期的生产实践，人以自己的实践能力为半径，在大自然画了一个圈，圈内的大自然已变成了宜人的、可亲可近的。马克思"自然的人化"的第一个含义，即人以实践为手段把自然事物由异己的对象变成了宜人的对象，即把自然物变成了劳动的对象，被支配、被利用的对象。同时，此自然事物可变成人生活的积极背景，即实践中的人化。圈外的自然界仍然是未知的。"自然的人化"的第二个含义是"意识的人化"。首先为认识能力所能达到的自然界，可称之为"人化的自然"。在人认识的基础上，才可能有"情意化的自然"，此为人用艺术家的眼光看待自然的前提，"自然的人化"为"自然形式情意化"的前提与基础。所以，"自然美的情意"是否完全取决于主观？这可以从两方面回答：一方面，就单向的审美活动来讲，可取决于主观；另一方面，从历史发生来讲，取决于客观的实践。由此，"自然美的情意"不是仅仅取决于主观的。自然美的根源在"自然的人化"，最终根源在人类的社会实践。

三、自然美的形态与特征

自然美既然取决于社会实践，所以其形态可从其与社会实践的关系予以分类：

（1）未经实践改造的日月星辰、山川河岳之美可以被认为是人类实践活动的积极背景。

（2）未经实践改造的自然景致之美，如沙漠绿洲之美、田园之美等。

（3）与艺术结合的人文景观和自然景观之美，如名胜古迹、古建筑等。

自然美的特征如下：

（1）以形式胜，其内容（情意）朦胧、多意不确定。相对社会美来讲，自然美更加自由，社会美有确定的内容，自然美则以形式胜，所以欣赏是从各个角度关注其形式，发挥自己的联想。

（2）自然物因为时空条件的多变，具有形式可变性。大自然生生不息，不断变化组合。郭熙《林泉高致》说山有四时不同："春山烟云连绵，人欣欣；夏山嘉木繁阴，人坦坦；秋山明净摇落，人肃肃；冬山昏霾翳塞，人寂寂。"[①]自然界森罗万象、瞬间变化，其给人的感受也不同。

（3）某些自然物因与人的多重关系而具有美丑两重性，原因在于其与人产生的是多重的关系。

第三节　艺　术　美

艺术美是西方美学研究的中心对象，西方将美学称为"艺术哲学"。既有其合理性，也有其片面性。说其片面，是因为它忽视了社会美与自然美。说其合理，是因为以下原因：第一，艺术活动是人们最常见、最具代表性的审美活动方式。因为艺术活动是专为审美而设的。第二，艺术美最能代表人们的审美理想，通过艺术，世世代代的人都表现他们对理想的追求，对理想人生价值的追求。所以黑格尔认为，艺术美是理想的美。因此他称自己"美的讲义"为"艺术哲学"。

中国历代哲人也非常重视艺术，先秦儒家有诗教、乐教，诗、乐涵盖了古代艺术的所有方面，诗教、乐教即艺术教育。后世诗学发达，更由此引出了书学、画学。中国的诗学、书学、画学，是中国古代美学思想的重要组成部分。由此可见，艺术也是中国传统美学的重要对象。

一、艺术美的概念

艺术美应放在艺术活动中表达。艺术活动，即艺术的创造与欣赏活动，有三个环节：作家（艺术家）—创造的艺术品—大众。艺术品为作家创造的终端成果，其目的是让大众欣赏。对大众来说，艺术品为起点，艺术品作用于大众，大众按自己的预期视野来理解作品。所以作品则有了大众反馈的信息，其也可影响作家。大众与艺术家不是单向关系，而是双向的关系，艺术作品是作家与大众同时

---

① 郭熙.林泉高致[M].北京:中华书局,2010:41-42.

创造的。艺术作品所呈现的美即为艺术美。为了说明此观点,应先界定什么是
艺术作品。

(一) 什么是艺术作品?

艺术活动起源于实用,艺术作品与实用作品很难划清界限。物质产品具有
审美价值,又有实用价值。在历史上有实用价值的产品,经过时代的淘汰,其实
用价值消退了,其形式变为审美,转化为艺术品,实用工艺品也可逐渐升格为纯
工艺品(艺术作品)。因此,可以说,工艺品是艺术品的母体。工艺品与艺术品的
界限,一看是否具有实用价值,如一工艺品既具有审美价值,又具有实用价值,就
要看哪一方面占优势(按其形式所包含的价值加以判断)。20世纪末为绘画时
代,多媒体普及,图像、音响为信息传播的主要手段,造成了艺术的广泛辐射,形
成了艺术泛化的趋势。

由此,美学出现了新问题,即"纪实文学的审美特性"。西方进入到后工业社
会,艺术与生活的界限消泯,这是西方后现代主义的观点。因此在西方现代美学
中就出现了"艺术取消论"以及艺术无法定义、艺术与非艺术无界限的观点。如
此表现,可以看出给艺术下定义非常难,但艺术品仍然可以定义。艺术品要具备
两个条件:首先,艺术品应是一件人工制品,它为我们提供了一种人为的形式;其
次,形式应是"有意味的形式",它能传达创造者的情感,又能激起接受者的情感。
艺术作品的人为形式可以转化为"意象",即人的主观情意与表象的结合,所以每
一件艺术品都是艺术家可以创造出来的一个意象世界。此"意象世界"呈现出来
的不是"真实的现实",而是"审美的现实"。歌德说,艺术是第二自然。萨特说,
艺术是假想的现实。艺术相对于现实世界来讲有虚拟性。由此可见,每一件艺
术作品的形式揭示一种情感的形式,其情感价值应居于主导地位,应胜过其实用
价值。凡是情感价值居先,其形式是提供完整意义上的人工制品的,都可称为艺
术品。

(二) 什么是艺术美

有一种说法,认为艺术美为现实美的反映。这种说法不正确,艺术家在作品
中所反映的为整体的现实,不能只反映美或只反映丑。艺术家有权利揭露丑。
艺术家不仅要显示直接体验的现实,且要显示理想的现实。人类正因为不满足
于现实,才需要艺术作为理想之光、前进的灯火,引人不断追求。艺术与现实相
比较,艺术反映的现实是具有新质的现实。其表现在何处? 可以从艺术家创作

作品过程来看：创造—体验—构思—传达。每一个过程艺术家都给其增添了新的东西。

1. 体验

艺术家通过体验增加了对现实人生的反思。人有两种伟大的能力，一是记忆，一是遗忘。生活中的体验匆匆而过，来不及细思。生活中美好的一刻常常印象深刻，但只有在人心情平静时方能回想，在回想中对体验进行自我评价。艺术家是能够对体验进行反思的人，他们能从中发现人生的价值，因此艺术家是能够对人生体验进行再体验、再评价的。

2. 增添了对理想的追求

在构思过程中，增添了艺术家对人生的理想追求，人之所以要反思人生经验并再体验、再评价，不是为反思而反思，而是要发现人生现实意义，要使人超越现实历史而进入人生的理想境界。

3. 传达构思

从传达角度来看，艺术家要把自己的构思传达出来，有两个目的：一是征服读者，二是征服材料（传达媒介）。艺术家应讲求形式与技术，因此艺术作品中所反映的现实为形式化、技巧化的现实。由此，现实具有新质，其具有形式美、技巧美。"艺术美"是艺术作品所呈现出来的，即作品所反映的现实美，艺术家的审美理想以及艺术传达过程所获得的形式美、技巧美。

二、艺术美的特征

（一）个体独创性

艺术作品的美既是现实的返照，又是对现实的超越。这需要艺术家的个体创造和才能，甚至天才（天才不可重复）。因为艺术创作都具有不可重复性，凡创作都有艺术家的个性特征，个体独创性是艺术美的本性。柏拉图认为艺术家创作艺术作品中处于迷狂状态（神赐的迷狂），其中，神就是指缪斯。

（二）虚拟的表现性

凡是艺术作品既要表现艺术家的情感,同时又要激起大众的情感。柯林伍德说:艺术作品中的情感表现不同于现实生活中的情感发泄,凡表现皆要通过想象来虚拟某种情境,让人去体验它。所以凡是表现都要把情感附着于意象,通过意象释放情感。因此,现实中诗人最激动的时候难以创作。只有时过境迁、痛定思痛,才能把情感附着于意象加以表现。鲁迅说:"情感最浓烈时,不宜创作,会'减杀诗美'。"[①]华兹华斯也曾指出,诗歌是人们沉静的回想。

（三）物态常驻性

艺术作品以媒介传达,其中倾注了艺术家的情感。艺术作品传之四方,可使其审美价值超越时空界限,艺术品成为古今之间、异域之间、各民族之间情感交流的手段。

以上三条都是从创作角度来讲的。

（四）接受中的增殖性

艺术美是艺术作品的审美价值,在接受中其是可以增殖的。艺术活动有三个环节:作家、作品、读者。三者是双向运动的。读者欣赏作品时的理解,也可反馈于作者,使作者按读者的理解创作。有作家创作的作品(文本Ⅰ),读者进行欣赏,赋予文本Ⅰ以独特的理解,由此产生文本Ⅱ,文本Ⅰ与文本Ⅱ不可能完全重合。读者任务是要不折不扣地回复到文本Ⅰ,按自己心目中的文本(文本Ⅱ)去阐释文本Ⅰ。这个过程中,夹杂了读者欣赏的自由。这种欣赏的独特性,引起了艺术美价值的涨落,其根本在于读者欣赏中的创造性。汉代董仲舒说:"诗无达诂。"(《春秋繁露·精华》)这句话是说,《诗经》中没有一篇有最终的解释。清代王夫之说:"作者以一致之思,读者各以其情而自得。"(《姜斋诗话》)清代谭献说:"作者之用心未必然,读者之用心何必不然。"(《复堂词录序》)艺术不同于科学,即在此处。艺术作品可由读者自己阐释,读者阐释的自由权,应加以保护。本文Ⅱ为两种视野交融的结果,即作家的视野与读者的视野,此即阐释学一大理论贡献,肯定了阐释对人文科学的重要性。艺术作品在接受过程中获得生长性。艺术史中有两个现象:第一,艺术作品随着时代的发展虽然可能长时间被冷落,但

---

① 鲁迅.鲁迅全集:第11卷[M].北京:人民文学出版社,2005:99.

其价值慢慢会为人所识。例如，张若虚《春江花月夜》承南朝绮丽诗风，但在唐、宋两代不为人所识，到明代中叶方为人所识，李攀龙《古今诗删》收此诗。胡玉麟对其加以评论："流畅宛转。"(《诗薮》)清末王闿运给予其极高的评价："孤篇横绝，竟为大家。"(《论唐诗诸家源流(答陈完夫问)》)闻一多认为其有"夐绝的宇宙意识"(《宫体诗的自赎》)。应注意其中的时空观念，时间的感受即是生命的感受。"流水"意象既是时间意象，也是生命意象，孔子曰："逝者如斯夫。"(《论语·子罕》)时光奔流不息，生命也奔流不息。第二，读者可以违背作家的原意，按自己的理解，赋予作品一种本来没有的含义。如王国维论人生与学问的三种境界："古今之成大事业、大学问者，必经过三种之境界：'昨夜西风凋碧树。独上高楼，望尽天涯路。'此第一境也。'衣带渐宽终不悔，为伊消得人憔悴。'此第二境也。'众里寻他千百度，蓦然回首，那人却在，灯火阑珊处。'此第三境也。"①

蝶恋花·槛菊愁烟兰泣露

晏 殊

槛菊愁烟兰泣露，罗幕轻寒，燕子双飞去。明月不谙离恨苦，斜光到晓穿朱户。　　昨夜西风凋碧树，独上高楼，望尽天涯路。欲寄彩笺兼尺素。山长水阔知何处？

凤栖梧

柳 永

伫倚危楼风细细，望极春愁，黯黯生天际。草色烟光残照里，无言谁会凭栏意。　　拟把疏狂图一醉，对酒当歌，强乐还无味。衣带渐宽终不悔，为伊消得人憔悴。

青玉案·元夕

辛弃疾

东风夜放花千树，更吹落、星如雨。宝马雕车香满路。凤箫声动，玉壶光转，一夜鱼龙舞。　　蛾儿雪柳黄金缕，笑语盈盈暗香去。众里寻他千百度。蓦然回首，那人却在，灯火阑珊处。

---

① 王国维.王国维文学论著三种[M].芜湖:安徽师范大学出版社,2014:35.

晏词写"秋日怅望",王国维引"昨夜西风凋碧树,独上高楼,望尽天涯路"用来比喻"少年立志"。十四五岁的少年开始意识到宇宙与人生,追求理想,其境况有似于此诗句。柳词写男子相思,王国维借用"衣带渐宽终不悔,为伊消得人憔悴",来比喻学问的第二种境界。原词"以死殉情",王国维喻之为"以死殉志"。辛词"蓦然回首,那人却在灯火阑珊处",写久寻不得,而忽然得到的成功的惊喜。王国维借此形容一个人做学问经过千回百折的历程,付出艰辛代价,终于获得成功及成功后的惊喜。王国维借用宋代三人的艳情词来形容事业学问,自己也觉得歪曲了词的原意。从审美角度看,此种"歪曲"是允许的,因为情感是有一种模态的。对爱情的忠贞,可以转移为对事业的忠贞。因此,中国古典诗歌中有一种香草美人的传统,即以男女的恋情比喻君臣遇合,例如《离骚》,其情感模态相似。这是艺术美特有的特点。

三、艺术美与现实丑

(一) 问题的提出

艺术是否要反映现实丑? 艺术如何反映现实丑? 此问题在古今中外早就受到注意。孔子认为《诗经》有四个作用:兴、观、群、怨。怨,即怨刺,怨刺的对象即丑。汉代司马迁"发愤著书"(《报任安书》),他认为诗人之所以要创作是因为要"发愤","此人皆意有所郁结,不得通其道,故述往而思来者"(《太史公自序》)。意志怀抱有所郁结,形成郁结情结,不能得以抒发,所以写往事,以期得理解于来者。丑恶的、不合理的现实,也是怀抱不能抒发的原因。人之所愤,即丑恶的现象,人对于丑恶的现象不能置若罔闻。在西方,特别到现代,问题更加突出。西方现代主义一个很大的特点,就是侧重写丑恶现象。19世纪后半期的"象征主义",如法国波德莱尔《恶之花》,专门写人间丑陋和不平现象,抒发感慨,表现其审美理想。从其开始,20世纪现代主义多写丑恶现象。西方现代主义把审丑放在了第一位。可见艺术作品应反映整体现实,包括美也包括丑。普列汉诺夫《艺术与现代生活》曾举例说,很美地画了一个长髯老人,并不等于说画了一个很美的或者说一个漂亮的老人,艺术的领域要比"美"的领域广阔得多。艺术的领域不仅包括美,也包括不美,还包括丑(附加值),不美的或丑的事物,也可以被很美地描绘出来。

（二）现实丑能否转化为艺术美？

现实丑可以在以下两个方面转化为艺术美。

1. 现实丑可以用来表现理想美

现实中丑的事物被艺术家的审美理想评价、否定，被否定的丑，可以用来表现艺术家的理想的美。

2. 丑取得了形式美与技巧美

丑的事物在传达过程中也取得了形式的美与技巧的美，所以现实丑转化为艺术美并不意味着一下子就被转化。例如果戈理的《钦差大臣》中满台丑角，并非是要展现丑恶，而是要鞭挞丑恶。果戈理的题词是一句俄谚："脸丑何怨镜子歪。"别林斯基的《钦差大臣》中无正面人物，但剧中有一个高尚而正直的主人公——笑。笑如无情的烈火烧毁丑恶的东西，笑中包含了艺术家的审美理想，表现了对丑恶的否定。同时，丑取得了形式美与技巧美，此也是化丑为美的一个方面。

（三）现实丑转化为艺术美的两种方式

1. 以丑衬美

美与丑相比较而存在，相斗争而发展。正因为有丑，美才显得美，美的事物才得以展现自己的生命力。在悲剧中尤其如此。悲剧特点为正反两方冲突，最后以正面力量的失败或死亡为结局。在此情境中，丑恶的力量强大，美善的一方弱小。最后虽然美的一方灭亡了，但在观众心目当中，其是不可能被战胜的，从而肯定了自己的生命力。雨果创作《巴黎圣母院》，提出了"丑怪原则"（《克伦威尔序言》），通过丑怪来衬托美。雨果在其中想体现一种浪漫主义理想，即个人的价值不是靠外在的条件来决定的，否定外在的价值来说明内在的价值。

2. 丑中见美

（1）外形丑，内心美。即透过外形丑来发掘内心美。

（2）自嘲其丑，以见其美。人物不断否定自己，显现出喜剧性。

（3）赋予丑陋的事物以艺术的形式美。

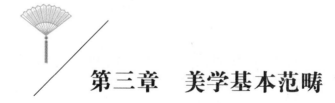

第三章 美学基本范畴

上一章讲的是美的量的分类,美的具体事物。本章则讲所有存在的美的事物,在美的品质上有何区别。同一领域中不同事物的美有不同的品质。西方把这不同的品质提炼为美的四个范畴:优美、崇高、悲、喜。在三大领域中分布的情况不同,在艺术美和社会美中都有这四个范畴,自然美中只有优美与崇高,而没有悲与喜。此种研究可帮助我们理解美感的多样性和艺术美的风格的多样性,所以范畴研究在美学中是很重要的部分,也是对上一章"美的形态"的进一步深化研究。

第一节 优美与崇高

朱光潜:"骏马西风塞北,杏花春雨江南,能概括一切的美。"其描绘的景色,第一句倾向于崇高,第二句倾向于优美。西方对优美与崇高有众多的指称。古罗马的西塞罗把优美称为女性的美,把崇高称为男性的美。这与中国《周易》中阴柔之美与阳刚之美的指称是一致的。阴柔之美也称为秀美,阳刚之美也称为壮美。

中国主要是建立在言论基础上的描述。按《周易》哲学"一阴一阳之谓道",阴阳交互作用生成万物,万物最基本元素为阴阳二气,阴阳二气导出万物。清代魏禧《文瀱叙》:

> 阴阳互乘,有交错之义。故其遭也而文生焉。故曰:"风水相遭而成

文。"然其势有强弱,故其遭有轻重,而文有大小。洪波巨浪,山立而汹涌者,遭之重者也。沦涟漪潋,皴皵而密理者,遭之轻者也。重者人惊而快之,发豪士之气,有鞭笞四海之心。轻者人乐而玩之,有遗世自得之幕。要为阴阳自然之动,天地之至文,不可以偏废也。(《魏叔子文集》)

文,纹理,指一切事物的外观、形式。指文章,把一切形式彰显出来(用美的手段)。文即美,至文即大美,即最高的美。

下面将从三个方面入手分析对比优美与崇高:内容与形式的关系如何? 主客体的关系如何? 主体的美感形态如何?

一、优美的特征

(一)内容形式和谐统一

凡是优美的事物都符合形式美的法则。均衡、对称、合比例,多样统一,有一定的节奏与韵律。如维纳斯,内在充实,外在体态优雅、舒展。其体态(外在形式)与其内在的精神(内容)融为一体。

(二)易于把握的对象

从主客体关系来讲,优美的对象是易于把握的对象。20世纪初,英国人鲍桑葵称优美为"平易的美",把崇高称为"艰难的美"。18世纪英国美学家博克,认为优美事物有七个特征:小巧、光滑、各部分逐渐变化(无实然变化)、各部分不露棱角、(人)身材娇小、颜色鲜明而不刺眼、颜色在变化中得到冲淡。以此七个特征描述优美只是一种粗浅的描述,但其所有描述都归结为"易于把握",这有一定的道理。由于优美的对象易于把握,所以人们对优美的把握是一次完成的,是瞬时反应。

(三)优美感

优美感为轻松的、舒畅的欣然怡悦之情,可用三个短语概括:宁静的喜悦、圆融的满足、轻盈的愉快。优美感的特点取决于优美的对象。从对象的形态感知开始,可从观照中得到满足。一般所指的美多为优美,优美是狭义的美。

二、崇高及其特征

（一）西方美学对崇高的探讨

西方美学中崇高的范畴,是公元3世纪古罗马的美学家朗吉努斯提出的。其文章《论崇高》,把崇高当作一种"风格特征",指的是修辞风格,既指写文章,也指辩论术中的语言风格。朗吉努斯讨论的切入点为修辞学,但其讨论不限风格。他提到了崇高风格产生的原因,所以具有美学价值。崇高特征如下:

（1）崇高是宏伟、奇特的,具有令人惊心动魄的风格。原因是有庄严伟大的思想、强烈激动的情感、运用辞藻的技巧、高雅的措辞和堂皇卓越的结构。

（2）崇高来自何处？来自人对宇宙和自然的崇高的一种赞美,肯定了自然界的崇高。

（3）崇高也是伟大心灵的回声,是人赞美宇宙和自然崇高的原因。人不满足于做渺小的生物,而希望参与宇宙中的竞争。

朗吉努斯的崇高,是宇宙自然的崇高和人的伟大的心灵交相感应产生的,是主客观的结合体。《论崇高》被埋没了七个世纪,后来被法国的波瓦洛译出并发展,对欧洲浪漫主义运动产生了很大的影响。朗吉努斯提倡崇高,是为了改变古罗马人萎靡不振的生活态度,但无人回应。

（二）崇高与优美的对立

英国博克第一次把崇高与优美对立起来分析,从美学上给崇高做了界定。他肯定了崇高的事物为宏伟、奇特、令人惊心动魄的,肯定了朗吉努斯的观点。其研究突出了两点:第一,崇高的事物不但宏伟、奇特、令人惊心动魄,而且是令人恐惧的,如无底的深渊、无限的空间等。其令人恐惧,为什么还要赞美它呢？因为对象虽然令人恐惧,但人是安全的。人与对象之间是有一段距离的,并不会受威胁。第二,崇高产生于人的生理本能。本能可分为两种,自我保存和社会交往(男女之爱,对优美的爱)。崇高取决于自我保护的本能,崇高的事物激发自我保存的本能,使主体求生、保存的欲望越来越强烈。自我保护的欲望提升起来后,则有崇高感,人则产生对待任何困难的决心。博克对崇高的分析,从生理方面着手,生物学还原论的色彩十分强烈。朗吉努斯从心灵角度分析,指出崇高的风格是一颗伟大心灵的回声。

（三）从哲学上分析崇高

18世纪末,康德第一个从哲学上分析崇高。康德认为,崇高如果从内容与形式的关系来看,属于"无形式",即无限形式,或有限形式所不能包含的那种形式,不能用直观的办法来加以把握。康德将崇高分为力量的崇高和数量的崇高。他分析,崇高感是人对自己使命的崇敬感。

1. 崇高的特征

形式的无限性(无形式)是崇高的特征。崇高的事物为反常、奇特的事物,不能用形式美的法则去衡量它,不服从于形式美。其与优美有所区别,优美为常态的,符合形式美的法则。崇高的内容也是无限的,无限的时间空间、无限的体积、无限的规律,艺术正是要借助这个"无限"来唤起人的崇高感,如陈子昂《登幽州台歌》。

2. 崇高的类型

崇高可分为力量型、数量型,是根据主客之间的相互关系来划分的。凡是崇高的对象都是难以把握的,往往以两种方式来压抑主体,一种是以无限的威力,如咆哮的大海;一种是以数量的崇高,以其巨大的体积来压抑主体,主体处在安全地带,人不屈服于对象的力量,而激发主体的想象去把握对象,但仍受压抑。所以崇高的对象又唤起主体的理性的力量,即人在对象面前产生的自尊感与使命感,力求从道德上把握对象。康德把崇高的两个类型做了区别,但有共同点,即对象压抑主体,使主体激发想象力与理性的力量。

3. 崇高感

(1) 崇高感起于可怖的事物。崇高的对象可怖,但由于主体处于安全地带,主体不至于为对象的可怖所吞没,所以能激发主体的想象力与理性。恐怖只是崇高感的起点,恐怖感不等于崇高感。博克对此未加以区别。但二者很快就能转换。

(2) 崇高感转换为使命感。转换的环节为激发想象(人追求无限形式)。恐惧感何以转化为使命感? 康德认为是基于"自然目的论",大自然为历史的进化,从无机到有机再到人,"自然向人生成"。在人之后,大自然依然要进化,即把人从动物的人提升到文化的人。这是大自然自己的目的，所以叫"自然目的论"[①]。人是自然的目的，文化的人是自然的最高目的。文化的人是有道德感与使命感的人，人的目的是要追求整个宇宙的一切秘密，所以在此崇高正好激发了人的使命感。可见转换只对文化人而言，故而人文主义色彩浓厚。

（3）从消极情感转化为积极情感。崇高与优美不同，优美感是一种积极情感，而崇高感是从消极转化为积极。从恐怖到惊赞，不是对大自然的惊赞，而是对人的使命感的惊赞。所以康德认为，崇高感已经包含着深刻的道德内容。崇高的满足不是宁静的、静态的满足，而是要通过内心冲突而达到动态的满足。

（四）西方的崇高与中国的壮美的比较

魏禧"阳刚之美，惊而快之；阴柔之美，乐而玩之"，与西方大致相似。国人讲"壮美"，最初概之为"大"，既指客体，又指主体。指客体即孟子所言"充实而有光辉之谓大"（《孟子·尽心下》），同时"大"也指人格。孔子赞颂尧舜人格即谓"大"，《周易》中提出"大人"概念，有三个特点："与日月合其明""与四时合其序""与天地合其德"（《周易·乾卦》）。"与四时合其序"，此过程为生命过程，生命生生不息的循环过程，圣人把自己的一生当作一个生命过程，不断更新自己，则"与天地合其德"，天地之德，即生生为天地之大德。大德不断创造，不断生长，人之大德，也应效法天地，把自己的生命当作一个创造过程。具备以上三个特点的人为"大人"，无论何种崇高，主体都用"大人"人格去对待。因为在国人眼中，没有客体压抑主体，而强调主客体间都充满了阳刚之美，主体有至大至刚的胸襟。在国人看来，壮美是崇高的心灵与崇高的对象和谐的统一，"主客同大"。中国论壮美强调主客体之间的和谐，不似西方强调主客体之间的对立冲突。中国的壮美引出许多风格，如雄浑、慷慨、劲健等。

第二节 悲 与 喜

一、悲（悲剧性）的审美特征

悲剧性不仅指戏剧，还指社会生活及艺术中具有悲剧性的审美现象。

---

① 康德.判断力批判[M].邓晓芒，译.北京：人民出版社，2017：30-33.

（一）悲属于社会性的崇高，自然界的崇高难以构成悲剧性

社会性崇高包括社会生活中人的思想和生活的崇高，有两种表现形式：胜利了的崇高和失败了的崇高（悲的内容）。

（1）一切可悲的事情都会有悲剧性，悲不等于哭，虽然悲令人伤心落泪，新生儿呱呱坠地何以哭而不笑？

（2）人在与自然界的斗争中，偶发事件不等于悲剧性。只有人在自然灾害面前，表现自己伟大的精神力量，才可能构成悲剧性。

（3）悲剧主人公一般是高尚的人。但亚里士多德提醒我们，悲剧的主人公不能是最好的人，只能是凡人中较高尚的人。这种人可以是杰出人物，可以是凡夫俗子，甚至是卑微的小人物，是高尚的人，同时又是平凡的人。

（二）悲包含了必然性的冲突

悲剧以正面力量的失败而告终，凡是悲剧皆有正面力量与负面力量的冲突，冲突不是人为的，而是主人公无法回避的。黑格尔认为，悲剧的冲突，实际上是两种理念的冲突。两种理念皆有其合理性缺陷，因此两者冲突不可避免。冲突的结果是两种理念求得了和解，导致永恒正义的胜利。《安提戈涅》中处于正面的是手足之情（个体义务——合理性、城邦职责——不合理性），处于反面的是城邦法律（城邦职责——合理性、忽略个体义务——不合理性），最终"神意"将两者调解。"神意"代表了一种新的法律观念，既照顾到了人情，又照顾到了王法，两者应统一。黑格尔认为，《安提戈涅》最成功之处，在于两种理念的必然性。最好的悲剧即是反映冲突必然性的悲剧。叔本华认为，悲剧有三种情况：由穷凶极恶的人造成的罪恶带来的悲剧；由盲目的命运造成的悲剧；由普通人的普通境遇，由人与人的日常关系造成的悲剧。叔本华认为第三种是天底下最惨和最感人的悲剧，也即"几乎无事的悲剧"（《作为意志和表象的世界》）。王国维认为《红楼梦》符合叔本华第三种悲剧，"《红楼梦》乃是悲剧中的悲剧"[①]，因为其悲剧性的因素是自然而然发生的，不可避免的。黑格尔的"悲剧的必然性"，是对悲剧理论的一大贡献。马克思和恩格斯接受并加以改造，认为不是理念的冲突，而是两种社会力量的成长。其中一方表示了历史的必然要求，而这种历史的必然要求受到阻遏摧残，而终究不能实现，悲剧也就产生了："悲剧性即历史的必然要求与这种要

---

① 王国维.王国维文学论著三种[M].芜湖：安徽师范大学出版社，2014：15.

求实际上不能实现之间的冲突。"①

（三）悲剧感（悲剧美感）的特点：痛快

崇高的特点为"惊而快之"，优美的特点为"乐而玩之"。悲剧与崇高不同，悲剧有完整的情节，严肃的主题，所以它有更强的心理震撼力，有更高的伦理水准。"看悲剧最沉痛，沉痛的喜悦是最高的喜悦。"最早把悲剧作为理论分析的是亚里士多德，他认为悲剧可以唤起悲悯和畏惧之情，并使这种情感得到"净化"（katharsis，可译为净化、陶冶、发散等）。"净化"是从宗教学观点翻译的。基督教认为，人都有原罪，看别人赎罪，自己的原罪压抑也会解除，观看悲剧可以涤除罪恶。"陶冶"是从伦理学角度来解释的，人有各种各样的情欲，人的情欲未经规范，一味放荡，则会走向纵欲，走向恶。悲剧可使人以恶的情欲纳入善之中。"发散"是从医学角度来解释的，人的情欲被压抑，产生压抑感。由此，内心情感郁积，要求发散。这三种解释，总是有一个意义，即要求把消极的情感转化为积极的情感。亚里士多德要求悲剧应有完整的结构、开端、发展、高潮、结尾，围绕悲剧冲突展开。开端时，悲剧正面是弱小的，因此人们对正面是悲悯的，对负面是畏惧的。随着冲突的发展，弱小的东西（正面）在抗争中显示了其合理性，负面力量渐渐显示出其不合理性。结局时，正面虽然毁灭，但其理想是合理的，胜利了，代表了历史的必然要求。负面力量在情节发展中越来越显示出其不合理性。人们对正面力量的态度：悲悯—敬仰—惊赞；人们对负面力量的态度：畏惧—鄙视—义愤，从而化悲痛为力量。

二、中国式悲剧

中国式悲剧有其特殊性，常以正剧结尾，悲剧做正剧处理，几乎所有的悲剧都要以大团圆的尾巴结束。中国式悲剧冲突不如西方尖锐。其结尾并不是悲剧主人公的死亡，并且要有大团圆的结尾，即由冲突而得到和谐。朱光潜曾说："中国没有悲剧，要有也只有一部《红楼梦》。"（《悲剧心理学》）宗白华也曾指出，中国人经历了深刻的悲剧，但普遍缺乏悲剧感。鲁迅的深刻之处在于用调侃、喜剧的手法，深刻地表现了中国人民经历的悲剧，揭示了我们民族精神中的悲剧因素。

为什么中国缺少悲的艺术传统？

---

① 中共中央马克思恩格斯列宁斯大林著作编译局马恩室.马克思恩格斯全集:第29卷[M].
北京:人民出版社,1985:585-586.

（1）朱光潜认为，这与中国的宗教俗世化有联系。西方宗教把此岸与彼岸截然分开，把希望寄托在彼岸，遇到困难及斗争，感到上帝与其同在，希望神给予力量，使其不畏前行。中国人也有此岸彼岸之分，但又认为两者是相通的，经过修炼，人可在现世到达彼岸。由此造成了中国宗教的俗世化。现世现报，无须上帝和来世。在现实世界中求得满足，无须在彼岸世界寻求，由此形成了听天由命、知足常乐的观念。

（2）中国人重视"伦理和谐"。国人常受儒家精神的浸润，儒家思想最精妙处在于"礼乐"。礼规范了人与人之间的伦理纲常秩序，但尊卑等级不按人的社会地位来划分，而是按自然血亲关系来划分，由此形成了一张大网，其纲为"君君臣臣父父子子"。这里有一对尖锐的矛盾，即儒家用自然序列来确立社会序列，由此两者要发生冲突。儒家礼制具有其不合理性、强制性、压抑性，"非礼勿视，非礼勿听，非礼勿言"（《论语·颜渊》），压抑人的个性。乐从情感上灌输礼的思想，使人自愿接受。乐讲究"和"，尊卑等级为"不和"，通过乐达到"不和之和"，听天由命，知足常乐。以上两点都是意识形态的理由。

（3）追求有限范围的人与自然的和谐。自给自足的经济造成了人对自然环境的依赖，在有限范围内追求人与自然的和谐，造成人屈从于自然的支配，此种和谐为原始的和谐，不利于发展人的悲剧意识。五四运动之后，中国悲剧意识兴起，如曹禺《雷雨》，现代悲剧是以反封建礼教为目的的。中华人民共和国成立后，中国艺术不悲也不喜，正剧占统治地位。20世纪40年代，悲剧又受到一次冲击，要求"以歌颂光明为主"的革命文学缺乏悲剧。陈毅在1962年广东会议时说："我认为悲剧为艺术的上乘，看悲剧最沉痛，沉痛的娱乐是最高的娱乐。"[1]写悲剧的理由是社会矛盾仍然存在。事实上，悲剧的原因是个体与社会的理性规范有矛盾冲突，个体为"过早降生"，最先觉醒，而与社会理性冲突。悲剧产生要有个前提，即个性觉醒。

三、喜（滑稽、喜剧性）

喜，又称为喜剧性或滑稽。何为"滑稽"？司马贞《史记索隐》："滑，谓乱也；稽，同也。言辨捷之人，言非若是，说是若非，能乱异同者也。"[2]

---

① 陈毅.在全国话剧、歌剧、儿童剧创作座谈会上的讲话[J].文艺研究,1979(2):页码不详.
② 司马迁.史记[M].北京:中华书局,1998:1143.

（一）喜的本质：丑

喜是出于对丑的嘲弄与否定,悲剧也可是对丑的否定与嘲弄,区别何在？喜对丑的嘲弄是通过内容与形式的尖锐矛盾和此矛盾的突然爆发实现的。矛盾有多种表现方式:名与身份的不一致(孔乙己),手段与目的的不一致等。

（二）喜剧的美感：笑

不是一切的"笑"皆是喜的美感。喜剧的美感何以产生:① 霍布斯认为笑是一种"突然的荣耀感"。喜包含了矛盾的丑陋,当其突然呈现时,主体则发现自己的优越,有荣耀感。这种观点可以解释不少喜剧中的笑,有一定的道理。② 康德认为笑是"期待的消失"。喜剧作品总是幻想一种期待,当期待突然消失的时候,则使人发笑。此说可说明中国喜剧中的铺垫、抖包袱。③ 法国伯格森有"机械的模仿论",此说不被人认同。

四、喜(滑稽)的类型

（一）强形式：讽刺、冷嘲、"黑色幽默"

美与丑的矛盾非常尖锐,丑虽处于被否定的地位,但其非常有力量,例如在《钦差大臣》中讽刺为冷嘲,讽刺如烈火。鲁迅认为讽刺是"国粹","红肿之处,艳若桃花,溃烂之时,美若乳酪"。讽刺"国粹主义者""嗜痂成癖"。"黑色幽默","黑色"意味着可怕、令人窒息的事件,但令读者谈论时感觉到荒谬可笑,例如美国约瑟夫·海勒的《第22条军规》。强形式的手法一般为夸张。但鲁迅认为"讽刺的来源应是真实,而不是夸张",即矛盾应来自现实。

（二）轻形式：幽默

"幽默"这个词来自英语"humour"。亚里士多德在《诗学》所言的喜剧,即以此见长的轻喜剧。"喜剧中是某种滑稽,为一种丑陋,但是不至于引起痛苦和伤害的丑陋。"此讽刺不是烈火般的讽刺,而是发善心的讽刺,或是不损害自尊的自嘲。幽默能表现一个人的全面素养,表现一个人言语的机趣,为一种智慧(《世说新语》中称为"捷悟")。

（三）弱形式：诙谐，机趣（谐趣）

机趣，即机敏，风趣，如"可以清心也，居然天上客"的文字游戏。如苏轼的《题金山寺》便是一首回文诗，也是"机趣"的一种，诗如下：

题金山寺

苏　轼

潮随暗浪雪山倾，远浦渔舟钓月明。

桥对寺门松径小，槛当泉眼石波清。

迢迢绿树江天晓，霭霭红霞海日晴。

遥望四边云接水，碧峰千点数鸥轻。

这首诗反过来读如下：

轻鸥数点千峰碧，水接云边四望遥。

晴日海霞红霭霭，晓天江树绿迢迢。

清波石眼泉当槛，小径松门寺对桥。

明月钓舟渔浦远，倾山雪浪暗随潮。

第四章　美感的特征及其过程

美感有广狭二义：狭义的美感，也称为审美感受，指主体对当下具体审美对象的感受、体验与评价。广义的美感包含审美感受和审美趣味(主体在审美时对对象和对象某些方面的选择性)，以及欣赏时的个性习惯、个性差异加审美理想(对主体来说所追求的有待实现的理想)，具有时代性、民族性。宗白华："魏晋之前，国人喜镂金错彩之美，魏晋后转向芙蓉出水之美。"苏轼概括为："绚烂之极而归于平淡。"(《与侄书》)

前三章研究客体，本章研究主体，即主体面对审美对象时的心理状态。审美理想与审美观点的区别在于审美理想也有理性成分，但其是以感性形态出现的理性需求，审美观点则摆脱感性。审美理想用审美意象表现出来，审美观点则用概论、学理表现出来。

第一节　美感研究的重要性

美感心理研究在美学研究中居于核心地位。1750年，鲍姆嘉登创立美学，将其放在哲学中。西方哲学传统分为三部分：认识、意志、情感，把美学作为哲学体系的一部分。1871年，德国审美心理学家费希纳的《实验美学》出版，认为过去的美学为哲学美学，"自上而下的研究"，即由哲学体系出发，通过概念的演绎来分析审美经验，主张转换为"自下而上的研究"，即从审美的经验事实出发，经过不断归纳，上升到美本身。此观点得到了广泛的认同，从19世纪末到20世纪末是主流，即通过审美经验的研究来探讨审美活动的规律。此观点为朱光潜、宗白华所重视,他们都认为美学是以研究美感经验为主。朱光潜:"全部美学的最大任务即在分析美感经验。"① 宗白华:"美感过程的描述,艺术创造与艺术欣赏之心理的分析,成为美学的中心事务。"②可见朱光潜、宗白华承接了西方现代美学的转向,适应现代西方美学的潮流。

费希纳的观点有其理论上的必然性(合理性),以下详细论述之。

一、美要通过美感才能得到确证

美是要通过美感才能得到确证的,所以研究美要从美感开始。人对美景发出赞叹,原因在于主体受到全身心的感动。艺术欣赏是不能强迫的。朱光潜通过比较"花的红"与"花的美"来证明美要通过美感来确证。"花的红"的确可以用数据化的形式,比如使用科学仪器加以测定。因此"花的红"可以构成逻辑定式,而"花的美"则不可以,只有经过主体面对事物而得到全身心的感动,才能得到证实。

二、美感研究可为艺术批评提供法则

西方把美学当作艺术哲学,把美学看作"元(艺术)批评学",也可翻译为"批评学之后"。别林斯基称,"批评"为"运动中的美学"③。艺术批评就是要沟通创造者与欣赏者的心灵,创作心理即研究艺术家的美感,欣赏心理即研究欣赏者的美感。各个批评流派都有不同的美感的理论为"后援"。例如:① 形式主义流派。艺术作品的价值在于某种形式,用形式来暗示某种内容,则批评应注意形式,注意美感的知觉因素。由此发展了诸多批评方式:如格式塔心理学,认为某一种形式就是某一种情感。② 精神分析。艺术创作是人的本能欲望受到压抑后,将其心理能量转移和升华的结果。现实世界中人的本能欲望不可能径情直遂,因为社会条件(尤其受到人的道德伦理)的制约,而被压抑、郁结,从而升华转化为艺术创作。因此,虽然艺术作品中艺术家不能直接讲出自己的欲望,但是可以无意识状态表现出来。荣格为弗洛伊德的学生,认为除弗洛伊德的个体无意识之外,还有一种集体无意识。这种无意识以原型形态出现,原型即原始表象,

① 朱光潜.文艺心理学[M].上海:华东师范大学出版社,2015:2.

② 宗白华.艺境[M].北京:北京大学出版社,1987:77.

③ 别林斯基.别林斯基选集:第1卷[M].满涛,译.上海:上海译文出版社,1979:324.

即神话母题。艺术中所表现的原始表象,可归于集体无意识。由此在文学上形成了一种"原型批评"方式。

三、审美教育学以美感经验研究为依据

审美教育是施教者通过可控的、设定的审美活动影响受教育者的美感心理,帮助完善受教育者的人格结构。施教者设定审美活动,依据为受教者的美感心理。

美感经验研究的方法:有两种误解,一为将美感经验研究,纳入普通心理学,成为普通心理学的分支。审美心理为普通心理的分支(荣格提出),通过一般心理学原则来衡量美感,如用认知心理学来衡量美感,由此则抹杀了美感心理的特点。例如,审美心理研究的是形式所传达的情感,而几何学上的形式则是相同的。例如有 A,B 两个三角形,A 正放着,B 倒放着。则 A,B 在审美心理感受中是不同的,A 为稳定感,B 为不稳定感,而在几何学中则是相同的。另一误解是对美感心理一味地做哲学分析,即把美感心理哲学化,易于把美感心理具体性和生动性抽离掉。理想的方法为朱光潜的方法,即哲学—心理学方法。

第二节　美感的基本特征

审美感受(狭义美感)是一种自由感受。自由感受为美感最根本的特征。美感建立在感受直接性的基础之上,即用感官直接感受对象,得到了美感,产生了全身心的感动,得到了一种愉悦。美感的自由性最早是由康德论证的。美感源于对象的表象,表象激起人的两种能力,一种为想象力,另一种为知解力。这两种能力和谐活动才能产生快感。表象可生发,想象力推动了表象的运动(想象即是表象的运动),想象又唤起的人的知解力,知解力是以概念出现的。两者和谐运动,其表象中包含了某种概念,唤起的快感,康德称之为自由感受或自由愉悦。

一、审美的愉悦是无关功利的

欲望得到满足而得到的愉悦是有关功利的愉悦,不是审美愉悦。因其涉及对象本身,而审美愉悦只是涉及表象。由此出现两个后果:一为突出表象,审美

的对象只是表象,审美愉悦只是对表象的愉悦,表象从客体抽离;二为无关功利则无私人性,从而能为大家共赏。美感的无关功利性,就是说美感具有无私性,无功利而归于愉快。

二、审美感受无关概念性

想象力是杂多的,因不受控制,但想象力必然与知解力和谐运动,知解力调控想象力,使其趋向于整一,不断地使意义渗入到表象,使表象成为"有意义的形式",即意象。这种意义是非概念性的、多义的、不确定的。因此美感不用逻辑推理,区别了审美感受与逻辑推理。但由于审美感受需要知解力参与,可知仍是一种认知活动,只不过其是非概念的、多义的、不确定的,可知文学作品的主题具有多义性,正所谓"诗无达诂"。非概念而指向认识。由前两点可知,审美感受取得了两个条件:一为摆脱了私人功利而取得的自由;二为摆脱了概念和逻辑定式的束缚,而取得了认识上的自由。康德说:"我所说的审美的自由,实际上是感官的游戏。"

三、审美的愉快为自由的愉快

(一)基于感官愉快,而超越生命

人面对对象形成表象,要符合我们的感觉阈,使人的感受器官能耐受,基于感官愉快,而超越生命。美的东西是对象使人愉快的东西,顺耳悦目。不仅有生理的愉快,还有精神上的愉快。审美快感与生理快感的区别:

(1)凡是生理快感皆带有私人性质,而不必要求社会的普遍赞同,所以私人的生理快感无须传达。然而,美感的愉悦要求别人赞同,具有社会分享性。

(2)审美快感中可允许某种程度上的生理上的痛感,且可把痛感转化为快感,生理上人总是厌恶痛感,排斥痛感,审美快感可以消解生理痛感。

(3)生理快感是易于满足的,而审美的快感是不容易满足的,可以常见常新,有较长时间的持续性。

(二)超越现实而指向理想

主要是因为审美愉快为想象力的自由活动而引起的愉快。因此其可自由活动,审美感受可以是由现实事物提供的,也可以是虚拟幻觉提供的。艺术作品本身就是艺术家发挥想象的结果,也是非现实的。因此,更应调动人的想象力加以欣赏,由此则超越现实,指向理想。此愉快带有形而上性。

第三节　审美判断及其标准

美感的获得也是对审美对象的美所做出的判断。

一、审美判断是情感判断

情感判断中包含着理性,但又不是用概念能穷尽表达的。审美判断作为情感判断有无标准? 西方有一种说法:每个人在审美上都是自己的绝对君主。此观点有一定的合理性,但不能排除审美判断的标准,因为不能将公认为丑的事物认为是美的。每个人在审美上有相当的自由度,但这不等于说取消审美标准。审美标准可从主观和客观两方面去衡量。

二、审美判断标准的主观性和客观性

(一)主观标准——审美趣味

每个人做出审美判断时,都运用的是自己的主观标准,即审美趣味。审美趣味为主体审美的选择性,审美趣味是建立在主体审美能力的基础上的,审美能力可分解成三项指标:感受的敏锐性、想象的活跃度、审美的心理统摄力。审美的心理统摄能力,就是将认识、想象、感受三者交融的能力,将想象力、知解力、感受力相沟通。

审美趣味也标志一个人的能力。趣味也有价值,如高尚、低俗、健康、病态、良好、不良等;生理趣味则不可评估价值。主体做什么判断时,都将其审美趣味作为标准,审美趣味暗中指引着每个审美者产生美感。审美趣味是主观的、因人而异的、相对的,审美趣味不但有个体差异性,而且有社会共同性。

（二）客观标准：审美趣味的社会共同性

个体趣味如被社会普遍赞同，则具有社会普遍性。审美趣味是主客观标准的统一体。

三、审美趣味作为普遍客观标准的社会共同性

审美趣味的普遍客观标准，存在于社会共同性之中。

（一）时代的共同性

审美趣味标准具有时代的共同性——审美理想，审美理想是通过一个时代的典范的艺术作品表现出来的。古希腊建筑（神庙）的时代性，反映了当时神人同形同性的特点。在奴隶主民主制度下，经济发达、政治民主、文化氛围自由都反映了当时的时代精神——开放民主。中世纪（始于古罗马帝国）信奉天主教，罗马帝国解体后，建立的一批封建公国，实行政教合一，神权被抬到至高无上的地位。人们通过哥特式建筑高耸的塔楼、拱门和指向苍穹的尖塔来表达神权的至高无上。

（二）民族的共同性

斯大林认为民族有四要素：共同的地域、共同的语言、共同的经济交往、共同的心理状态。审美共同性即民族共同的审美心理状态的一部分，构成了各个民族不同的审美理想。

（三）阶级的共同性

社会共同性相互比较，又可称为审美的社会差异性。三种社会共同性皆可产生流行变异。流行体现了共同性的趋势，但流行又有变异，变异首先是通过杰出的艺术创作体现出来的。天才作品代表一种新的趣味，在当时不能被认可，但经过若干时代的大众的选择，终于开始流行，转换为一个时代、一个民族的审美理想。因此艺术的判断与审美的判断是需要经过时间的检验的，不能唯新唯怪，也不可忌新忌怪，而要把艺术上的突破交付给时间检验。别林斯基说，时间才是伟大而公正的批评家。客观价值要经过时间才能显现出来，钱锺书曾说"逻辑不配裁判文艺"。

第四节　美感的过程

一、狭义的美感

狭义的美感是审美感受的共时过程。此过程分为三个阶段：

（一）审美的心理准备

审美需要一个特定的心理场，就是特定的氛围。心理准备，就是确定自觉的审美态度。西方美学认为审美态度具有三个特点：

（1）日常态度的中断，即"搁置"。超功利态度的确立。

（2）凝神观注的审美注意。日常态度中断后，把全部心力集中于审美对象，保持一种持续不断的注意。

（3）专注于对象的外在感性形式（外观），不追究实体。由此之后，审美感受开始。所谓自觉的审美态度，即通过意志努力排除日常态度的干扰，同时自己有意识地察觉到自己的审美目的为清醒的。

（二）物我的交流和统一（实现阶段）

物我，即审美对象与审美主体。此过程分为以下三个环节：

1. 物我猝然相遇，产生了"强烈的第一印象"

猝然相遇，指的是"及时性"，当时当地的一刹那。"我"专心注意"物"的外观，外观形式给"我"以"第一印象"（起点、新鲜、重要），往往决定了主体今后的审美。审美要求主体尊重第一印象。

2. 物我交感

依照黑格尔的观点，认识是有限的知解力，是对象压倒主体。认识的对象为转移，主体在认识能力上没有什么自由。而审美是自由的，审美主要不是靠知解力。康德认为，对象的形式适合于主体的想象力与知解力的自由活动与和谐合作。人的审美能力是自由能力,在此过程中,主体与客体是相互交流的,物对我不是死物,而是有情有义的。中国传统美学讲审美中的物我交往:"情往似赠,兴来如答。"(《文心雕龙·物色》)情感投向"古松","古松"不是单纯的一棵树,而是化为一个"意象",有情有义,拟人化,此意象反过来激发感兴,兴发感动。把自己的情感好像赠给对象,对象唤起主体的感兴,好像酬答。此种审美交感现象,有两种不同的解释。西方亦有立普斯的移情说。主体欣赏外物,外物构成空间意象,主体把自己的情感投入到空间意象,使对象得以人格化,加以欣赏。所以主体欣赏依然为自己的情感,是主体情感投入的结果,情感移注。例如多利亚(道芮式)石柱,是男性美的象征。此柱观照时仿佛有一只手将其向上托举、向上飞腾。这股力量来自何处?立普斯认为是由于情感移注。对象是死物,无向上托举飞腾的力量,其是主体情感的移注,把客体拟人化。立普斯讲的移情说,是把对象人格化,是欣赏主体的自我情感(《论移情作用、内模仿和器官感觉》)。中国传统美学对物我交感的解释:中国人认为欣赏对象,对象之所以有情有义,是因为对象本身也有生命。主体把情感投给对象,对象也以某种生命之态作用于主体,所以审美中"我"与物不是人与事物的关系,而是人有生命,物也有生命,是人的生命与物的生命相互交流的关系。物的生命姿态与人的生命情态,人发现这两者的近似点构成意象,是建立在人的生命与物的生命交互作用、相互交流的基础上。此观点建立在中国人宇宙观的基础上,中国人以"道"为生命本源,为生命动力,"道"把生命赋予万物,万物都有生命,在西方,此观点被称为泛生论。此泛生论容易被宗教化、神学化,但在中国具有无神论色彩,因为中国以"气"来解释"道","一阴一阳之谓道"(《易经·系辞上》),"道"为阴阳两气互动的结果,阴阳的互动产生了万物及生灭变化。以"气论"解释,"物我交感"则变为物我之间生命之气的同频共振。我的生命之气投向万物,万物也以其生命之气感发我的内心,物我由此有了同一的节奏与韵律,中国的艺术趋向于音乐化。

3. 物我同一(物我两忘)

庄子称之为"物化",我化为物,物也化为我,我与物泯灭了界限。例如,庄周梦蝶。此同一过程发生于心理过程,并非发生于心理事实。在想象中主体和客体完全合一。朱光潜:"大自然没入我,我没入大自然。"(《谈美书简》)这就是"神合"。物之神与我之神的合一,即"气"的合一。"一团和气""物我莫辨",此现象在西方称为"产生的宇宙感"。时间停止,万物与我一起达到永恒。"物我同一"现象,西方心理学也做过研究。20世纪初,西方心理学家威廉·詹姆斯称其为"宇宙意识"，即"不死感""永恒感"。詹姆斯认为，此宇宙意识为神秘意识，"不死感""永恒感"是以永恒的实践为特点的，是一种幻觉，但此种幻觉在审美中也是存在的。20世纪中叶，马斯洛称之为"高峰体验"（《自我实现的人》），指的是自我实现的最高愉悦，自我的创造，具体特点为"物我不分，忘记自我"。审美中物我同一也属于高峰体验。自我创造活动，达到极致时产生的永恒感。许多文学作品中，描写到"五合一"的心理状态，即"心凝形释"。如柳宗元《始得西山宴游记》，庄子所谓"逍遥游""神游心越"。

（三）效应阶段

审美感受的最终结果为获得愉悦感，即审美愉悦，是审美的成果。当下对审美对象的欣赏，一旦产生了审美的愉悦，则标志着过程的完成。对"审美愉悦感"分析如下：

（1）"审美愉悦感"标志着对审美对象的美的判断。

（2）"审美愉悦感"是多种心理功能的综合成果。审美愉悦并不单纯来自情感，而是与感知、想象、理解力皆有联系，是所有这些心理因素和谐活动而产生的愉悦感。

（3）"审美愉悦"中包含创造的愉悦。"美感是对美的事物的反映"，这种说法是片面的。"反映"抹杀了美感是主体的一种创造，美感不仅是对美的反映，而且是对美的发现。每个人皆可能在美感过程中有所创造有所发现。欣赏自然物，则为欣赏主体自己的创造，欣赏艺术作品则为欣赏主体的再创造。艺术作品接受世代人的诠释。凡是典范作品，都是经得住诠释的。凡是审美欣赏，美感过程都包括创造因素，此创造也能给主体带来愉悦。以上审美感受分析，其对象为"优美"，但大致适合"崇高""悲""喜"。

二、广义的美感（审美意识）的历时过程

审美意识在人类历史上是如何产生的？审美意识不是靠静观产生的，人的美感产生于最初的形式感。形式感是通过人改造形式的活动慢慢产生出来的。活动就是以制造工具为标志的实践活动。生产劳动是人的第一要务。

美感活动的三个过程如下：

（一）目的表象

形式感即感受到对象的形式,审美是形式感中要包含的意味,即有意味的形式,构成意象。一种形式有意味,最早为目的表象,即人为了实现自己的目的,而在制造工具之前,在头脑中产生的一个表象指导其实现目的,支配其动作。此表象即为"目的表象","表象"在先。"目的表象"即"有意味的形式",为意象的原始型。"意味"来自"目的",来自"实用"。审美起于实用,起于人的生产劳动。目的表象有两个特点:与目的动作相联系,使表象为了校正指导其目的的动作;目的表象具有模仿性,通过模仿,形成初步的形式感,这是审美形式感的源头。

（二）由目的表象发展成为神话意象阶段

神话产生于新石器时代,磨制石器细致,造型匀称规整,表明形式感已经超出旧石器时代。此时人类的心理能力发生了一个突变,从目的表象发展为创造性想象。把假想的东西当作真实的东西,而对假想的东西产生想象,激活心理活动。突破有限时空的限制,而获得自由。人类实践能力得以提升,同时人自身的生产(生老病死)充满了变数。因此,人类开始对自然力、超自然力崇拜,由此而产生了原始的宗教。原始宗教的实质就是对自然力和超自然力的崇拜,是文化的复合体,外在形式是各种各样的祭祀礼仪。诗歌舞,为巫祝之词。原始宗教的内在心理形式是神话意象,神话是人通过幻想支配自然力,神话意象是在人的实践活动中派生出来的创造性想象力的表征。

（三）审美意象

审美意象产生于"轴心时代"(雅斯贝尔斯)。"轴心时代"的意思是,每个民族皆在某一时期告别原始崇拜,进入到哲学超越时代。该时代在公元前5—6世纪。此时,每个民族形成自己的理性自觉,用自觉的思致代替原始崇拜,奠定了每个民族的理性范式。原始崇拜解体,神话也解体,但原始宗教的外在形式(诗歌舞)还存在,由此则转化为非宗教意义的艺术。产生了如下的变化:

(1) 艺术的自觉的虚构代替了神话时代的不自觉的虚构。

(2) 主人公的变化:由神话中半人半神的英雄变为世俗的人。

(3) 神话所表现的是族类的集体命运,艺术表现的是世俗中人的个体命运,可看作艺术的源起。

决定艺术发展的四个要素如下:

（1）物质造形（艺术生产的母体与基础，媒材的革新）。

（2）文化观念的演变（社会转折时期）。

（3）异体文化的交融。

（4）作家的天才。

前三个要素通过第四个要素来实现艺术突破。艺术突破在文学史上有永恒的典范意义，艺术不能用一般意义上的进步的标准来判断。

第五章　美感的心理要素

此处美感为狭义的美感,即审美感受。"美"此处为优美,所以可理解为美感是对优美的审美感受。对优美的感受,有时为瞬时反应,但其包含的心理活动极为复杂,最主要的四要素是感知、想象、情感、理解。其他还包括诸如联想、表象、记忆等,较为次要。为何选择此四要素?康德认为美感起点为表象,表象适合于人的想象力与知解力的和谐活动,能联系到主体的情感。

第一节　感　　知

审美感觉是美感的门户。外部世界的信息要通过感觉来摄取、选择、储存。美感是感官的直接感受,因此美感不能离开感觉。审美感知与日常感知有很大的区别,日常感知是以受动为主的,审美感知受动中有主动、有发现,也有创作,因此审美感知中,我们产生的反应为创造性反应。

一、感觉在审美中的作用和特点

(一)受动性

感觉的受动性表现于感觉对象要符合感觉阈限。

视觉:紫外线←可见光的波长范围:380～770nm→红外线

听觉:超声波←16～20000Hz→超声波

另外,触觉运动觉(筋肉感)也很重要。

(二)感觉有交互作用与同时反衬

不同感觉之间有相互影响,例如柳宗元《渔翁》:"渔翁夜傍西岩宿,晓汲清湘燃楚竹。烟销日出不见人,欸乃一声山水绿。回看天际下中流,岩上无心云相逐。"第四句就是听觉感受强化视觉的感受。苏轼评之:"熟味之,有奇趣,结二语虽不必亦可。"

审美与日常认知有区别:日常认知是排除错觉的,审美中恰恰要凭借、利用错觉。缪勒、莱尔专注于错觉研究。错觉在艺术中有很大功能,《管锥编》:"寂静之幽深者,每以及声音之衬托,而愈觉其深,虚无之辽广者,每以有事物点缀而愈见其广。"[①]王维《使至塞上》:"大漠孤烟直,长河落日圆。"南朝(梁)王籍:"蝉噪林愈静,鸟鸣山更幽。"上句静中有动,下句动中有静。王安石《钟山即事》不明此理:"茅檐相对坐终日,一鸟不鸣山更幽。"黄庭坚嘲之云:"直是死句矣,真乃点金成铁手也。"

二、审美知觉的三大特性

知觉是对对象的整体把握,把感觉所得到的事物的属性综合起来构成一个整体,形成一个完整表象。

(一)审美表象与日常表象的区别

特殊表象的情绪化——意象。审美知觉产生的结果为意象。表象分为特殊表象(具体事物在当下的表象,带有时空的特殊性,主体心情的特殊性)和一般表象(对一类事物带有概括性的表象)。审美表现为特殊表象,所以康德说,美感判断皆为单称判断。审美表象融入了主体的情绪色彩,加以情绪化,产生意象,意象为审美心理的基元。特殊表象的"情意"来自何处?有三种解释:① 移情说,消极承重的石柱表现为奋力向上托举状。② 完形即表现说,认为人的自觉有一种天赋的本领,把外界事物努力组成完整的形体,在完整中看出意义来。通过实验证明,事物的完形能唤起脑电波的相应的形式,两者异质而同构,一定的脑电波形式即一定的情感活动,所以完形即表现。把不相交的线条看成三角形,是人的天赋的完形能力。所以人类能从纷繁复杂中见出秩序,使其构成完整的形体。

---

① 钱锺书.管锥编:第一册[M].北京:中华书局,1979:138.

构成完整形体,则能唤起人的脑电波的相应结构。③ 宗白华认为万物皆有其内在的生命节奏,人是一个生命体,有自己的生命节奏。人在知觉外物时,万物的节奏与主体的生命节奏形成了交感,唤起人相应的情绪反应。

(二)主观选择性

人知觉时,不是用自己的感官来面对对象,而是以全人格(全身心)来面对对象。所以审美直觉为主体的审美趣味,对对象的迎或拒、亲或疏、爱或恶,都表现出一定的选择性。

(三)虚拟性

审美直觉的成果为审美的现实、假想的现实、虚拟的现实。欣赏一个事物,感觉其"好玩""有意思",容易引发联想与想象。因此,感觉中的错觉是有助于审美的。文学作品的虚拟性通过语言表述来表现,审美直觉的虚拟性深藏着艺术的秘密。艺术并不要求把作品当成现实,艺术的基本任务是"化景物为情思"(范晞文),亦可为"化实为虚"。统觉是人的知觉对主体概念有依赖性,融汇了主体的概念、意志、情感、经验,知觉可融汇主体原来的情感。审美知觉是受动的,同时又是主动的。

第二节　想　　象

想象的枢纽和桥梁作用。审美感觉为美感的门户,想象为其枢纽与桥梁,是感性与理性的交会点。

一、心理实质

心理学上,想象是建立在记忆基础上的表象运动,表现为"再现→重组→创新"。人的记忆能力贮藏表象、概念等。概念表象通过记忆再现。审美中想象有其特殊的重要性。法国波德莱尔:"在艺术中,想象是一切心理功能的女皇陛下。"①艺术是有意味的形式,意味靠人自己去体悟。体,就是体验;悟,就是想象

---

① 中国社会科学院外国文学研究所外国文学研究资料丛刊编辑委员会.外国理论家、作家论形象思维[M].北京:中国社会科学出版社,1979:47.

与升华。中国人看重体悟，而艺术讲究含蓄，讲求言有尽而意无穷的意味，靠想象来把握。想象能启发诱导大众的心理感受。从哲学角度看，想象最大的功能是使人突破身观目接的局限，来超越现实的有限事物，使人不至于局限在有限的直接经验中。《文心雕龙·神思》："形在江海之上，心存魏阙之下"，"寂然凝虑，思接千载，悄焉动容，视通万里"。康德说："空间通过外感官把握，时间通过心灵（内感官）把握。"（《纯粹理性批判》）

二、想象的心理类别

（一）简单联想

接近联想、类似联想、对比联想、感觉联想（通感）。接近联想：由时间接近而打破时间局限，由空间接近而打破空间局限。类似联想：为艺术中比喻、拟人、象征的心理基础，是状貌及性质上的类似。李德豫《临江仙》："强整娇姿临宝镜，小池一朵芙蓉。"对比联想：两个事物状貌、性质的对立引起的联想。感觉联想（通感）：本感觉而生联想，即在感觉联想中各个感觉功能可以交互为用。佛经中说："六根互用。"（见《法华论》等）"六根"就是耳眼鼻舌身及藏根。藏根，为心灵感官，内在感官，例如观世音。

（二）再造性想象（记忆性想象）

再造性想象（记忆性想象）即复现贮藏于脑中的表象，再造性想象能力强，才有可能有创造性想象。

（三）创造性想象的双重性质

创造性想象是改造原有表象，使其具有新质，成为奇特异常，是现实中没有的表象。王维：作画不论四时，集四时景物为一画。"雪里芭蕉"为证明"佛性不灭，金刚不坏之身"。创造性想象的功能，即能把情、景、理三者结合。情感为推动力量，知觉中情感渗入到表象，然后情感推动表象运动。

第三节　情感:美感中的动力因素

一、情感的心理实质

(一)情感是对主客体关系的反映

心理学认为,人的心理活动是人的外部活动内化的结果。认为情感是认识的伴生物是一种误解。错在不了解情感反映的不是单纯的客体,而是主客体关系。主体需要(期望值)与客体的特征共同构成适应与不适应的双重关系,由此区别了情感与认识。

(二)情感是主观的价值态度

情感是主观的价值态度,主观色彩强烈浓厚。一个人处在不同的心境中,对同一个事物会有不同的情感态度。主观的价值态度含有对对象的评价。

二、审美情感的两大特征(与日常情感的区别)

(一)净化了的情感(非功利性)

审美要求把情感寄寓在意象之中,由此,情感与日常功利隔绝。意象把日常情感形式化,把原来的功利关系抽离,由此,审美情感排除了日常功利情感。

(二)反思的情感

日常生活中,喜怒哀乐都是一次性的,其情感储存于记忆中,来不及省察。审美及艺术帮助人对情感进行反思,体味人生的价值及意义。

三、情感在审美中的动力作用

(1) 深入感知,推动想象,深化理解。

（2）在意象结构中的磁力作用。艺术的基本单元是意象,意象不是孤立的,其靠情感联系彼此。如磁石,把散乱无序的意象组合起来。

天净沙·秋

白 朴

孤村落日残霞,

轻烟老树寒鸦,

一点飞鸿影下,

青山绿水,

白草红叶黄花。

这里情感调质有序统一,凄凉自然又热烈。

第四节 理 解

一、审美理解的特殊性

逻辑认识中的知解力——思辨理性能力。知解力,即表象—概念—判断推理。审美理解不同,按康德所言,为知解力与想象力协同一致,和谐活动。此协同一致带来了审美理解的特殊性。

（一）理解寄寓于意象及其联结

审美理解始终不脱离表象,包含了理解及情感的表象为意象。意象处于前台,知解力处于幕后。因此,凡是审美皆不能概念化,不能穿插逻辑阶段。审美理解不能概念化、不能采取逻辑定式,万物静观皆自得,四时佳兴与人同,讲究天人合一,讲究"理趣"。

（二）审美理解关乎价值理性

理性有两种:理论理性（逻辑认识）,如科技、实践理性（价值理性）。

康德主张追求"自由人格",凡是自由皆涉及主体的体验。文艺包含价值理性,通过体验可把握价值理性。

二、审美理解中的两种形式

（一）前提性理解

（1）自觉的审美态度。

（2）欣赏的前提性知识。

（3）相关的人生体验。

（二）融汇性理解

把理解融汇到审美的知觉、想象、情感之中。

第六章　美育的年龄特征

　　有这么一幅漫画,画的是一位幼儿园的阿姨在教小朋友学唱《天涯歌女》。阿姨坐在风琴旁边弹边唱,悠然自得:"郎呀,咱们俩是一条心。"小朋友呢,一个个面露惧色,有的双腿发颤,因为他们唱的是:"狼呀,咱们俩是一条心!"要跟恶狼厮守在一起,而且还是"一条心",这怎么能不叫孩子胆战心惊呢?

　　要那些还系着围兜的孩子去学唱情歌,诚然可笑;但是在我们的美育实践中,这类不看对象,把孩子一律"大人化"的笑话闹得还少吗?让几岁的娃娃去画"大写意"的水墨画,去学跳"迪斯科";按照成人的爱好,去把小姑娘打扮成"少妇相",把小男孩管教成唯唯诺诺的"小君子",如此等等,不都是违反美育的年龄特征,把不该教给孩子的东西硬塞给他们的结果吗?

　　不该给的东西固然不能给,该给的不给也不行。苏霍姆林斯基说过:"儿童时代错过了的东西,到了少年时期就无法弥补,到了成年时期就更加无望了。"①那么,在各个年龄阶段——幼儿期(7岁以前)、少儿期(7~13岁)、青年初期(13~18岁)美育的内容、方法究竟有些什么区别?要弄清这个问题,就需要对各个年龄段的审美心理特征做一个大略的考察。

---

① 苏霍姆林斯基.把整个心灵献给孩子[M].唐其慈,毕淑芝,赵玮,译.天津:天津人民出版社,1981:239.

第一节 "游戏的年代"：幼儿期的美育

苏联教育家马卡连柯早就指出："教育的基础主要是在5岁以前奠定的,它占整个教育过程的90%。在这之后,教育还要继续进行,人进一步成长、开花、结果,而您精心培植的花朵在5岁以前就已绽蕾。"整个教育如此,审美教育自然也不例外。

幼儿期是个体在生理、心理上急速发展的时期。婴儿一出生,就具备了神经系统的基本结构,脑神经细胞数量已接近成人(10^{10}个神经元),6个月之后,脑神经细胞数量即不再增加。但新生儿脑神经细胞体积甚小,结构简单,神经纤维大部分尚未髓鞘化,因此脑重量只有390克,为成人脑重量(1400克)的三分之一。婴儿长至9个月,脑重量即达660克,9个月中几乎增长了1倍。至2岁半,增至900～1011克,相当于成人脑重量的三分之二。到7岁时,脑重量达1348克,已接近成人的脑重量[1]。

随着大脑神经的逐步健全,大脑机能也迅速发展起来。3岁以前儿童主要借助动作来感受世界、认识世界,被称为"动作思维"时期。动作思维还称不上是严格意义上的意识,意识得伴随语言的掌握才真正发展起来。从已有材料看,儿童掌握语言的进展速度是极为惊人的。据调查,儿童1岁半开始"牙牙学语",至4岁即可掌握本民族口语。词汇的掌握量也在快速增长,情况如表6.1所示。

表6.1 幼儿词汇量的掌握

年龄	1岁半	2岁	3岁	4岁	5岁	6岁	7岁
词汇量（个）	100	300～400	1000～1100	1600	2200	2500～3000	3000～4000

由表6.1可以看出：幼儿到7岁时的词汇量,已足够应付口语的需要。在句法方面,1岁半的儿童只能用一两个词表示一个简单句子,如用"糖糖"表示"我要吃糖"或"给你吃糖"。2～3岁的幼儿已能用具有简短语法的不够完整的"电报式语言"来说话。3～4岁时幼儿则已能运用合乎语法规则的简单句。5～6岁时运用简单句已十分熟练,并能使用各种复合句。到7岁一般儿童都能做连贯而有系统的叙述,表明他们已全面掌握了本民族的口语。与此同时,儿童的内部语言也在发展。在刚学会的外部的、出声语言的基础上,3～4岁的儿童,常使用游

---

[1] 朱智贤.儿童发展心理学问题[M].北京:北京师范大学出版社,1982:24.

戏语言,即在扮演游戏角色时,一边动作,一边自言自语;5～6岁的儿童,遭遇困难和疑惑时,则常常使用"问题语言",即在自言自语中寻求解决问题的办法。这两种"自言自语"都是从外部语言向默然无声、简略压缩的内部语言的过渡形态。到6～7岁,儿童已经能默默地运用内部语言进行思考,用它来自觉地分析综合,自觉地进行自我调节。内部语言的产生,从一个重要方面标志着真正的人的意识的形成。

　　和意识的发生发展相平行,儿童心理也展现出"行为社会化"的重要过程。新生儿的行为是非社会性的,一切行为都以自我生理需要能否得到满足为转移,即俗话所说"有奶便是娘"。婴儿期婴儿开始依恋父母、亲人,出现"行为社会化"的萌芽;进入幼儿期以后,便逐步扩大交往范围,逐步培养起与周围成人,尤其是"幼年伙伴"友好相处的社会行为。如3岁幼儿与其他幼儿互不干扰,各自玩耍,相安无事地进行"平行游戏";4～5岁则按照共同意愿结成临时的、松散的集体,开展"联合游戏"(如"捉迷藏"等);6～7岁则能按一定规则进行"集体协作游戏",说明儿童的社会化程度在日益提高。在这个过程中,儿童不断吸收成人的社会性行为准则,逐步建立起初步的道德感。

　　可见,幼儿期儿童处在心理发展的敏感期(或称关键年龄)。他们在大脑生理、意识发生、行为社会化诸方面的快速成长和发展,提供了巨大的心理可塑性。因此,幼儿期的审美教育,应当尽可能利用这个可塑性,因势利导,以求得良好的教育效果。

　　幼儿审美心理的最突出特点,是瑞士著名学者皮亚杰指出的"泛灵论"倾向。"儿童时期的泛灵论,乃是把事物视为有生命和有意向的东西的一种倾向。"幼儿能"把死板的物体生命化,而把心灵世界物质化"[①]。在幼儿心目中,一个被当作"小宝宝"的小枕头,同一个玩具洋娃娃一样,都是有生命、有思想感情的活物,幼儿能耐心地向"小宝宝"叙说,哄"小宝宝""吃饭""睡觉"。幼儿天真地相信,凡是能够活动的东西——吹拂着的风,跟着人走的月亮,会跑的汽车,会飞的飞机——都像人一样是有生命的。这种现象,类似于成人艺术中的"拟人化"。其实,这两者有着质的区别。成人在艺术中的"拟人化",是在艺术创造过程中发挥意识能动作用的结果,它所达到的"物我同一"是主客观之间幻想的同一;幼儿的"泛灵论"倾向所达到的"物我同一",则是意识尚未充分发展的泛化的同一,照皮亚杰的说法,是幼儿"内在的主观世界与物质的宇宙尚未分化的混沌状态的一种

---

① 皮亚杰.儿童的心理发展[M].傅统先,译.济南:山东教育出版社,1982:46-47.

表现"①。

这种混沌状态,和幼儿心理的整个发展水平是相适应的。幼儿对语词的概念意义理解得极为有限,一般只能从客体的状貌和用途来给概念下定义;幼儿的行为也还处在"社会化"的初期,他们无法严格区别"自我"与"他人"的意见、愿望、情感方面的不同。因而幼儿还不可能真正理解事物之间和人与人之间种种复杂的关系,他们还只能不自觉地从自我出发来理解外物、理解他人。他们总是把现实同化到自己的活动中去。由此也就出现了李斯托威尔所说的情况,即幼儿常常"把现实与自己的梦境混淆在一起,把无生命的东西与有生命的自我混淆在一起,把他对事物的命名与这些名称所指示的实际对象混淆在一起"②。

混淆,固然幼稚可笑,但这种混淆在审美教育方面大可注意。正因为有此混淆,幼儿的审美经验才表现出非凡的想象力,童话、寓言、儿歌、化妆舞蹈(常常是扮演各种小动物)等在幼儿中才有了广阔的天地。我们完全用不着担心孩子会怀疑童话、寓言的真实性,恰恰相反,那些由儿童生活或成人生活幻化而来的非现实的故事,那些会说话的、具有儿童心理的动物,美丽善良的仙子,专门作恶的妖怪,在儿童心目中,就是他们自己的生活和成人的生活的一部分,有时就是他们自己。这些故事能让幼儿获得审美的满足,甚至也能让成年人感受到童年的情趣,可以跟孩子一同分享美感。因此,针对幼儿的心理特点,选取他们可以接受的童话、寓言及民间故事,形象生动地讲述给他们听,在幼儿后期则让孩子复述这些故事,不但可以训练他们的口语能力,而且对促进他们行为社会化,培养初步的道德感,有莫大好处。幼儿会从伊索寓言《狼和小羊》中学会如何憎恨生活中恃强凌弱的凶暴者,同情弱小的善良者;会从普希金的童话诗《渔夫和金鱼的故事》中懂得贪欲的可耻;从《东郭先生》中了解为什么不能怜惜恶人。观赏木偶戏,观赏根据童话、寓言改编的动画片和连环画等,也能收获同样的效果。王朝闻在《审美谈》一书中,提到这样一个事例:以擅长给孩子讲故事闻名的孙敬修老人,一次在公园见到淘气的孩子在攀折幼树的枝条,老人走到树前,耳朵紧贴树干。孩子问他干什么,他回答说,听树干正在对他说话。说什么? 说胳膊疼得要命。孩子一听,羞愧地笑了。这一笑表明取得了简单训斥所不可能达到的感化效果。孙敬修老人善于揣摩孩子的心理特征,他的做法给人以启发。

幼儿审美心理的又一重要特点是动作性和活动性强。照皮亚杰的说法,幼儿虽然在逐步摆脱婴儿期的"动作思维",但整体来说"仍然处于行动和操作的境

---

① 皮亚杰.儿童的心理发展[M].傅统先,译.济南:山东教育出版社,1982:47.

② 李斯托威尔.近代美学史评述[M].蒋孔阳,译.上海:上海译文出版社,1980:205.

地"①。好动是幼儿的天性。幼儿的注意以无意注意为主,而且持续时间很短;幼儿的兴趣也易于变化,稳定性很差;幼儿的语言发展水平,也决定了他们还不可能用内部语言来"消化"审美对象,因而他们缺乏静观欣赏的能力。他们的审美活动是动态的,靠游戏,靠游戏性的唱歌、跳舞和劳作来进行。就在这一类行动和操作过程中,幼儿得到审美的满足。他们还不善于欣赏别人的唱歌、跳舞,却喜欢自己唱、自己跳;他们无法很好地欣赏别人的创造成果,例如绘画、建筑、工艺品,却十分乐意自己动手创造——信笔涂鸦,搭建筑积木,搞手工制作。一句话,他们爱好动手、动口,而且在动手、动口的动态活动中获得美感。于是,具有审美性质的行动和操作,就成为幼儿美育的重要途径。

幼儿审美活动的基本方式是游戏。游戏在幼儿那里,是作为克服自己主观世界("泛灵论"的世界)与成人现实世界的脱节状态的补偿手段出现的。幼儿明知道自己缺乏参与成人生活的能力,而他们的身心发展趋势又使他们必然地向往成人生活,于是便通过游戏来实现这种向往。这就是幼儿游戏带有极大的模仿性的原因。两三岁的女孩,就能拿起竹片当针管儿,给她的洋娃娃"打针",拿起小汤匙给娃娃"喂食";男孩子会用一根竹棒当马骑,用一只小板凳"开汽车",用一列小板凳"开火车"。任何玩具在幼儿手里都是"一器多用",他们可以按照自己的幻想来编造游戏,让玩具不断地派上新的用场。到四五岁,女孩的常玩游戏是"过家家",一群孩子各自扮演"角色",或由"家庭主妇"照看孩子饮食起居,或由"医生"给孩子看病,或由"教师"给孩子上课。男孩子的常见游戏则是"打游击",敌我对垒,相互厮杀,有时难解难分。学龄前的儿童已能按照极复杂的规则进行"集体协作游戏",跳皮筋、跳"房子",以至模仿大人下棋、玩扑克。参加的孩子们力求按照规则玩出个输赢。从这个过程可以看出,儿童自发进行的游戏活动,组织程度在日益提高,不但有利于发展儿童的感受力、想象力和肌体活动能力,而且促进孩子的交往,使孩子在游戏中更加靠拢成人生活。对于有机会受到系统幼儿教育的孩子,我们完全可以按照平行游戏、联合游戏、集体协作游戏的顺序,有计划地、由简到繁地安排他们做非主题游戏或主题游戏。较长的幼儿还可以在教师指导下自行确定主题、分配角色、提出规则。很显然,这类创造性很强的游戏活动,不但可以发挥幼儿的主动精神和首倡精神,而且能使他们体验到类似成人在创造性地改造现实时的那种愉快。

游戏活动曾被一些心理学家看作幼儿的"主导活动"。因为对幼儿来说,除了生活活动以外,再没有别的活动比游戏活动更重要了。而且幼儿的游戏活动

---

① 皮亚杰.儿童的心理发展[M].傅统先,译.济南:山东教育出版社,1982:50.

有极大的渗透力,它可以广泛地渗透到智育、德育、体育活动之中,将这些教育活动审美化,让幼儿在玩耍的状态中学习必要的知识、形成应当形成的道德观念,并使其身体受到锻炼。这是幼儿时期以美引真、以美导善的具体体现。如通过"绕口令"训练口语,训练准确的发音;通过猜谜语来学习自然常识(如一则关于花生的谜语——"麻屋子,红帐子,里面睡着个白胖子",足以使幼儿将"花生"一词牢固地和花生的实物黏附在一起);通过制作玩具(小风车、折纸、剪纸)活动,使儿童获得准确的线、形观念,这是智育,也是游戏性的劳作。孤立地进行智育、德育,是超过儿童心理负荷的;而结合游戏进行智育、德育,却能使儿童在愉快中学习,往往收到事半功倍的效果。我们把幼儿时期称作审美上的"游戏的年代",就是在这个意义上说的。

在幼儿的美育实践中,如何看待艺术才能的早期表现,是一个值得研究的问题。许多有才华的儿童,在幼儿期就表现出音乐、绘画等方面的卓越才能,是艺术上的"超常儿童"。如莫扎特3岁能辨三度音程,5岁写出小步舞曲,就是著名的例证。一般说来,音乐才能显露的年龄最早,这是否是因为听觉能最先进入发展的最佳状态,值得进一步研究。有人统计,儿童在3岁左右显露音乐才能的情况最多,如表6.2所示。

表6.2 未成年人各年龄段音乐才能的显示

性别	年龄						
	3岁前(%)	3~5岁(%)	6~8岁(%)	9~11岁(%)	12~14岁(%)	15~17岁(%)	18岁(%)
男	22.4	27.3	19.5	16.5	10.7	2.4	1.2
女	31.5	21.8	19.1	19.6	6.5	1	0.5

4岁左右是幼儿形象视觉发展的最佳时期。所以4岁以后的孩子,有时能画出相当成功的儿童画。尽管儿童的空间感远未成熟,不能按透视法作画,手的操作控制能力还很低,因而线条相当幼稚,但是他们对色彩的敏锐感觉,想象的奇特和大胆,往往令人赞叹不已。1979年,6岁儿童胡晓舟应国际儿童年"我在2000年"为题的国际画展的征选,创作了题为《荡秋千》的水墨画,这幅画用儿童的艺术语言,把登月和游戏结合起来,画作中小姑娘怡然自得地在月牙上荡着秋千,四周环绕着如花朵一般的星辰,月牙上边还站着一个小妹妹为她挥手助兴。画面以荡起的秋千和秋千上的主人公为构图中心,小妹妹和散落的星星烘托着欢快的气氛,把稚气的幻想和浓郁的儿童生活情趣结合得十分完美。这幅画被

评为1979年世界儿童画展一等奖,看来不是偶然的。

对于艺术才能显露较早的儿童,无疑要加以扶持、培养。要按照幼儿的心理特点周到地加以引导,而不是过早地按专业的训练规范来要求他们。"揠苗"并不能"助长",相反,这是摧残幼苗的表现。这一点,值得引起教育者重视。

第二节　跨入静观欣赏之门:少儿期的美育

我国儿童一般6周岁入学。当孩子兴高采烈地背上书包踏入校门的时候,会觉得自己似乎长大了许多,觉得自己已经是"大孩子"了。事实上,少儿期儿童的心理确实在稳定的发展中,具备了新的特点。

一、主客观的分化

少儿心理较之于幼儿心理的一个根本区别,可以称之为主客观的分化,"现实与梦境的分离"。促成这种分化的,主要是以下三个方面的原因:

(一)感受能力的发展

少儿的视听感受敏锐性已发展到整个一生的顶峰状态,这个状态可以维持到整个青年期(一般在30岁之后,感受的敏锐性便开始逐步减退)。7～9岁,由于这时期的少儿已具备足够的触觉经验和运动觉经验,由此来补充和充实视觉所得,少儿的空间感逐渐成熟起来。他们不但开始有了明确的长、宽、高等三维空间感,而且学会了辨别空间方位,即上下、左右、前后的相对关系。与此同时,少儿的记忆力、表象功能和有意注意力也进一步发展起来,这就为把握客体事物的动态和静态,对它进行审美的观察(有意识的感知)提供了心理前提。

(二)抽象思维能力在形成

幼儿后期取得的内部语言能力在继续提高,少儿期进而开始形成书面语言能力,即阅读与写作能力。在语言能力发展的基础上,他们已开始能进行反省思考,即用内部语言来回想和考察自己的言行。这时,他们已开始用概念进行判断推理,接受系统的文化知识,幼儿期对客观世界的朦胧感和神秘感在逐步破除,这就使少儿的抽象思维能力渐渐形成和发展起来。

（三）行为进一步社会化

少儿在校内逐步开始熟悉班级、少先队的集体生活,这种集体已不像幼儿时期主要是由游戏联系在一起的,而是由集体的荣誉感、纪律和团结友爱精神维系着的。这种集体生活无疑已经进一步社会化,更加接近成人生活了。少儿行为的进一步社会化,带来了两个积极的心理成果:一是学会初步调节需要、愿望、情感,来与周围的伙伴,特别是最亲密的"伙伴集体"中的成员友好相处,培养出纯真的童年友谊;二是从幼儿期单纯、被动地模仿成人的状态中解放出来,渐渐克服盲从性,表现出自主性,同时也开始对成人生活默默地进行观察和思考,逐渐了解人际关系的许多秘密。

上述三个方面的心理进展,终于使少儿结束了"泛灵论"倾向,而以客观世界的小小观察者和思考者的身份,出现在社会当中。主客观的分化,"现实和梦境的分离",在审美活动领域的表现,就导致静观欣赏态度的确立。从此,孩子已经有可能保持较长时间的注意力,来欣赏大自然的美景和各式各样的艺术品了。

二、少儿期美育的主要环节

那么,对少儿进行美育,究竟应抓住哪些主要环节呢?

（一）要抓形象记忆力和情绪记忆力的培养

少儿时期,是人的一生当中形象记忆与情绪记忆的最佳时期。由于少儿刚刚开始能够做审美观察,能够内省观察自己的情绪体验,所以容易形成鲜明的形式感,形成印痕极深的情绪记忆。我们大概都还记得鲁迅在《社戏》中关于观看"赵庄夜戏"情景的描写:那河上行舟时朦胧的月色,两岸豆麦与河底水草散发的清香,宛转、悠扬的横笛,灯火中像仙山楼阁一般虚无缥缈的楼台,令人难忘的夜戏,那胜过世上任何珍馐的、从六一公公地里偷来的罗汉豆的豆味……它们给少年鲁迅留下了多么深刻的"第一印象"啊!直到中年,这印象还萦绕于鲁迅的心头,它们"也许要哄骗我一生,使我时时反顾"[①]。这是为什么呢?因为这一切情景,一切感受,都同鲁迅与小伙伴们的真挚友谊紧紧联系在一起。鲁迅后来选择献身于人民的革命作家的生活道路,与他童年印象之间,实在不无关系。从心理

---

① 鲁迅.朝花夕拾·小引[M]//鲁迅全集:第2卷.北京:人民文学出版社,1958:216.

学的角度考察,"赵庄夜戏"之所以给鲁迅留下毕生难忘的印象,是因为他从市镇令人窒息的书塾,忽然来到一个新鲜活泼的新天地,来到淳朴友善的农村孩子们中间,他幼小的心灵受到激发,用激动的心情来领受新天地和新伙伴的美。观看"赵庄夜戏",对鲁迅来说是富于审美氛围的事件。《社戏》给我们的一个重要启示,是要给孩子们新鲜的审美刺激,并使他们在一定审美氛围中来接受这种审美刺激,以便形成强烈的"第一个印象",这是培养形象记忆力和情绪记忆力的要领。少儿的节日活动、队日活动,都应当举办得热烈而庄重。多少年后,孩子都会记得住老师给他系上红领巾那个庄严的时刻,都会记得节日里徐徐升起的国旗、夏令营夜间熊熊的篝火。就是带孩子到大自然当中去,也要让孩子们在恬静的气氛中去领略、去感受。苏霍姆林斯基是深得其中要领的教育家。他曾这样记述他的做法:"我们坐在大陵墓上,四周围响着各种虫儿的和谐的大合唱,空气中飘逸着草原上青草的芳香。我们沉默不语。不必要给孩子们讲许多,也不必要用叙述填满他们的脑海,这时,话讲得过多不会使人开心,而只会引起腻烦——一种最为有害的腻烦。"那些只顾自己絮絮叨叨,不让孩子主动去观察自然、感受自然的老师,非但不能达到培养孩子形象记忆力和情绪记忆力的目的,反而会干扰孩子的意兴,败坏他们的观赏,这真是名副其实的"大煞风景"了。

(二)要有计划、有步骤地安排艺术欣赏

少儿已经具备静观欣赏的心理能力,但如何把他们引入艺术欣赏之门,是需要教育者认真考虑的。对在校少儿而言,他们在课内接受的艺术门类主要是绘画、音乐和文学。有关的课程,都要在课内安排适当的欣赏时间。苏霍姆林斯基在他的实验学校规定,音乐课有一半时间用于音乐作品的欣赏,这个做法可供参考。课外的艺术欣赏,也当以这三门为主,再旁及其他。

把孩子引入艺术之门的可靠方法,是要抓住有关艺术的"艺术语言"中最基本的成分:绘画的构图和色彩,音乐的旋律,文学的语言。绘画课不能光靠教师讲解有关构图色彩知识,而应选择孩子易于接受的作品,让孩子自己在欣赏中慢慢去体会各种构图方式和不同色彩的表情功能,如欣赏徐悲鸿的《奔马》,领会楔子形构图表现的动势;欣赏詹建俊的《狼牙山五壮士》,领会金字塔形构图表现的稳定感和崇高感;欣赏伦勃朗的《戴金盔的男子》,领会那顶金盔上耀眼的金黄色所具有的魅力,和它对于辉煌的军功的隐喻意义等。有条件的地方,还可以让孩子将欣赏当地风景照片与观看实地景物结合起来,引导孩子领会摄影家取景构图和色彩处理上的匠心,这也是通过欣赏掌握绘画语言的好办法。对于初学音

乐的少儿,在习唱歌曲和听音、发音训练的基础上,可以让他们欣赏旋律感强的器乐曲,如古典音乐《雨打芭蕉》《春江花月夜》,以及根据歌曲改编的器乐曲,如德沃夏克的《妈妈教我唱歌》等。这些曲子旋律感强,学生易于掌握,教师也便于通过哼唱加以讲解。学生具备了通过旋律把握乐曲情绪内容的基本能力,才可以进一步欣赏协奏曲、交响乐等比较复杂的乐曲。文学欣赏得力的入门手段是朗读。孩子识字不多,就可以诵读浅近的古代诗词,例如骆宾王的《咏鹅》、王之涣的《登鹳雀楼》、孟浩然的《春晓》、李白的《静夜思》之类。这些诗,几乎用不着做什么讲解,只要孩子反复诵读,就能通过诗的音节之美、韵律之美自行领略诗境与诗意。10岁的孩子,一般就有了阅读短篇小说的能力,这时,便可进行分角色的朗读。孩子们在朗读中通过对叙述语言和人物对话的揣摩玩味,理解文学语言的艺术表现能力。在朗读的同时,教师要采取必要措施培养孩子的默读习惯,以发展他们对文学的静观欣赏能力。

(三)鼓励和发展少儿的审美创造意向和创造能力

少儿时期,不但审美兴趣在明显分化,在各门艺术之间、各类审美活动之间,男女儿童之间、同性别的个体之间,都呈现出爱好、选择方向的区别。与此相伴随的,是孩子在自己喜爱的审美领域,已经显露自己的创造意向,形成初步的创造能力。

少儿的创造意向是值得尊重和珍爱的,因为它是孩子未来更大规模的创造活动的萌芽和预演。鲁迅在《野草·风筝》中,写到自己在儿时曾粗暴地践踏了弟弟的创造品——一只尚未完工的蝴蝶风筝。到了中年,他才忽然省悟到这是一种"精神虐杀"行为,是永远无可挽回也无法补救的过错。因为自己所践踏的,是儿童自由活泼的创造精神,而这种精神,又是万万践踏不得的。

少儿最大量、最经常的创造活动是写作。写作,一般都从记叙文开始。强调孩子写作时要仔细观察、要写实,这是正确的。但孩子想象力丰富,要他们完全写实,完全排除虚构成分,则是不必要的,也是办不到的。有些孩子擅长虚构生活故事和类似童话的动物故事,这是创造性想象活跃的表现,切忌把这种行为视为"胡编乱造"。

少儿另一重要的创作活动是工艺美术性的手工劳作。简易的竹木雕刻、剪纸、刻纸、缝纫、刺绣,不但能增强少儿的动作准确性,锻炼他们的意志,而且能发展他们的审美创造意向和审美创造能力。

按照苏霍姆林斯基的经验,将少儿的审美创造组织到美化环境的活动中去,是这个年龄阶段较为有效的美育措施。当少儿以各自的创造品——剪纸而成的彩球、彩链,自己做成的宫灯,自己培植的盆栽花木——来装饰教室的时候,他们会兴高采烈地分享自己创造活动带来的喜悦。经常引导少儿参加美化校园的活动,或栽花,或植树,以至修整道路,洒扫庭院,也都是带有审美性质的创造活动,跟美化教室一样,能收到良好的效果。

至于对那些有卓越艺术才能的少儿,无论在音乐、美术或是在写作方面,都可以通过课外辅导另行培养,而鼓励他们参加相关的创作竞赛或展览,是强化他们创造意向的重要手段。用儿童自己的作品——儿童文学创作、儿童画向儿童进行美育,在激发儿童创造意向方面,往往比成人创造的儿童艺术品更起作用。近年来,各报刊已注意发表儿童自己创作的作品,但其中有些作品,有的经过成人的加工,有的甚至可能是越俎代庖的"赝品",这是需要加以杜绝的现象。成人的作用,绝不是直接参与甚至包办孩子的创作,而是要周到、细心地加以扶持和引导。著名诗人、儿童文学家柯岩,曾为11岁少年卜镝的画作题诗,以儿歌的诗情,去补足小画家作品中的画意,增强了儿童画的美育效果。这种成人与儿童合作的方式,是值得称道的。

第三节　"充满诗意的年代":青年初期的美育

青年初期,是儿童生长发育到成年的过渡时期。这一时期,孩子在生理、心理上都在经历所谓"青年期的剧变"(弗洛伊德语)[1]。"剧变"的生理标志,是性的成熟。女孩12~16岁,男孩13~18岁,正处在青春期,身体在迅速发育,性功能趋向于成熟。男女少年一旦惊奇地发现自己的身高在陡然增长,第二性征突然出现,很快就会意识到,自己已跟童年告别,长成为"边际公民"[2](意指已经接近公民年龄,已经意识到应当履行公民义务,却不能享有公民权利)。

"剧变"的心理标志,则是个性的基本形成。个性是个人比较稳定的心理特征的总和,表现在气质、性格、智力、意志、情感、兴趣等方面。说一个人基本上形成自己的个性,就等于说,这时他(她)开始以独特的面貌作为一个人在社会中站立起来。个性,是一个人特定的动态心理结构,它具有稳定性,也具有变异性,所以不能把个性的稳定特征,看成绝对稳定,而只是相对稳定而已。

① 弗利伯特.发展心理学[M].刘范,译.北京:人民教育出版社,1984:552.

② 张春兴,杨国枢.心理学[M].台湾:三民书局,1970:109.

个性为什么直到青年初期才基本形成呢？这是因为，一个人从婴儿时期就开始显现的生物学特征，特别是神经系统的生理特征，须到生理上发育成熟才大致稳定下来；这种生物学特征经过后天的教育训练，在个体的社会性活动中，也只有到青年初期才在气质、性格、智力、意志、情感、兴趣等方面开始表现出明显的独特心理结构。就是说，只有到这个年龄阶段，形成个性的生物学因素和社会学因素才达到真正的融合。在个性形成过程中，自我意识起着重要的作用。而一个人的自我意识，也是到了青年时期，才随着内部语言的成熟、思维能力的发展、科学文化知识的积累，逐步趋于成熟。这时，青年已能通过自己的活动与行为来进行自我认识，还能通过自我观察(内省)来进行自我评价、自我监督和自我教育。用心理学语言来说，只有到了这个时期，人才建立起自觉的心理自我调节系统。自我意识还表现在青年对他们所处的团体与团体成员的评价上，这时他们还具备了"期望评价"意识，即他们对自己在该团体中，在他人心目中可能得到的公正评价的认识和估计。"三个指标——自我评价、期望评价、个人对集体的评价，都包括在个性结构中"①，这个指标在很大程度上决定一个人究竟遵循什么样的行为规范，决定一个人的面貌。

在个性形成期中，青年的以下三个突出的心理现象值得特别注意：

（一）理想的确立

青年的兴趣广泛而又趋于稳定，容易产生对某类活动、某项事业、某种学问的追求和迷恋；他们已能为自己在成人中选择仿效的榜样，并向往建立丰功伟绩；他们意志的目的性与坚持性已获得发展，能在生活、学习、工作中为自己提出符合理想的目标，并在实践中贯彻这个目标。这一切，都使青年强烈向往着美好的未来。当然，青年人的理想还包含颇大的幻想成分，他们还不善于从现实出发，辨别什么是高尚的理想，什么是卑劣的野心，也不善于为实现理想采取实际步骤，还缺乏对付客观困难和挫折的能力。

（二）思维和行为的自主性的加强

青年初期，人的智力发展已达到成熟阶段。抽象思维能力的形成，特别是反思能力的形成，使青年经常思考宇宙人生的秘密，一系列的"为什么"（从一个对象、一种现象的"为什么存在"，到个人的"为什么学习""为什么活着"，以及人类怎样形成，未来如何发展等问题），促使他们如饥似渴地求知，喜欢怀疑和争论，

---

① 彼得罗夫斯基.普通心理学[M].朱智贤，译.北京:人民教育出版社,1981:138.

学会用批判的眼光看待既成知识,看待周围事物。

同时,他们的行为也显示出明显的独立性。在应该做什么、不应该做什么,应该怎么做、不应该怎么做的问题上,他们力图独立做出决定,付诸实施,而不大愿意让成人过多干预。青年人尊重自己"伙伴集体"的意愿甚于尊重成人(哪怕是亲人和老师)的意愿,表现出摆脱"成人监护"的倾向。一句话,他们喜欢"自作主张"。

(三) 对异性的敏感

由于性的成熟,青年男女在"青春期"到来之后,生理心理方面的两性差别愈来愈显著。在经历一段"异性疏远期"之后,异性间的相互吸引,成为普遍的心理现象。这时,青年男女已开始注意修饰外表,对来自异性的"期待评价"特别敏感,很容易由于异性的接触和吸引而陷入初恋,也很容易由于初恋的成功或遭受挫折而荒废学业、耽误工作,以至于在两性关系上失足。

上述三种心理现象本身,都包含向好坏两方面发展的可能性。这就需要通过学校教育和社会教育积极引导他们求真、向善、爱美,使他们确立正确的、崇高的理想,鄙弃利己主义的个人野心;使他们保持可贵的思维与行动的独立性,而不至于企图否定一切、怀疑一切,把自己和所有成年人对立起来;使他们懂得什么是真正的爱情,懂得爱情和男女青年间正当友谊的区别,健康地发展两性之间的交往。只要我们在智育、德育、美育方面,都按照他们的心理特点积极引导,青年就会顺利度过心理上的"激变期"。待他们步入成年之后,回头一看,自己的青年初期一定是积极向上、奋发有为、充满青春活力的"黄金年华",用苏霍姆林斯基的话来说,是"充满诗意的年代"。

青年初期一般心理特点如此,在审美心理方面又当如何呢? 从审美心理角度看,青年初期是个性审美心理与社会审美心理加速相互渗透,个人美感日益深化的时期。这时青年已步入成人的审美活动领域,一般说来,凡成人能够欣赏的审美对象,青年人也都可以接受;成人的审美创造,青年也都试图参与。整个社会的审美趣味、审美风尚,对青年个体的审美活动都有一定的影响和制约;青年也都力求在各审美领域取得和成人一样的评价权,力求反作用于当前的审美趣味和风尚。而且由于青年在审美方面有高于成人的积极性和敏锐性,他们总是最先觉察到社会审美趣味和风尚的变化。在任何国家、任何地区,青年的审美趣味和风尚如何,常常成为整个社会审美气候的测定器。与此相关联,青年个人的美感,也因为社会性因素和理性因素的增强,更趋深刻化。一般说来,幼儿和少儿偏重接受优美的东西,接受那些内容和形式和谐统一的审美对象,如优美的景观、风和日丽、朗月清风、春暖花开的自然美景,形式美突出的艺术品和工艺品,优雅的人体美和风度美,都能首先引起他们的喜爱。到了青年初期,由于文化素养的加深,历史感的形成,审美理解力的发展,他们已不单纯满足于欣赏优美的对象,而倾向于喜爱内容更为深刻的悲剧、喜剧。据江苏美学会"审美情趣"调查组的调查,中学生和大学生对三类影片爱好人数的百分比如表6.3和表6.4所示。

表6.3　中学生对喜剧片、武打片、悲剧片爱好人数的百分比

项目	喜剧片	武打片	悲剧片
男（%）	19.4	39.6	6.2
女（%）	37.6	10.2	12.3
合计（%）	30.2	22.1	9.9

表6.4　大学生对喜剧片、武打片、悲剧片爱好人数的百分比

项目	喜剧片	武打片	悲剧片
文科（%）	27	8.7	40.5
理科（%）	41.3	8.9	18.3
合计（%）	36	8.8	26.5

表6.3和表6.4相比较,大学生较中学生喜好武打片的人数百分比大大下降,喜好喜剧、悲剧片的人数百分比明显上升。大学生中文科生偏爱悲剧,理科生偏爱喜剧。这些统计数据能大体反映青年美感深化的趋向。

根据上述一般心理和审美心理特点,青年初期的美育,需要着重注意以下三个问题:

（1）帮助青年划清理想与空想的界限,促成树立高尚的审美理想,并为美化现实、美化自身而奋斗,而不致沉湎于对美的空泛向往之中。青年人往往对未来充满美好的憧憬,富于幻想。他们有着高度的功勋感、高尚的人生理想、对美好爱情的向往,企望成为具有外表美和性格美的人,这些都带有审美性质,是这一时期青年审美理想的重要内容。这里重要的不仅在于启发青年对美好理想的向往,更重要的是激发他们为实现美好理想而奋斗的热情和意志。在这方面,历史上的许多伟大人物,从我国古代的屈原,到现代的革命烈士方志敏,从波兰的居里夫人到苏联的女英雄卓娅;文学作品中的英雄人物,从斯巴达克斯、牛虻到保

尔·柯察金,他们在某些方面,特别是执着地为实现自己的理想而奋斗的英勇精神方面,都可以作为青年的楷模。给自己规定不切实际的"宏伟目标",沉湎于空想而不肯实干;或者鼠目寸光,以一时的安逸、利己的享受为最大幸福的所谓的"理想",都不是我们所提倡的人生理想和审美理想。划清这两者的界限,是青年成长过程中头等重要的事情。这里需要借助榜样的力量,而不能指望空洞的说教。在审美教育中,教育者要善于发现对象的审美心理定势,即他本人尚未意识到的目的动机,及时予以提醒和鼓励,使之形成明确的理想。这往往能影响受教育者的一生。当代散文作家何为在《老师对我说》一文中,曾记述过他的中学语文老师孙太禾是怎样把他引上了文学之路的。四十多年来他一直保存着老师在他纪念册中的题词,"那是从遥远的岁月里传来的问询":

> 我们过去两载的情谊与我对你未来的希望,这里是难言的。我来问问你吧:一个人幼年的爱好,是会支配一生的遭际的,假如遭际不如意,你会不会后悔呢? 你对它忠实的程度发一个什么样的誓言呢?

作家回答说:

> 我并不后悔。我对自己幼年爱好的文学事业忠贞不渝,不过对老师的问题很可能要终其一生才能做出最好的答案。

于是,又响起老师感情洋溢的声音:

> 我以你最忠实的朋友的资格,看你用大众创造的语言,去对不醒的世界吹喇叭,我等待着为你拍手!

作家在四十多年后又一次回答说:

> 我的老师,假如我有一只喇叭而又能够吹响,那是你亲手给我的。假如我以前吹得并不怎么响亮,今后我将奋不顾身举起手中的喇叭,用力气吹得响亮一些,就像老师在那里等待着我![①]

在那风雨如磐的抗日战争初期,这位平凡的语文教师,却以自己的热情温暖了一个少年的心,点燃了他心头的理想之光,为我们造就了一位卓有贡献的革命作家。这位孙太禾老师,堪称美育的模范。

(2)既尊重青年的审美自主性,又要积极加以引导。青年的审美兴趣的明显分化和渐趋稳定,要求教育者在实施美育和吸引他们参加审美欣赏、审美创造

---

① 何为.临窗集[M].天津:百花文艺出版社,1980:128.

时,要给青年留有较大的选择余地。看戏、看电影要求"集体行动",外出野游则划定游览路线,对他们"管头管脚",是很不相宜的。对于在校学生,更应该创设更多机会,让他们自行安排审美活动,如让他们组织兴趣小组、文艺社团,和他们一同在"第二课堂"从事影评、剧评和图书评论活动。在审美活动中,教育者始终要和被教育者平等相处,最忌以自己的个人趣味强加于教育对象。但这不等于说,青年人的审美生活可以完全放任自流。在青年初期某些特别敏感的审美问题上尤其不能放松引导,如怎样摆正人体美与性格美的关系,就是突出问题之一。青年初期正处在人体美的觉醒时期。身体的发育、两性性征的明显,使青年男女对体态的美、衣饰的美、风度的美突然敏感起来。我们决不能把这种追求人体美的可贵热情当作"爱虚荣""图享受"的不健康情绪加以排斥和压抑,而应当积极加以支持。但也要防止部分青年人一味追求浮华艳丽,以及在形体美上花费过多精力的倾向。在衣饰美方面,要引导他们追求朴素、大方、自然、得体的风格,同时要引导他们追求性格的美,把他们的注意力吸引到学习、工作的方面来。要使青年人懂得,人体的美,不光取决于肌体的美观、匀称,衣饰的华美,而是与人的风度、举止,与人的文化素养和道德素养都有密切的关系。跟这一点相关的是如何对待爱情、对待异性交往问题。青年初期情窦初开,正如歌德在《少年维特之烦恼》中所写:"青年男子哪个不善钟情? 妙龄少女谁个不善怀春?"爱情意识的萌动,是青年初期的必然现象。我们以为,在进入"青春期"以后,有关描写男女爱情生活的艺术作品,只要不涉淫秽,都没有对青年人加以隔绝的必要。隔绝、禁止,实际上并无用处,因为青年初期对爱情的好奇心是无法遏止的。正确的办法是,适当加以选择,让他们接触那些描写高尚爱情的艺术作品,从中接受教育和感染。但另一方面,处于青年初期的大多数青年还是学生,而且年纪较小,还不善于选择恋爱对象,也不善于控制自己的感情,一旦陷入初恋,往往荒废学业。因此,既要允许他们在爱情方面通过艺术欣赏做情感的体验,又要引导他们不要过早地恋爱,尤其要防止在两性关系上失足,这是十分微妙的美育和德育问题,值得教育者巧为运思,细心对待。

(3)要在较为系统的艺术欣赏中,向受教育者普及美学知识。青年初期的艺术欣赏范围,已经大为扩展,不像幼儿、少儿要受欣赏能力的限制。但青年初期的欣赏能力毕竟不如成人,这就需要做循序渐进的安排。苏霍姆林斯基在他的实验中学里,给各年级学生制定了艺术欣赏大纲,这个做法值得我们借鉴。在安排艺术欣赏时,有两点值得一提,一是要选取古今中外有定评的,真正有艺术价值的作品,作为重点欣赏对象。歌德说:"鉴赏力不是靠观赏中等作品而是要靠观赏最好的作品才能培育成的。"① 二是要重视欣赏本民族的优秀艺术品。中国画、书法、戏曲等艺术，代表着中华传统文化中的伟大成就，其审美价值已得到世界公认，可惜许多从事美育的人，手里有宝不识宝，还不善于利用这方面的艺术成果。这是应当引起注意的。另外，可以通过系统学习欣赏上述艺术向青年人逐步普及美学知识。由欣赏入手，向青年介绍各类艺术的审美特点，讲一讲如何树立正确的审美观点、如何培养健康的审美趣味，谈一谈审美标准的时代性、阶级性、民族性，由此激起青年人学习美学的兴趣，这也是青年初期美育的一项必不可少的内容。

本章我们大致考察了从幼儿、少儿到青年初期美育的年龄特征。在个体的这一成长过程里，我们可以初步概括出其审美心理发展的总的趋向，即从偏于动态的审美活动到偏于静态的欣赏、观照；从长于模仿，到长于创造；从喜爱优美，到喜爱壮美。审美教育，要遵循这一基本发展规律，来考察实施方案，这便是美育从年龄特征出发的"因材施教"。

---

① 爱克曼.歌德谈话录[M].朱光潜,译.北京:人民文学出版社,1980:32.

第七章 绘画、雕塑与美育

第一节 "有形诗"与"无形画"的比较：
绘画的审美特性

在中外艺术史上，许多人把诗与画相提并论。"诗原如画"（贺拉斯），"诗画本一律"（苏轼），"诗是无形画，画是有形诗"（张舜民）等说的都是这个意思。意大利大画家达·芬奇说得更形象："你如果把绘画叫作'哑巴诗'，画家也就可以把诗人的艺术叫作'瞎子画'。"

绘画与诗（文学）确有不少共同点，但两者也存在着明显的差别，历史上有许多的学者、艺术家对此做过专门的研究，为了了解绘画的审美特性和审美教育的途径，就先让我们来对"有形诗"（绘画）与"无形画"（文学）做一些比较吧。

苏轼评论唐代大诗人、画家王维（字摩诘）的《蓝田烟雨图》说："味摩诘之诗，诗中有画；观摩诘之画，画中有诗。诗曰：'蓝溪白石出，玉山红叶稀。山路元无雨，空翠湿人衣。'此摩诘之诗也。"后人在谈到诗与画的共同点时，常常将苏轼对王维的作品所作的"诗中有画，画中有诗"作为依据。的确，王维的许多诗可以入画。就像上面所引用的"蓝溪白石出，玉山红叶稀"，就是一幅色彩明丽，意境清冷的画。不仅王维的诗，唐宋时期许多著名诗人的诗句，常常被后人作为画题。

画与诗之所以能够相通，是因为二者有某些共同的审美特性，例如画与诗都能描绘色彩美、韵律美、结构美、意境美等。

从王维的诗中，我们不仅可以看到"大漠孤烟直，长河落日圆"这样的暖调画面,"明月松间照,清泉石上流""深林人不知,明月来相照"这样的冷调画面,还能看到"返景入深林,复照青苔上"这样的阳光照进深林所投的阴影。这种描写使我们如临其境,确如有些评论家说的"贵有画中态"。尤其是"大漠孤烟直,长河落日圆"这种倒丁字形构图,有些近似西洋画的金字塔形的构图,给人以雄伟、稳定之感。

如果说我们上面所引的王维的诗只写了光源色,那么,李白的有些诗还描绘出了条件色。"炉火照天地,红星乱紫烟。赧郎明月夜,歌曲动寒川。"这是一首色彩鲜明的劳动赞歌。青年炼矿工人夜晚守在炼矿炉前,炉火映红了他的脸(因此他脸上的色彩并不是固有色,而是受环境影响,是绘画上所说的条件色)。这首诗以明亮、跳动的色彩,创造出深邃的意境。诗人把对劳动人民夜间辛勤劳动的赞美的感情,融入如画的境界之中。这样的诗可以说是"诗传画外意,贵有画中态"。

我们指出诗与画有某些相似的审美特性,但是仔细研究二者这种相似的审美特性实质上存在着很大的差别。诗是时间艺术,画是空间艺术。因此,诗描写的对象具有流动性;而画家表现流动的美一般只诉诸读者的想象,它主要是通过对象在"最富于孕育性的瞬间"的表情、动作、细节、场面等,让人联想到对象的前前后后,过去与未来。画家着重于把握瞬间的美。我们在上面所引的李白《秋浦歌·十四》与现代人广廷渤的油画《钢水·汗水》[①] 所描绘的都是炼矿炉前的青年工人,炉火都映红了他们的脸。但是,若把二者加以比较,就容易看出绘画是画家抓住使自己为之激动的瞬间感受,加以提炼、集中、概括后,仍以瞬间的动作、表情表现出来,而诗却不限于瞬间美的把握,它可以把炼矿工人的劳动和劳动之中或劳动之后的娱乐活动连续地再现出来。绘画不具有这种流动性。广廷渤说:"我发现他们(炼钢工人)休息时很有特色,他们谁也不挨谁,很少说话,更很少说笑话,他们把上衣一脱便急不可待地大口大口喝盐汽水。"这与李白诗所表现的大不一样。因为画家所表现的是炼钢工人紧张劳动间歇时的那一刻富有特征的动态,很难像李白诗所写的那样,把工人劳动过程、劳动中或劳动间歇时唱歌等所有动态都表现出来,更不能像艾芜在长篇小说《百炼成钢》中那样,表现炼钢工人的劳动、生活、斗争的整个过程。

诗中有画,不一定句句是画。有些诗句是难以入画的,如上文所引的"山路元无雨,空翠湿人衣",在画中就很难表现。既是无雨,怎么又湿人衣呢?这是形容山中的花草树木,苍翠欲滴到仿佛能"湿人衣"一般的程度,这个境界是很美

① 广廷渤.钢水·汗水[J].美术,1982(3):44-45.

的，但这个"湿"字只能意会，画面上无法表现。它是在人的行动过程中显现和暗示出来的美。这是时间艺术所具有的审美特性。它同空间艺术着力表现视觉美是不同的。

我们在上面所说到的"空翠湿人衣"与"歌曲动寒川"，都是属于"意态由来画不成"的精妙语言，它能被读者意会、咀嚼、联想、品赏，却没有直观性。因此，诗（文学）把自己不长于捕捉的视觉美放在次要位置，刻意追寻"动作美"，作为对视觉美的"超额补偿"，把它奉献给读者。

通过上面的比较，我们看出诗与画有不同的审美特性，这是在进行审美教育时必须细心体察的。同时，诗与画又有某些相似之处，尤其是我国的诗、书、画历来就有紧密的联系，因此，诗画交辉也是我们追求的另一种美。这种诗画交辉的形式是多种多样的，主要有如下两种形式：

（1）诗如同画，画如同诗。例如王昌龄的《初日》：

> 初日净金闺，先照床前暖。
> 斜光入罗幕，稍稍亲丝管。
> 云发不能梳，杨花更吹满。

宗白华说，这首诗和德国近代大画家门采尔的一幅油画很相似。画面现出晨光射入的香闺，日光在这幅画里是活跃的主角，它从窗门跳进来，跑到闺中女子的床前，散发着暖气，又穿进罗帐，抚摸榻上的乐器。如云的美发正在枕边散开着，杨花被晨风吹进闺房，落在枕边的美发上。这首诗全是画，门采尔的那幅画全是诗。

（2）画中题诗。例如元末画家王冕在他的《墨梅图》一画中的题诗：

> 吾家洗砚池头树，朵朵花开淡墨痕。
> 不要人夸颜色好，只留清气满乾坤。

画面上是横出的两枝墨梅。画中的题诗点出墨梅的内在精神 —— 清气。这实际上是作者自己胸中逸气的抒发和他的人品、节操的写照。

清代画家郑板桥在知潍救灾时题在他的一幅《风竹图》上的诗：

> 衙斋卧听萧萧竹，疑是民间疾苦声。
> 些小吾曹州县吏，一枝一叶总关情。

画面上是几棵风中的瘦竹。诗人听到竹叶的萧萧声，联想到劳动人民的疾苦，表现了作者对人民的关心和同情。

以上两首题画诗,突出了画的内容,深化了画中难以表现的一些东西;但这种题画诗一般不能脱离画,只有与画互相补充,互相深化,才有更大的审美教育作用。

在现代绘画中,还有一种诗画配,即诗配以画或画配以诗。诗在这里并不能独立,但可以比题画诗有更多的自由发挥,画则赋予诗的意境美以直观性,两者求同存异,相得益彰。另外,文学作品中的插图,也是以绘画特有的审美特点,把文学作品的意境美"凝固"起来,使其具有可视性。

通过上面的比较我们看到,绘画的审美特性主要是富有孕育性的瞬间美,静态的视觉美,可与诗相通的意境美。绘画的这些审美特性是用在空间中并列的符号(线条、色彩、形体、构图等)表现出来的。因此,我们运用绘画进行审美教育,就需要对这些符号及其所表达的内容,从审美感受、审美判断、审美表现和审美认识等方面予以说明。

第二节　"通过眼睛来服务于知解力":
绘画的审美教育途径

席勒认为,波状线条可以"飞翔于美的崇高的自由王国",起到传情达意的作用。其实,席勒的这句话,道出了一切绘画线条的本质的特点。所以,研究绘画的美育作用,应当先了解线条。

线条的审美感受是怎样发生的呢? 原来,一切物体都是以立体的形式存在,并不存在什么线条。这正如法国油画大师德拉克洛瓦说的:"在自然本身,原无轮廓和笔触。"人们最先是从人和物体的影子发现轮廓线的;又从投射在物体上的不同的光和色的会合处与转折处,发现了所谓"线条"。运用线条的方法,就是笔法。线条通常是由笔触体现出来。当人们用一定的工具(如笔、刀等)再现其所见到、所想象到的线条时,发现了线条的形状是多种多样的,有直线、圈线、波状线、倾向线等。人们进一步从不同的线条、不同线条的和谐组合,感受到不同的美。例如,有人把直线和圈线看作最美的形式。古希腊哲学家柏拉图就说过:"我说的形式美,指的不是多数人所了解的关于动物或绘画的美,而是直线和圆以及用尺、规和矩画出的直线和圆所形成的平面形和立体形……这些形状的美不像别的事物是相对的,而是按照它们的本质就永远是绝对美的。"[1]到了18世

---

① 柏拉图.柏拉图文艺对话集[M].朱光潜,译.北京:人民出版社,1959:298.

纪,有些人把波状线看作最美的。美国画家贺加斯说:"一切直线只是在长度上有所不同,因而最少装饰性。曲线,由于互相之间弯曲程度和长度都不同,因此具有装饰性。直线与曲线结合起来,形成复杂的线条,这就使单纯的曲线更加多样化,因此有更大的装饰性。波状线,作为一种美的线条,变化更多,由两种弯曲的、相对照的线条组成,因此更加美,更加吸引人。"他还认为,蛇形线是"富有魔力的线条",因为它"是一种弯曲的并朝着不同的方向盘绕的线条,引导眼睛去追逐其无限多样的变化,能使眼睛得到满足"①。席勒进一步发挥了上述看法,他认为波状线是不受规定或限制的线的自由运动,它"超越任何目的束缚而飞翔于美的崇高的自由王国"②。还有不少人对不同线条的美提出不同的看法。这些都说明,随着历史的发展,人们对线条的审美感受大大地扩大、提高了。

对于线条的审美感受不断扩大的结果是,人们利用线条进行各种审美判断。线条不再是物体轮廓线和不同光、色交接线的简单的无生命的摹写,人们发现并利用不同的线条来表达各种感情、趣味、意志,同时也对别人所画的线条进行审美的判断。法国印象派画家西涅克说:"表现宁静之感,一般使用平卧线;表现欢乐,宜用上升线;表现忧郁,宜用下降线。介于三者之间的线,将产生其他无限变化的感觉。"正因为通过线条可以做出某种审美的、情感的判断,所以美国的美术理论家库克在《大师绘画技法试析》一书中指出,用单纯的线条来表现一种情绪的方法,是一个艺术家应该学习的东西。他建议,为了测验用线条表现情绪的能力,"你拿一支笔,最好是一支笔头柔软的笔,在纸上画出一系列的线条。尝试来表现下列的感情:生气、爱慕、仇恨、妒忌、失望和沉着。为了测验其成功与否,可将线条拿给你的朋友们看,看看他们是否能说出每种线条所表达出的感情。如果你在画的时候真诚地感受到这种情绪,那么其结果就会大大地令人信服,因为感情和表现情绪的线条是不大容易伪造的"。

为什么线条可以表现人的特定情绪?现代心理学家通过实验证明:人的心理流通过他们肌体的心电波、脑电波、呼吸波等传到全身,人的手的动作以及手握笔所画出的线条,必然处在相应的心理流之中,从而传达出特定的情绪,表现出一个人的个性、风格。正因为如此,不同画家笔下的线条各具风采:刘文西的线古朴老辣,方增先的线滋润清新,贺友直的线细而韧,叶浅予的线粗而放,黄胄的复线率真,程十发的曲线含蓄等。这些用笔画出的线条,传达出特定的情绪、心境之后,便获得了生命,有了审美价值。怪不得罗丹说:"我强调最能传达我要

① 美的分析[J].美术译丛,1980(1):68-69.
② 席勒.审美教育书简[M]//伍蠡甫.西方文论选:上卷.上海:上海译文出版社,1979:486.

体现的那种心理状态的各种线条。"

线条的这种审美价值，就使得艺术家利用它来描画对象的形态，不是这种形体的冷冰冰的、枯燥无味的简单复现，而是各种线条富有美感的、有节奏的联系，充满激情的再创造。例如，敦煌壁画、永乐宫壁画和《八十七神仙图卷》中刻画人物的线条，不满足于单纯的形似，在飘逸回旋、穿插交织、疏密有致、彼此呼应中，抒发了作者的真实感情。

线条的这种审美价值，不仅体现在对象形体的描画上，而且也体现在整个绘画构图上。例如，平行线构图表示稳定、和缓，圆形线构图表示柔和、圆润、温柔，斜线构图表示动荡、前进或人物内心的激动，垂直线构图表示庄严、肃穆，之字形构图表示安适、悠远，十字或双十字构图呈现力量的交叉与互相制约等。从各种构图我们得到了某种"线"的感觉，而且一幅画中各种形体的复杂线条，服从一种统一的线条定势，从而体现某种审美意识，乃是绘画构图线条美的基本原则。

上文所述单一的线条、形体中的线条、构图中的"线"，不是彼此孤立地存在着的。我们在利用绘画进行审美教育时，必须把"线"看作一个系统，把单线、形体上的"线"和构图中的"线"联系起来，了解它的审美功能。如果它们表现的是一种健康、高尚的情操、趣味，那么我们就能从中获得美的享受，得到美的教育。

作为绘画的线条，是画家在对复杂线条获得审美感受，进行审美判断之后，在自己的作品中完成的艺术表现。这种艺术表现的特点，在东西方绘画中有所不同。

绘画反映现实，主要通过块、面、线来实现。西洋绘画重光、色，通常通过块、面来描绘现实，它的线隐没在块、面之中，包含在色彩之中。中国画长于使用笔墨，通过线来描绘对象，色彩从属于笔墨，笔墨中往往包含"色"的效果。所以有人说，西洋画是光的韵律，中国画是线的韵律。因此，我们在研究绘画的审美教育作用时，不能不重视绘画的线条，特别是中国画的线条。

绘画，在我国上古时期称为"画缋"。"画"指画线条，"缋"（绘）指涂颜色。中国画讲笔墨趣味，主要是通过线条来完成艺术表现的，它是一种线条的有机组织。所以中国画着意打破团块，把形体化为飞动的线条，着重于线条的流动、节奏、韵律、谐调和它的表情达意作用。中国画的线条之所以能起到上述作用，原因是多方面的。

中国画的工具——笔墨，具有特殊的功能。中国的兽毫笔和以一定的水蘸上精制的墨色，从笔尖到笔身浓度不同，而且不同的浓淡、干湿、枯润极富于变化，运用一定的技巧，下笔就可能有"墨分五色"的效果。这样不仅把线与面结合起来,往往可以以墨代色。毛笔的笔锋有弹性,它画在纸上的点和面,不是几何学意义上的平的点和面,而是圆的点和面,给人以立体感。中国画所使用的笔具有"尖、齐、圆、健"等特点,而且中国画家采用"五指执笔法",笔身接触纸面,可以不断地变换角度,用中、侧、逆、卧、拖等不同的笔锋描画对象,如能掌握好技巧,一笔到底就可画得笔姿万千。用毛笔画出的线条所呈现的笔性、气势、笔趣,能充分表现出画家的个性,"形质成而性情见"[①]。中国画与书法同源,"笔墨"二字是中国画的主要特点,笔是筋骨,墨是血肉。笔墨功夫到,画就有了生命。线与面都是用笔"写"出来的,可以让人"读"出它的内蕴。作为造型手段,中国画的笔墨具有很强的表现力。

从中国画线条的特点看,人们要把握、欣赏绘画线条的美,既要把这种线条自身当作一个系统来了解,又要把线与墨(包括色)的关系,线与画家的个性关系以及线传达出的意蕴这三者联系起来,当作另一个系统来了解。这样才能从整个画面着眼,把线与色、线的形式美与内容美统一起来,从而较为全面、真切地从中获得审美享受和美的教育。

研究绘画的美育作用,除了应当了解线条的特点外,还应了解色彩的美感作用。马克思说:"色彩的感觉是一般美感中最大众化的形式。"为什么色彩具有美感作用呢? 阿恩海姆认为"所有视觉现象都是由色彩和明度造成的"。他引用普桑的话说,色彩具有美感作用,是因为它"好像是吸引眼睛的诱饵"[②]。

画家常说,色彩不是彩色。这就要求我们注意把具有一般美感作用的彩色,与作为绘画造型手段的、具有审美教育作用的色彩相区别,这样才能在更高的水平上"吸引眼睛"。

绘画色彩能在更高的水平上吸引眼睛,是因为画家"把色彩导入心灵的轨道"(马蒂斯语)。这就要求绘画色彩既合乎物理,又合乎画理。色彩的物理性能主要是指色彩的"体积""质量""空间""距离""动态""温度"等。色彩的画理主要是指色彩的表情性、寓意性、各种色彩间的和谐关系所产生的美,以及与这些相适应的色彩反映生活、塑造形象的丰富表现力。因此,画家对色彩的审美感受,不是局限于对某种单一色彩的感官感受,而是把色彩放在审美关系中,充分分析色彩的表情达意作用,增强其造型能力来感受色彩美的。

绘画色彩能在更高的水平上"吸引眼睛",是由于色彩的表情性。这是绘画具有审美教育作用的重要条件之一。因此,运用绘画进行审美教育,不仅要了解

---

① 包世臣.艺舟双楫[M]//曾利华,乔何.书法美学资料.西安:陕西人民出版社,2009:736.

② 阿恩海姆.色彩论[J].世界美术,1979(2):46-55.

线条的表情特征,还要了解色彩的表情特征。为什么色彩有表情性?库克认为,这是因为色彩一般都有普通的情感意义。例如,红色表示喜庆的同时又意味着火焰和危险;绿色是生长的植物色,包含着平静与新鲜;蓝色是天空的色彩,倾向于象征和平与安静;黄色是阳光的色彩,暗示温暖与喜悦(在中国古代,它暗示高贵,是帝王的象征色);白色意味着纯洁、素雅;黑色则与恐惧、死亡相联系。再从色彩的"温度"看,暖色使人联想到太阳、兴奋的刺激、不透明体、地球、浓密、接近、重量和干燥;冷色则使人联想起阴影、安静与镇定、空气、距离、轻量和潮湿。当然,色彩的这种情感意义与象征性也是相对的,因人而异的。例如,德加能够只用红色和橙色的色阶来画肖像画,仍然取得一种和平与宁静的情绪效果。

色彩的表情性是怎样产生的呢?一方面,它以联想为基础,如红色被认为是激动的,因为它使我们想到烈火、血和革命;另一方面,与色彩对人的机体的刺激而产生的心理过程有关。例如,肌肉的机能和血液循环,在不同色彩的光线照射下,会发生变化,蓝光最弱,随着色光变为绿、黄、橙和红而依次增强。就色彩对人的心理的影响来说,颜色可分为两大类:黄、橙、朱等色适配于积极的、活跃的、奋斗的情绪,是阳性的或积极的颜色;蓝、红蓝、蓝红等色,适配于不安的、柔和的、向往的情绪,是阴性的或消极的颜色。

绘画色彩能在更高的水平上"吸引眼睛",具有审美教育作用,还在于画家能从各种色彩的关系上去把握色彩的美。那么,怎样才能从这种关系中把握色彩的美呢?清代方薰《山静居画论》认为:"设色不以深浅为难,难于画色相和,和则神气生动,否则形迹宛然,画无生意。"和,就是调和,和谐。没有魔术般的和谐,就没有艺术的美。所以塞尚说:"正确理解自然,就是透过自然的表现来观察自然。自然表现为无数点状的颜色,依照和谐的规律把它们安排停妥。"他又说:"绘画不是奴隶般地复制对象,而是在各种关系之间寻觅谐调。"

自然界的颜色不是单一的,绘画中的色彩必然是多样的。多样的色彩不是偶然地拼凑起来的,它是根据色彩之间的关系合乎自然规律和人们的共同的审美心理,按照多样统一的美的法则组合的。荆浩说:"红间黄,秋叶堕,红间绿,花簇簇。青间紫,不如死。粉笼黄,胜增光。"这种色彩组合所产生的效果是常见的。自然界五光十色,千变万化,画家只有找准色彩关系,才能把色彩感觉表现出来,才能起到美感作用。画家吴冠中讲过自己的感受:"我有一回在绍兴田野写生,遇到一个小小的池塘,其间红萍绿藻,被一夜东风吹卷成极有韵律感的纹样,撒上厚薄不匀的油菜花,衬以深色的倒影,幽美意境令我神往……第二天,一夜西风,摧毁了水面文章,还是那些红萍、绿藻、黄花,内容未变,但组织关系、形式变了,失去了韵律感,失去了美感! 我再也不想画了。"①

由于色阶极为多样,色彩变化极为丰富,色彩关系的和谐也就十分独特、多样。库克曾说:"一个艺术家经过训练的眼睛能够分辨出70种不同的红色色阶。在这个上面还要加上色调(从明到暗)的变化,这样仅在红色色彩范围内,也许你就会有700种色彩变化。这些红色的每一种,再同一种蓝色进行结合(而这种蓝色本身至少也有700种变化),产生出一种独特的各自的和谐来。"库克还指出,画家对色彩的选择,他的色彩标准是独特的,有个性的。"无论哪两个画家都不会有完全相同的色彩和谐感觉,要寻找适应自己本能的色彩是非常重要的⋯⋯艺术史证明,那些杰出的大师们——只有少数几个是例外,在他们大部分的艺术生涯活跃期间,他们找到了并保持着一个相当狭窄的色彩范围。对透纳来说,他最宝贵的是灰色和黄色,再加少数几种暗褐色或灰色着重色。伦勃朗最喜爱金黄、褐色、黑色、银灰色,偶尔还有暗绿色。凡·高在可能的情况下总是用苹果绿色。德加对某些枯叶红色、黑色和翠绿色表现了一种特别的喜爱。"

色彩的个性与色彩的普遍的表情性、寓意性是相辅相成的。詹建俊的《高原的歌》的色彩,是来自对藏族人民生活的独特感受,而"充满了整个画面的红光的处理",表达出了藏族人民有普遍意义的"温暖、幸福、自在的情调"②。

在绘画中,单一色相的表情性,画面的各种色彩的和谐关系以及整幅画的色彩调子,都不是彼此孤立的,而是一个系统。我们在进行审美教育时,必须从这个系统来看绘画色彩表情达意功能和审美作用,从中得到美的享受。

绘画色彩往往与绘画的其他形式要素,特别是线条联系在一起起到表情作用的。法国新印象派画家西涅克就曾指出:"色彩如果同线条相联系,其表现力和变化也不会低于线条:暖色和高度强烈的色调可与上升线条相结合;冷色和阴沉的色调应主要用于下降线条的结构;宁静平卧的线条将增强其感觉,如果配合着暖色与冷色、明朗的调子与严峻的调子之间一定程度的平衡,画家倘能使色彩和线条从属于自己的感情以及感情的表达,那么他将担负起一位真正诗人、真正创造者的工作了。"③

按照美的规律来处理色彩,并把运用色彩的技巧与解剖、透视等绘画手段结合起来,能够提高绘画的造型能力,增强画面上的空气感、透明感、皮肤色润感、新鲜感等。这样它就更能真实地再现自然的美,并更有力地表达画家的情感。

---

① 吴冠中.绘画的形式美[J].美术,1979(5):33-35,44.

② 詹建俊.形式感的探求[J].美术研究,1980(4):14-17.

③ 伍蠡甫.中国画论研究[M].北京:北京大学出版社,1983:49-50.

运用绘画进行审美教育,必须抓住视觉艺术的特点,要注意线条、色彩、形体等的审美功能,以叩开这门艺术的大门,进了门就要领悟它的内蕴。古人说,"绘事不难于写形而难于得意,得其意而点出之,则万物之理,挽于尺素间矣,不甚难哉"。中国画把创造深邃的意境、"写胸中之壑"放在重要位置,让线条、色彩、形体等为表情达意服务。为了意,往往"不求形似",甚至"得意忘形"。有的画家把这看作绘画审美表现的最高要求。因此,我们不仅要把线条、色彩各自的表情特点看作一个系统,而且要把线条、色彩、意境等联系起来,把形与神联系起来,看作一幅画的系统。这样才有利于创造性地接受这门艺术,从中获得深刻的审美感受。我们在欣赏各种绘画作品时,尤其需要注意这一点。例如,我们从徐悲鸿作于1941年的《奔马》可以看出,画家用刚劲、奔放的笔触所勾勒的线条简洁有力、富有动势。这种强烈的动势与斜线构图所特有的动荡、前进的特点相结合,造成马的奋蹄飞奔、勇往直前的气势。这正好体现了"直须此世非长夜,漠漠穷荒有尽头"的深刻寓意。在抗日战争处于艰苦阶段,"亡国论"甚嚣尘上的时候,画家通过奔马表达了他的炽烈的爱国热情与对未来的坚定信念。这样的意蕴使无生命的线条有了灵魂,各自孤立、静止的线,获得了内在联系的根据。它们所显现出的意境,又使它们本身活跃、飞动起来。

我们再看拉斐尔最著名的作品《西斯廷圣母》。这幅宗教画并不重视宣传什么教理,人们从圣母的面部表情所能见到的,是"神秘地交织在一起的一切:安定、纯洁、伟大乃至感情"。这种感情是通过圣母具有女性的温柔、秀美表现出来的。画家被文艺复兴时期的人文主义思想所鼓舞,把"本来无法描绘的东西,却描绘给心灵看了",而且是"画给愈入愈深而愈得愈多的心灵的"。[①]从这种深邃的意境中,我们能明显感受到的是母性的温柔。画面整个的线条、色彩系统都在强调这种温柔:无论是圣母玛利亚的肌肤、衣纹,还是她周围飘动着的朵朵白云,其线条、色彩都是圆润、优雅、柔和的。"圣母的徐徐下降的动势是在她的微动的曲线衣纹和圆润的朵朵白云中衬托出来的……这些线都很富有体积感,而且组成一个柔和而又和谐的韵律。"[②]

绘画是整个美术的基础。了解绘画的审美特性,对于了解美术的其他类别(如雕塑、工艺等)的审美功能有重要意义。从整个审美方面(而不单纯是从技术方面)来评价绘画艺术,尤其是把绘画的线条、色彩当作一个系统,把它与作品的意境紧密联系起来评价绘画艺术,这项工作还有待进一步加强。既重视绘画的

---

① 茹科夫斯基:拉斐尔的《西斯廷圣母》[M]//美术史文选.北京:人民美术出版社,1982:161.

② 西洋画百图:第19图[M].北京:人民美术出版社,1984.

技术、技巧,同时又重视运用这些技术、技巧来创造深刻的意境,并把意境美介绍给读者,是画家、批评家和美术教师的一项经常性工作。

第三节 "心灵与身体形状的直接统一": 雕塑的审美特性

雕塑与绘画同属于造型艺术(美术),两者有许多共同点。一件雕塑作品,起先就是一幅画。视觉形象的一切必要条件,如通过线、形、色来创造出一种意境等。但是,绘画是在一个平面——二维空间上,通过明暗、透视、对比、虚实、节奏等的处理,造成三维空间的效果,并通过这种可贵的艺术错觉,使心灵与形状统一起来。而雕塑则是通过真实的三维空间形状,来表达某种心灵化的内容。这正如黑格尔说的,雕塑应该把心灵表现于它的身体形状,"使心灵与身体形状直接统一起来"。正因为这样,人们把雕塑看作"凝固的诗""静止的舞蹈"。除此之外,绘画在描绘现实美时,是把主体同环绕它的环境,依据画家对它们在同一时间、空间里的审美感受,和谐地组合在一起;而雕塑作品中的主体形象,一般没有环绕它的衬景,人们依据一定的审美角度,把它安置在适当的环境之中。因此,雕塑与它所处的环境在构图上是两个实在的三维空间组合成的。这种组合比较灵活,可选择性较大。这两者的和谐统一,是雕塑独特的审美特点。

第四节 "立体的诗":雕塑的审美教育途径

雕塑把心灵表现于它的身体形状,并且依据美的法则安置好它和环境的关系,传达出富有诗意的内容。因此,人们把雕塑称为"立体的诗"。这样,运用雕塑进行审美教育,其主要途径就是透过它的立体性(本身的立体性以及它与环境所构成的完整空间),来了解它内在的诗意。

雕塑具有"立体的诗"的审美教育功能的确立,是经历了一个漫长的历史发展过程的。

黑格尔曾说,雕塑起于"制造神像去摆在神庙里"。自古以来的神像,至今在庙堂、石窟,甚至某些家庭里,仍然为人供奉。它或作为崇拜的象征,或作为一种信仰的偶像,把幻想和美融为一体。在现代,这些神像对多数人来说,如果仍有一点吸引力，那是因为这些雕塑身上多少还有一点美的因素——类型化性格的美和象征性的美。它象征的是某种理想，还是迷信？那是因人而异的。

人们在塑造偶像的同时，也在着力表现自己，并逐渐用人的形象来代替神。泰纳曾说："世界上没有比人更美的形式。"①古希腊的雕塑家在把"培养完美的身体成为人生的主要目的"的教育制度影响下，塑造了许多矫健匀称、优美高雅的裸体雕塑，表现了人的"整个身体的美"、人的健康和力量。这样的作品如《弥罗的维纳斯》、迈隆的《掷铁饼者》等，长期以来激发着人们对人体健美的热爱和崇拜。

从表现人体美，到转向通过人体来表现人的精神美，是雕塑艺术的又一次大的进步。群雕《拉奥孔》虽然取材于神话传说，但并不是简单地重复原来的情节，而是着意刻画人物的独特性格和内在的精神状态。罗丹的《巴尔扎克》更明显地表现出艺术家不满足于人物外在的真实，而潜心探索并大胆表现人物独特性格和丰富的精神世界。自从这些作为"立体的诗"的作品问世后，雕塑就有了更为宽阔的领域，并更趋向完美。这样，我们运用这种"立体的诗"来进行审美教育的途径，也就会更加多样。如何运用这种"立体的诗"来进行审美教育呢？

（1）要从把握性格美，来了解现实主义雕塑艺术的美育功能。罗丹指出："在艺术中，有'性格'的作品，才算是美的。""只是那些没有性格的……才是丑的。"这位雕塑大师以自己的大量作品，如《巴尔扎克》《欧米哀尔》等证明了雕塑所表现的性格美具有特殊的美育功能，这些作品让人看到人物内在的、富有特征的、本质的东西，给人以不寻常的激动和启发。具有性格美的作品追求的不仅是形体俊美与心灵美的统一，而且是独特鲜明的性格与同它相应的形体的统一。罗丹的《巴尔扎克》塑像在1891年沙龙美展上，引起了很大的争论，不少人指责这个巨像是"妖怪""雪人""丑八怪""癞蛤蟆"。但是罗丹自己坚信，他的巴尔扎克像是一座石殿，一块在蔑视一切的高傲的石头。这种傲然形象表现了巴尔扎克的内在性格。果然，四十余年过后，这座雕像被认为是现实主义杰作，被铸成青铜雕像，安放在巴黎林荫道街角。再如罗丹的《欧米哀尔》表现的是一个从前曾经年轻貌美、容光焕发，如今却衰老得不堪入目的妓女。这个塑像之所以被赞为"丑得如此精美"，也是因为雕塑家刻画出了她的令人战栗的性格：她热爱永恒的青春与美貌，看到自己一天天衰老而感到十分羞耻、痛苦与恐惧，她移动绝望的眼光，悲叹趋于灭亡的肉体，但是梦与欲望永远不灭。正因为雕塑家以这个悲剧性性格的卓越刻画，传达出作品的诗意美，所以，葛塞尔说这件作品虽然是根

---

① 丹纳.艺术哲学[M].傅雷，译.北京：人民文学出版社，1986：317.

据维龙的诗《美丽的欧米哀尔》塑成的,但在激起人的战栗这一点上,却比原诗更来得惟妙惟肖。

(2) 要从把握雕塑作品所塑造的人物的整个形体的诗意美来进行审美教育。有人问:雕塑表情达意主要在人物的面部,还是面部与全身并重? 许多雕塑家指出,雕塑用三维空间反映生活使它更多地依靠整个形体来传达某种诗情画意。例如,罗丹的《思想者》通过全身的形体动作及全身的肌肉来表现劳动者的觉醒。

雕塑是运用体积和运动这种特定的雕塑语言来说话的。体积感不仅仅体现在人物的面部,也不仅仅是浮面的,而是像生命本身一样,是自内至外的。雕塑家所追求的正是一种内在的体积感。所谓“运动”是指人体“从这一个姿态到另一个姿态的转变”。在这个转变中,人们“可以识辨出已成过去的部分,也可以看见将要发生的部分”[1]。对于裸体雕塑来说,运动还包括肌肉的跳动。我们从上面所谈的几件作品可以看出,雕塑家正是通过整个形体的运动和肌肉的跳动,来传达内在的感情,表现一种诗意美。孙家钵的木雕《屈原》的创作实践,能具体地说明这个问题,它表现了“对祖国、对人民深沉的爱”,寄托了作者的爱国情思。作者告诉我们,这些感情是通过“一个从一块动乱的体积中冲出去的直线”来表现的。人物“两臂向下用力压着这吹起的袍子,并与上身的衣纹形成直线,一直向上冲去,直到头”。用这条冲出的直线表现屈原的虽九死而不悔的那种对祖国和人民的坚定的爱和正直的品格;人物的下半身“一切动乱的体积加强他因爱、因忧、因无能为力而烦乱的心情”。对于这种上直下乱、上静下动的两块体积和谐组成的构图,我们要能从整个形体内在体积及其运动的寓意性上来把握,就不难获得强烈的情绪感受与深刻的审美教育。

(3) 要从把握雕塑的戏剧化的情节上来获得美的认识。雕塑具有“凝固”的、相对静止的特点,长于表现有意义的瞬间的动作表情,但也不排斥以戏剧化情节来反映生活。我国的大型雕塑《收租院》,就是以连续的戏剧化情节来反映人民群众对封建剥削制度的控诉,和对万恶的封建剥削者的揭露;在郑于鹤的小型泥塑作品中,我们也同样看到作者善于通过生动的情节,来表现细腻的感情,例如《二虎加油》就是通过两个小孩比赛爬杆的戏剧性情节,表现出儿童的性格和情趣。

(4) 要从把握雕塑作品中人物与环境的谐和的构图美上,来获得美的享受与感化。有人说,如果在西湖边上做一个100米高的人物雕塑,西湖就成了它的

---

① 葛塞尔.罗丹艺术论[M].沈琪,译.北京:人民美术出版社,1978:36-37.

洗脚盆了。这样雕塑与西湖的美就都被破坏了。雕塑的美不是孤立的,雕塑作品本身一般没有环绕人物的背景,但它又必须处理好人物与自然环境、建筑的关系,才能美化生活,给人以美的享受。这对于室外雕塑,尤其是城市雕塑尤为重要。

城市雕塑要能美化、装饰市容,调谐环境,陶冶人们的性情,净化人们的心灵,具有纪念性、教育性和装饰性等综合的作用,就一定要注意它与建筑以及非建筑物(包括路、桥、水、树等)的完美结合;注意主体(特别是纪念人物)和环境协调的氛围,以及它周围的空间,这样才能使城市更为美丽、壮观。如果这些关系处理不好,在空间上给人以不和谐、比例失调、尺度别扭的感觉,就难以起到上述审美教育作用。邢同和在《浅淡雕塑与环境》中指出:"注意六面观的空间效果也是雕塑与环境结合的重要因素。四川乐山大佛选点于岷江、青衣江、大渡河交会口,依山为背景,它那一泻千里的力量,巍峨的气势给人们以强烈的感染。但是,北京工人体育场前运动员雕塑却受环境影响而不免黯然失色,雕塑的形象被不协调背景所破坏。'标枪'应体现方向性的力学美、流畅美,现在它前面却是封闭的空间,树枝在和它'打架'。'掷铁饼'是力量的象征,具有强烈的爆发力,现在它隐居于密林之中,被建筑物不恰当的体量陪衬显得格外渺小。空间的接近完全损害了雕塑的感染力。……城市雕塑,应是融于情和景之中的立体的诗,壮美的画,宇宙的音乐,大地的鲜花。"[①]此外,处理好雕塑与环境的关系,还要注意这种环境的历史的、地区的、个性的特点。

现代城市雕塑以写实的纪念人物和事件为多,同时也出现了抽象作品(在西方世界这类作品更多)。有人认为"一个比例适当、材料和谐的抽象作品对于四周都是钢筋玻璃办公大楼的广场,要比一个青铜骑马塑像来得合适"。抽象作品的题材不再是人和事件,而是某种已完成的目标和取得的进步,是那些新生的、巨大的成果。这些作品着意于象征的、表现的、美学的目的。例如,爱因斯坦是个普通的人,他那富有意义的人类思想,就需要更加丰富,更具象征性的表现。

随着现代科学的发展,现在不少国家把现代科学技术运用在室外雕塑上。除了传统的木头、石头、钢铁和混凝土外,还运用了相当多的各种类型的可塑材料、玻璃、布、铸造物、新型金属、光束等;还有的将流水、火焰和音响运用在雕塑的设计上。这些将为雕塑与环境的自然结合,开拓更广阔的空间。城市雕塑审美作用的扩大,使得利用它进行审美教育的手段,也要做相应的改变。

---

① 雕塑与环境[J].美术,1983(8):页码不详.

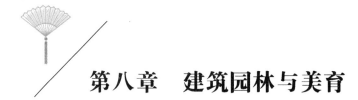

第八章　建筑园林与美育

第一节　古老的艺术，文明的见证：建筑是技术和艺术的综合体

你游过八达岭吗？你曾登上岭巅的烽火台、观赏过古长城的雄姿吗？当你的视线追逐着长城的身影，在万山丛中蜿蜒游动的时候，你体验到了什么呢？你可曾觉得，长城就像一条不见首尾的巨龙，在群山之巅飞舞不息？你是否意识到，长城这绵延无尽、飞舞不息的形象，正好体现了它的创造者——我们民族的不朽活力？而你自己，作为我们民族的子孙，是否也分享了一份创造者的自豪和骄傲，以至精神为之一振，心胸充溢着崇高的感情？如果是这样的话，那么长城这举世闻名的古建筑，就已在向你进行审美教育了。

建筑也是审美教育的重要手段，因为它也是一门艺术，一门十分古老的艺术。作为艺术的建筑术，早在氏族社会后期就已经萌芽。那时，人类已经开始摆脱"穴居野处"的生活，学会用石材或木材来建造能够遮云避雨、祛暑防寒的空间，用以充当自己生活的场所。他们用双手建成了地面建筑，一种既能满足实用需要，又有一定审美意义的建筑。我国仰韶文化遗址的发掘表明，早在距今五六千年以前，我们的先人就已从"半穴居"的窝棚过渡到完全的地面建筑了。如西安半坡遗址的方形房屋，已经采用了立柱架梁、木骨泥墙结构，说明我国古典建筑的土木结构体制，确乎渊远而流长。特别是半坡遗址的一号房子，它位于许多小房子的中央，面积竟达160平方米，据推测可能是氏族成员举行集体活动的公共建筑。可见当时的地面建筑在建筑规模、技术水平和美观程度方面,都远远地超出了原先的窝棚草舍。

建筑是实用性很强的艺术,它是在实用的前提下讲求美观的。早在公元前1世纪,古罗马奥古斯都朝的军事工程师维特鲁威就提出,一切建筑物都要恰如其分地考虑到实用、坚固和美观。这就是著名的"建筑三原则",它至今仍然保持着它的普遍有效性。建筑的美,大体有造型和装饰两个方面,不论哪一个方面,都离不开建筑的实用功能和材料结构功能。建筑的造型和绘画、雕塑不同,它必须服从实用目的。人们建造一座房子之前,总会提出一系列实用方面的要求,诸如房屋大小、高矮、间数、房间内部如何联系、如何采光、如何通风等。实现这些要求,不用说要符合一定建筑材料(石材、木材、钢材等)的特性,材料不同,结构方式便不可能相同,因而它们的造型也各不相同。可见造型之中,暗含着实用功能、材料结构功能的要求。要想求得造型美,就得在实用功能、结构功能的基础上进行审美创造,把技术和艺术统一起来。历史上任何成功的建筑,实际上都是技术与艺术的综合体。希腊的古典石构建筑,一般都有高大的廊柱环绕着。廊柱的结构功能是支承额枋,以便将建筑上部的荷载传递到下部石基。但廊柱也是影响建筑外观的突出因素。因而柱子的粗细、高矮、排列密度不但要考虑支承的要求,而且要加以美化。古希腊建筑特别讲究柱式设计。其中多立克柱比较粗壮,没有柱础,柱头是单纯而刚挺的圆锥头,柱距也较小,给人以刚毅雄伟的感觉;爱奥尼柱则比较修长,有柱础,柱头是精巧柔和的涡卷,柱距较大,给人以柔和端丽的感觉。用两种柱式构成的建筑立面,都显得庄严肃穆,但前者偏于崇高,后者偏于秀美。据维特鲁威的看法,多立克柱出于对男子人体的模仿,体现了男性美;爱奥尼柱出于对女子人体的模仿,体现了女性美。我国古典建筑则有较大的出檐,早在先秦时代,建筑物的屋顶就"如鸟斯革,如翚斯飞",有高飞远举的动势。然而出檐过大必然妨碍室内采光,而且暴雨季节屋顶下泄的雨水往往冲毁台基附近的地面,于是,汉代出现了微微向上反曲的屋檐,晋代出现屋角反翘的结构,并产生了举折,使建筑物上部形体庞大的屋顶,呈现着轻巧活泼的形象。而这种屋顶造型的构成,又有赖于斗拱的作用。斗拱最初用来承托梁头、枋头,也用来支承出檐的重量,后来才使用在木构架的节点上,作为梁枋到木柱之间的过渡,出檐越深,斗拱层数也越多。斗拱于是一身二任,既有了实用结构功能,也有了审美造型功能。再从装饰美方面看,充当建筑的装饰成分的构件,也都兼有结构与装饰的双重作用,因为它们本是从实用转化而来的。如我国古典建筑,"白石台座就是房屋的基础,雕花石础是出于木柱的防潮要求,菱花窗格是为了便于夹绢糊纸,油漆彩画是保护木材的必要措施,屋顶上的仙人走兽是固定屋瓦的铁钉套子。凡是一般归于装饰方面的东西,都有它的实际用途,去掉了装饰物,也就损害了坚固和实用"①。正因为建筑的美离不开建筑的实用要求和结构功能,所以建筑的美也明显受到某一时代物质生活水平和科学技术水平的制约。建筑作为艺术,是一定时代物质文明的见证。

建筑物种类繁多,功能各异。一般的住宅、厂房建筑,实用功能胜过审美功能,而公共建筑和纪念性建筑,例如宫殿、寺庙、陵墓等,由于它们的实用功能本身已不局限于物质生活,而涉及精神生活、情感生活,有的还以后者为主,所以它们的造型,有明显的精神性主题,有强烈的艺术感染力,审美功能更为突出。古埃及金字塔,是法老们为自己建造的陵墓,为了体现法老灵魂不死的主题,陵墓被建造为高达百余米、底边长200余米的庞大锥体。它们巍然耸立在沙漠边缘的台地之上,辽阔的蓝天和广袤的荒漠,衬托着那宏伟、单纯的造型,显得那样不可动摇,那样崇高和永恒。古罗马的凯旋门,则是为了纪念罗马帝国的军事武功而建造的。它们形体巨大,庄严而威武。19世纪初,拿破仑建立了第一帝国,模仿古罗马风格,大建凯旋门。如巴黎的雄师凯旋门(又称星形广场凯旋门),高约50米,宽约45米,进深20多米,两侧配有巨型浮雕,每个人像就有5~6米高。它雄踞于高地之上,雄伟壮丽,成为拿破仑炫耀军功的纪念碑。今天,这些建筑物的固有含义,虽然已经随着时光的流逝而逐渐淡化,但由于它们的造型本来就具有表现情感的功能,所以仍能唤起人们崇高而庄严的情感反应。我国最突出的例子可能是北京的天安门。作为皇城的大门,它本属于皇城宫殿建筑的一部分。它超人的尺度、气度恢宏的造型、金碧辉煌的设色,原意在渲染皇权的至尊和王室的富丽,但由于它一向是国事活动的重要场所,在清代就有了"国门"之称。清朝覆灭之后,它又成为我国许多重要历史事件的见证。现在,天安门的形象已被安置在国徽图案的中心,成为我们社会主义中国的象征。实际上,几乎每个国家都有这类具有代表性的伟大建筑,如果还没有,就会造一个。矗立于科威特首都科威特市海滨的科威特之塔就是如此。这是由三根高达150米的钢筋混凝土圆柱组成的现代建筑,圆柱上部逐渐收缩成为锐利的尖顶,它们直刺蓝天,象征着科威特人民向未来突进的意志。其中的两根还各有一个球形大水塔,使整个塔楼既具备了伊斯兰教的建筑风格,又有某种实用价值。这座塔楼的形象如今已广泛出现在科威特的宣传画、公共建筑的室内装饰上,实际上已成为科威特国家

---

① 王世仁.建筑美学[M]//齐一,马奇.美学专题选讲汇编.北京:中央广播电视大学出版社,1983:333.

的象征。可见,从古到今,人们都重视通过公共建筑和纪念性建筑来表达自己的审美理想,而建筑的这种表现功能,具有高度的概括性,因而许多成功的建筑,尽管经历了许多世纪,仍然保持着自己的艺术魅力。从这个意义上说,建筑也能反映人类审美意识的发展,它本身就是"石头写成的历史",是人类文化历史的组成部分,是精神文明的见证。

一座建筑物一旦落成,便永久地矗立在大地之上,成为人们生活环境的一部分。不管你愿意不愿意,你总得跟它打交道,看它,用它,它那庞大的体积,会迫使你对它做出审美的评价,所以有人认为建筑是一种"强迫"人们接受的艺术。

那么,怎样欣赏建筑的美呢?怎么通过欣赏去发挥建筑的审美教育功能呢?这就需要我们进一步按照建筑的审美特点去寻求培养人们审美能力的途径。大致表现为感受建筑的节奏和韵律,把握建筑的音乐感,重视建筑与环境的关系,欣赏它的和谐美,认识我国园林的艺术特点,领略其中的诗情画意。

第二节 "凝固的音乐",奇妙的通感:
把握建筑的音乐感

人们也许会觉得奇怪,歌德和谢林为什么要把建筑称为"凝固的音乐"呢?建筑是静态的艺术,它以某种空间造型诉诸我们的视觉,并不像音乐那样,可以在流动的时间过程中,以音响诉诸我们的听觉,说建筑是"凝固的音乐",是不是牵强附会呢?

其实并不是。建筑造型虽然是在空间之中展开的,我们欣赏建筑时的视觉运动,却有一个时间过程。观赏建筑不像观赏绘画那样,可以通过某一固定视点,一瞬间就能大致把握画的造型,而需要用较长时间反复地看。建筑体积巨大,一眼望不到顶,一眼也望不到头;建筑不止一个立面,要绕着从各个角度去看;建筑的内部空间序列,还需要穿行其中,在行进中细细地看。这样,你的视线就是往返流动的,得到的视觉感受就是在时间上连续不断地体验。这和你欣赏建筑物的图片时的体验大不相同。所以有位建筑家指出:"作为空间艺术的建筑学,同样也是一种时间艺术;建筑物体作为一个审美的实体,如同它存在于空间那样,也存在于时间之中。"① 这个说法,抓住了建筑审美感受的特点。

一座建筑的建筑空间无论朝着哪个方向展开,无论是水平方向、垂直方向还

---

① 哈姆林.建筑形式美的原则[M].邹德侬,译.北京:中国建筑工业出版社,1982:122.

是纵深方向,它的各个组成部分、各个建筑构件,都是有比例、有规则、有变化地排列着的。形状、体积、构件(如窗柱门洞等)、线条、装饰图案,都合比例地有变化、有反复,形成一定的节奏。而优秀的建筑物,它各方面的节奏,总能归于统一。这便形成一种统一的调子、统一的旋律。当你在观赏这座建筑时,你便能在一定时间过程中感受到节奏上反复多样的流动,产生音乐般的旋律感。正是这种旋律感,把你引向特定的情绪氛围。这就是建筑艺术使人动情的奥秘。不了解这一点,就很难欣赏建筑的美,也很难借助建筑艺术进行审美教育。

让我们看一看历史上的著名建筑。欧洲哥特式教堂,以高峻为特色,是侧重向垂直方向展开的,直入云霄的尖顶塔楼衬托着主体,主体上重重叠叠地排列着尖拱形的门窗,火焰般升腾的"火舌式"装饰纹样,形成统一的、不断向上的旋律,整个建筑物似乎拔地而起,失去了重量。这种外观便能唤起人们向往天国的情绪。哥特式教堂的内部空间,也由高耸的尖拱组成,细长的拱柱和拱券代替了墙壁,放眼望去,密密排列的拱柱就如同树林,两行树木枝叶相向,最后交于拱顶,这种特有的造型,也给人以向上飞腾的强烈印象。哥特式教堂的内外空间,有统一的旋律,给人以一致的情绪感染。

我国的万里长城不以高耸见称,它是侧重向水平方向展开的,作为古代的军事建筑,它有整严的体制,每一段都由带有雉堞的宽厚城墙和立方体的烽火台所组成。城墙顺山脊而筑,随山势蜿蜒盘绕,成为多变的曲线;烽火台筑于山峰高处,有鲜明刚劲的直线。长城就这样在崇山峻岭之中一段一段地展开。每一段都以一座烽火台为标志,使你的视线获得暂时的停歇,而又引导你的视线自然向前延伸,产生有力的节奏。长城在空间上无尽的连续,展示了时间上无穷的绵延,而时空的无限,又给人以突出的崇高感,使长城成为一首雄壮的颂歌。

建筑的群体组合,也讲究乐曲般的布局,有前奏、有高潮、有尾声。东方古代的建筑组群,善于沿着纵轴线来布置附属建筑,将整个群体安排为若干庭院,形成有层次,有深度的空间。主体建筑则被置于突出地位,充当整个组群的高潮。如被誉为"印度的珍珠"的泰姬陵(建于1646—1653年),整个组群由宽近300米、长达576米的围墙圈成一个总院落,内部又划为若干层次:走进不大的第一道门,呈现在人们面前的是两侧配有小院的大院落,院落终点是中央有穹顶的第三道门;穿过第二道门,是一片长宽各近300米的开阔草地,草地由十字形水渠一分为四,中央是带有大喷泉的方形水池;四片花园,各由夹道的柏树和橘树环绕,中有无数小喷泉。越过这大片绿色院落,主体建筑在远处屹立。这是由两座赭红色的次要建筑拱护下的高达70米的白色大理石陵墓。"湛蓝的天空下,草色青青托着晶莹洁白的陵墓和高塔,两侧赭红色的建筑物把它映照得格外如冰如雪。倒影清亮,荡漾在澄澈的水池中,当喷泉飞溅,水雾迷蒙时,它闪烁颤动,倏整倏散,飘忽变幻,景色尤其魅人。为死者而建的陵墓,竟洋溢着乐生的欢愉气息。"[①] 泰姬陵以第一道门为起点,逐步过渡到陵墓,陵墓本身是高潮也是结尾,整个建筑群节奏分明。我国的故宫,是世界罕见的古代宫城,它的建筑组群,也沿纵轴线展开。故宫以天安门为前奏,以外朝三殿——太和殿、中和殿、保和殿为高潮,以景山为尾声。当你观赏过天安门,得到壮丽辉煌的强烈印象之后,进入端门前院落,由于空间的紧窄收缩,突然产生压抑之感;端门至午门的院落,纵深被拉得很长,午门在院落尽头傲然耸立,使人的压抑感益发加强。然后穿过午门经金水桥,太和门前宽阔的广场使人如释重负,精神为之舒展。太和门后的特大广场,把人们自然吸引到建于高大白石台座之上的太和殿,使你不自觉地被引入庄严肃穆的境界,精神的激动到达高峰状态。三殿之后,故宫还有一系列建筑和院落空间,逶迤直至景山,其建筑高度渐次下降,最后过渡到景山秀色,情绪归于平复。故宫严谨的组群布局,就如一首完整的乐曲,其节奏与韵律结构,如图8.1所示。

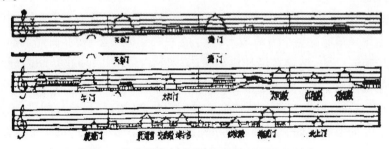

图8.1 北京故宫中路纵剖面图的节奏与韵律[②]

欣赏建筑艺术所获得的音乐感,是一种"观形类声"的从视觉挪移到听觉的通感。这是视觉的节奏,视觉的韵律。这种节奏和韵律,实际上在其他造型艺术如绘画和雕塑之中也是存在的。线条的对比变化,形体空间的对比变化,都具有一定次序,可以唤起节奏感。在这一点上,欣赏建筑和欣赏绘画雕塑,颇有相通之处。

---

① 陈志华.外国建筑史[M].北京:中国建筑工业出版社,1979:253-254.

② 徐伯安.北京故宫及其艺术浅析[J].大学生,1981(5):页码不详.

第三节 "和周围的风景打成一片":欣赏建筑与环境的和谐美

　　1927年,国际联盟日内瓦总部计划建造一座大厦,并为此发起建筑设计方案竞赛。著名建筑师柯布西埃交出了自己的设计方案。他匠心独运,将大厦置于日内瓦湖畔,造型向水平方向展开,建筑物鲜明的水平线条既与湖水面协调一致,也和远山的轮廓相呼应,建筑和湖光山色融为一体,使大厦造型显得极其优美。然而这个方案并没有入选。十年之后,按照另一个方案建成的国联大厦,显得呆板平庸。柯布西埃一气之下向海牙国际法庭提出诉讼,控告这次方案评选得不公正。这桩公案说明,不是所有人都懂得这样一条建筑学的真理:建筑必须"和周围的风景打成一片"[①]。

　　建筑物一经落成,就成为人的生活环境的一部分,它除了自身的整体美之外,还应求得与周围环境的协调。在这方面,柯布西埃的方案是成功的,惜乎流产;而澳大利亚悉尼的水上歌剧院和美国宾夕法尼亚州的"瀑布别墅",则是成功完成的杰作。悉尼是一个海滨城市,为了在海滨建造一座歌剧院,建筑师出人意料地利用薄壳结构,把屋盖设计成高达50米的白色风帆,使这座剧院近观如扬帆待发的大船,远看又像浮于水面的睡莲。它和横跨海湾的悉尼大铁桥遥遥相对。铁桥如长虹卧波,巨大的弧形把剧院的白色建筑衬托得分外醒目,被人称为建立在那儿的不可替代的形象。"瀑布别墅"建在宾夕法尼亚州的一处峡谷之中,1935年由莱特设计。莱特没有像常人设想的那样,把别墅建在瀑布的对面,以便让人能时时观赏瀑布的美景,而是将别墅直接建造于瀑布之上。他设计了凌空挑出的巨大阳台,让它同瀑布两侧的巨石取得协调,瀑布就从阳台下自由倾泻。于是,建筑与山石、树木、瀑布共同组成有机的观赏整体,使这座建筑获得125年来美国最佳建筑的盛誉。我国许多古代建筑,也极重视建筑与环境的协调,往往使其和自然景观交相辉映,产生和谐美。拉萨的布达拉宫,缘山而筑,高大的宫墙峭削如壁,因而尽得山势之雄伟;赵州桥以长达37.4米的大型石拱构成,两肩各负两小拱,与周围平原景色配合得十分和谐,自古就有"初月出云,长虹饮涧"的美称;江南水乡,廊屋沿河而筑,修直平远,而粉墙青瓦,竹影荷香,都临水融成一体,更觉恬静宜人……可惜有些城镇建设,不大注意建筑与自然景观

---

① 帕克.美学原理[M].张今,译,桂林:广西师范大学出版社,2001:284.

的关系,居然在西子湖畔大起高层建筑,在北高峰建起电视铁塔,在燕子矶旁大设工厂烟囱,以致黑云滚滚,景色全非。这不但破坏了原有的自然景观,新建的建筑也因不得其地,显得刺目、碍眼。风景与建筑合则双美,离则两伤,这是不能不引起重视的问题。

　　建筑还得和周围的人文景观取得协调。摩天大楼林立的街道,安放一座东方式的宫殿;中国园林的小桥流水之间,突然耸出一座现代化的"玻璃盒子",都有损景观的统一,显得别扭之至。建筑是文化历史成果之一,而具有民族特色和地域特色的古代建筑,尤其需要珍视,能保存的当设法保存,可修复的应设法修复。特别是城市的古建筑,往往居于要冲,能控制大片城区的景观,因而其间新建筑的兴建,要尽可能与古建筑取得协调。在文化古城北京,有重要文化历史价值的古代建筑比比皆是,它们原与城区大片大片四合院式民居是声息相通的。北京城在新建过程中,大量拆除民房,改建为高层公寓建筑,而新建者大都是千篇一律、缺乏个性的"玻璃盒子",与需要保存的古建筑缺乏呼应,有时甚至喧宾夺主、乱人耳目。如建立于北海与景山之间的几幢楼房,遮挡了景山,使北海白塔山东侧的慧日亭、见春亭不复以景山为对景。建于北海公园外西北部体积庞大的高层建筑物,使北海西北角的五龙亭、极乐世界殿等显得非常渺小,甚至连湖面也产生令人憋气的感觉。建国门外林立的新建大厦把建国门外城楼挤在其中,望之仿佛变成了小模型一般……有人对大量拆除民房改建高层公寓的做法表示担心,认为"北京正在重复日本城市现代化过程中最令人遗憾的事情"。这种担心可能不是"杞人忧天"。因为建筑与人文景观取得协调的问题,毕竟是不可回避的,尤其在风景旅游区,拆除民居改建新楼当然势不可免,但万万不能消灭民居。因为"民居为风景区之组成部分,点缀其间,楚楚可人,古代山水画中每多见之。余客瑞士,日内瓦山间民居,窗明几净,予游客以难忘之情"[①]。今日黄山旅游区的建设,就当有计划保留民居,让青瓦粉墙点缀苍翠的山色,切忌尽行拆除。

　　当代著名美籍华裔建筑师贝聿铭先生指出,建筑并不是"住人的机器",而是"供人享用的",因而建筑必须"与社会结合,与环境结合"[②]。要实现这两个结合,就得发扬建筑的民族传统。我国古典的木构架建筑体制,有悠久的历史,形成了自己在平面和外观方面的民族特色,如反曲飞檐的大屋顶,纵轴展开的群体布局,浓重强烈的色彩等。然而随着现代建筑材料的更新和建筑技术的突破,在

---

① 陈从周.说园[M].上海:同济大学出版社,1984:72.

② 贝聿铭.谈谈建筑创作[J].建筑师,1980(1):192-194.

现代条件下如何发扬民族传统仍有许多问题有待探索、有待解决。我国在20世纪30—50年代,都曾掀起过"民族形式"的建筑潮流。对于这种努力,一度做了过多否定,今天看来未必公允。其实,蔡元培先生早在20世纪30年代初就肯定过其中合理的东西,认为这种努力符合建筑与环境协调的原则。他说:"新式建筑,已经为我国人所采用了。起初用纯粹西式,或美或丑,毫无标准。后来有美国建筑家,窥破纯粹欧式与环境不相调和的弱点,乃创一种内用欧式而外形仍用华式的新格,初试用于南京的金陵大学与金陵女子大学,继又试用于北平的协和医院与燕京大学,被公认为美观。……将来一切建筑,固将有复杂的变化,但是调和环境的原则,必不能抹杀了。"① 蔡元培先生的话,对于我们今天欣赏建筑与环境的和谐美、创造建筑与环境的和谐美,恐怕不会全无意义吧?

第四节 "虽由人作,宛自天开":领略中国园林的诗情画意

数年前,一座名为"明轩"的中国园林建筑,在美国纽约的大都会博物馆二楼落成。这座由著名建筑学家陈从周主持设计的园林精品,以苏州网师园的"殿春簃"为蓝本,以明代建筑风格为特色,在400平方米的小小天地中,展现了我国园林艺术的风范。那倚墙而立的冷亭泉,那湖石砌筑的假山,那雅致幽静的"殿春簃",有机地组成亭台处处、水石溶溶的"天然图画",使游人叹为观止,在美国引起热烈的反响。

我国园林所追求的,是一种近似自然山林的建筑美。它的建筑原则,可以用明代计成《园冶》中的八个字来概括:"虽由人作,宛自天开。"不论是面积有限的私家宅园,还是规模巨大的公共郊园,都极力追求天然山林的野趣。建园之时,重视对原有地形地物和原有环境的"因借",即所谓"自然天成就地势,不待人力假虚设"。园内的艺术加工,也尽可能不失天然趣味,力避人工雕琢的痕迹。叠石成山山有脉,凿池引水水有源,四时花木,虽由人植,但不假修饰。至于园中建筑,无论是亭轩还是楼阁,都不作为园林的重心和主体,而重在发挥"点景"作用,务求与周围的山水花木融成一片。这样,亭台参差,道路逶迤,山石错落,花木掩映,整座园林就成为艺术的整体,成为立体的画,无声的诗,一个遗世独立、可居可游的自然环境。这种自由式的园林布局,和西方发源于"花园别墅"的几何式

---

① 蔡元培.蔡元培美学文选[M].北京:北京大学出版社,1983:182-183.

园林布局,呈现的面貌大不相同。起于意大利、盛行于法国的欧洲古典式园林,照例都接近高大的宫殿,它以建筑物为主体,然后按几何构图展开。法国园林一般沿中轴线开辟宽广笔直的林荫大道,配以阅兵式般齐齐整整的道旁树,草坪、花圃往往对称布置,而以水池、喷泉、雕塑点缀其间;意大利园林建于坡地,顺地势修筑层层平台,每一层面,对称安排水池、喷泉、植坛和树木,流瀑则沿平台在渠内等差下落。平台高处,耸立着别墅建筑物,主体地位突出。法意古典园林所呈现的,主要是图案化的人工修饰的环境美。18世纪中叶,英国园林开始打破古典式格局,选择天然草地、树木、池沼,稍事加工,形成具有牧歌式田园风光的"自然风致"式园林。到18世纪后半期,我国园林艺术传入英国,使其自然风致园进一步发展为画意园。它的艺术加工程度更高,但煞费意匠心血又不露惨淡经营痕迹,这就相当接近于我国"虽由人作,宛自天开"的造园原则了。

　　我国造园强调"宛自天开",目的不在复写自然、模仿自然,而是为了使园林达到山水诗画一般的艺术意境。我国是世界上山水诗画最发达的国家,历代山水诗画所体现的抒情写意的优良传统,给我国园林提供了丰足的艺术营养。我国建园以机械模仿山川风物为大忌,而强调"立意",强调"情景交融",强调表现建造者的"胸中丘壑"。整座园林,有它的诗情画意,某一风景点所提供的画面,也都有一定的情意内蕴,足以引动游人的情怀。哪怕一木一石、一棵古松、一株老梅、一丛翠竹,也让人联想起某种人格、某种气度,成为借景抒情的手段。而园中的摩崖石刻,题额匾对,则起点醒意境的作用。无锡寄畅园,水池题名"锦汇漪",提示人们领略水中倒影的美景;池水方亭题名"知鱼槛",引导人们分享游鱼之乐;苏州网师园池畔一亭为"月到风来",也是饶有诗意的好题名。至于我国园林的布局,某一景点的画面构图,也往往取法于传统山水画,深得画理。正如我国山水画采取散点透视的构图方式那样,我国古典园林弃绝几何化的做法,不封闭、不拘板,可以仰视,亦可俯视,建园者于山际安亭、水边留矶,目的就在吸引游人视线,使其在俯仰之间,形成往复流动的视觉印象。欣赏园林,也像欣赏山水画,有静观与动观之别:静观如玩册页,重在欣赏静态画面,游人在某个观赏点驻足小憩,可以放眼山光水色,倾听风声鸟语;动观如赏手卷,重在景物之连续,游人沿曲折蜿蜒的游览路线,左顾右盼,移步换形,在流动的时间过程,领略园景的层次、节奏、韵律。在艺术构思上,我国园林也以空灵为尚,注意虚实相生,藏露结合,易于激发游人的联想和想象。它一如传统的水墨画,有"不画之画",可以"于无景处求景""无色处求色"。诚如陈从周所言:"江南园林,小阁临流,粉墙低桠,得万千形象之变。白本非色,而色自生;池水无色,而色最丰。"①为了造成虚实相生、空灵活脱的艺术境界,我国园林,采用了一系列艺术手法,如游览线的规划,尚曲而忌直,有"曲径通幽"之妙;空间注意分隔,常以围墙、漏窗、游廊分景隔景,既增加景深层次,又隔而不绝,相互"泄景",重视各个局部的关联和过渡,使各处景点,似断实连,形成艺术整体。而最具有民族特色的手法是借景,不论远借、邻借、仰借、俯借,还是镜借,都能通过园林将周围景色组入画面,收到"端居不出户,满目望云山"(王维诗句)的效果。无锡寄畅园借景锡山龙光塔,山势、塔影使全园顿增神采;颐和园近借昆明湖的湖光,远借玉泉山和西山的山色;北京北海、什刹海、中南海借景故宫的嵯峨宫阙,都是极成功的范例。扬州瘦西湖一带,以一处处名园、寺院为节点,景物之间相互呼应,彼此资借,组成连锁形的优美景区、景带,如以黄氏花园为主体,将虹桥、长寿桥、春波桥、五亭桥周围景色——"白塔晴云""水云胜概""长堤春柳""虹桥览胜"和另一些山水亭阁组合成"四桥烟雨"的景区②,使瘦西湖美不胜收,给古城扬州带来"赢得二分明月夜,扬州千古属诗人"的盛名,更体现借景的巨大魅力。

总之,由于我国园林在构思上讲究虚实相生,注意意境创造,便能将有限的面积化为无限的空间。它以充满诗情画意的山林野趣,触发游人寻幽探胜的雅兴,使之受到加工形态的自然美的陶冶。而这一切,又都得力于山水诗画抒情写意的优良传统。

---

① 陈从周.说园[M].上海:同济大学出版社,1984:32.
② 王世仁.明清之际的中国园林审美观[J].文艺研究,1985(3):58-66.

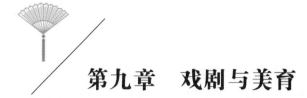

第九章　戏剧与美育

第一节　表演——戏剧的中心:从"贫穷的戏剧"谈起

旧时乡间的戏台上,常能见到这样一副对子:"戏场小天地,天地大戏场。"戏场,指的是戏剧舞台;"天地",指的是现实人生。我们固然不能把现实混同于演戏,抹杀两者的界限;但如果允许把戏剧看作现实人生的缩影,那么现实人生也未始不能看作正在上演的话剧。所以这副平平常常的对子,还是道出了戏剧的特点——它毕竟是最接近现实人生的艺术。

戏剧是由活人演给活人看的。舞台上表现出来的世态人情,能直接激起观众的某种情感。这是活人与活人之间的直接交流。这种交流,决定了戏剧艺术的审美特点,也决定了它在审美教育中的特定功能。

戏剧是一种综合艺术。作为"一剧之本"的剧本,带有文学性,人们可以把它当作文学作品来读;舞台美术,带有绘画性,精心绘制的布景,提供的是成功的画面;演员的动作姿态,带有舞蹈性,尤其是我国的戏曲,几乎把所有动作都舞蹈化了;伴奏带有音乐性。但是,这众多的艺术因素在戏剧中并不是孤立地、散乱地、杂凑般地存在着的,它们结成为艺术的有机整体。那么,把它们综合起来的中心环节是什么呢? 是演员的艺术表演。

"表演一直是戏剧的中心,我们可以没有剧本、没有导演、没有装置,没有其他一切,只要表演存在,戏剧艺术就仍然存在。"[1]波兰著名导演格鲁托夫斯基的

---

[1] 张庚.戏剧艺术引论[M].北京:文化艺术出版社,1981.

实验,证明了这一点。1959年,他创建"波兰实验剧院",进行一系列实验。他在演出中逐步砍掉剧中每一件不必要的东西,不管这件东西如何讨人喜爱。他砍掉化妆,砍掉戏装,除去布景,除去灯光和音响效果,甚至取消了独立的表演区——舞台。这样做过之后,戏剧照样能够存在。唯独两样东西永远取消不得,那就是观众和演员。这样砍掉了任何装饰和外加成分的戏剧,被称作"贫穷的戏剧"。它虽然光秃秃、赤裸裸,但终究还是戏剧,因为它有观众,有演员。就是说,还有表演。离开表演,演员不复再是演员,观众不复再是观众,他们只是一些普通的人;离开了表演,也就无所谓戏剧。表演实在是戏剧的生命。

表演,首先是演员的事。要把角色演活,演员一方面要以角色"自居",设身处地、深入体验角色的情感;另一方面要保持清醒的自我意识,以便自觉运用表演技巧,把角色演得恰到好处。因而演员一经登台表演,就取得了既是演员又是角色的"双重人格",具有了狄德罗所说的"演员的两重性"。狄德罗认为,只有善于控制自己的人才有本领支配观众。一个演员,不论其所表演的角色情感何等激烈,表演时自己的内心需要极其冷静,能清醒地、毫厘不爽地把角色情感的外在标志表现出来,努力使观众信以为真。所以他有句名言:"唯有绝对不动情感,才能造就伟大的演员。"[①] 这和我国过去"先学无情后学戏"的民间俗谚不谋而合。在表演中,究竟如何处理演员的"两重性"? 国外曾流行两种现实主义的主张:德国的布莱希特强调演员保持"自我"的独立性,认为"演员要完全变成他所表演的人物,这是一秒钟也不容许的事",这被称为"表现派";苏联的斯坦尼斯拉夫斯基则主张"进入角色",演员的"第一自我"与角色的"第二自我"融为一体,他的学生萨多夫斯基就说过"演员和角色之间要连一根针也放不下"[②],这被称为"体验派"。实际上,这两派意见并不是那么不可调和。我国传统戏曲表演就是将体验和表现结合在一起的。我国古典戏剧历来重视体验,李渔所谓"欲代此一人立言,先宜代此一人立心"(《闲情偶寄》),一句话说透了体验之必不可少。但我国戏曲表演体系又是程式化、虚拟化的,所以我们又极为重视表现,十分讲究表演的分寸感。"情动于中而形于言",这个古老的诗学原则,运用于戏曲表演,便是"情动于中而形于外"。"动于中"即是体验,"形于外"即是表现。体验与表现在我国的戏曲表演中获得了统一。戏曲表演大师梅兰芳可以说是这一独立表演派别的代表。

---

① 狄德罗.演员奇谈[M]//张冠尧,等译.狄德罗美学论文选.北京:人民文学出版社,1984:283-292.

② 黄佐临.梅兰芳、斯坦尼斯拉夫斯基、布莱希特戏剧观之比较[N].人民日报,1981-08-12.

自然,表演绝不是演员单方面的事。观众在一定程度上也参与演出。一部分观众对表演的反应,会感染另一部分观众,两部分观众的反应交互影响,形成场内观众的"集体体验";观众的"集体体验",反过来作用于演员,形成观众和演员的交互影响。于是,出现观众与观众、观众与演员之间在情感交流上的反馈现象。这便是著名的戏剧三角反馈,反应可以是积极的,可以是消极的,反馈的结果,可以使演员受到鼓舞,从而强化表演;也可以使演员与观众的情感交流发生阻滞,从而削弱表演。如果场内空气沉闷,观众开始打哈欠,那就表明他们已感到厌倦,演员如不能及时通过调节表演扭转局面,便会招致观众的普遍不满,要是剧场出现了"抽签"(指未及终场而观众三三两两陆续离座)现象,演员还浑然不觉,那么接下来肯定便是演出的失败。当然观众审美能力是悬殊的,观众成分的明显改变,往往导致对同一水平的两次表演产生极不相同的反应。因此,同一剧目用原班人马进行同等水平的两次演出,如果各自的效果有显著差异,原因很可能就出在观众方面。

　　戏剧的三角反馈作用,是戏剧特有的审美心理现象。成功的戏剧演出,能造成极为强烈的剧场效果,这是其他表演艺术不易达到的。别林斯基描述过著名演员莫恰洛夫演出莎士比亚的名剧《哈姆雷特》的盛况。每到精彩之处,场内便连续爆发暴风雨般的掌声和欢呼声,这种强烈的反应显然在支持和鼓舞着演员的杰出表演:"什么样的画面,什么样的热情的魅力啊! ……2000个声音混成一片庄严的赞许的喊声,4000只手汇成一阵喜悦的鼓掌声——而这一片震耳欲聋的号叫,却烘云托月地衬托出一个人(饰哈姆雷特的演员)的猛烈的狂笑和粗野的呻吟,这个人在广阔的舞台上奔跑,好像一头从笼子里窜出的狮子一样。"[1]电影或电视,就不可能产生这样的效果。电影放映时,场内也能产生集体体验,但反馈永远不会产生,因为影片已经拍摄完成,演员便无法再接受观众的反应,更无法再按照观众的反应来调节演出。即使我们对影片中的表演无动于衷,影片还是得在规定时间内放完。至于电视剧,因为每次同时观看的人数一般来说少得可怜,连形成集体体验也很困难,更说不上反馈了。观众看完电视剧后的几天,会谈论这部戏,这也可能在一定程度上产生"同感",然而这是"迟延了的同感",和戏剧演出时形成的集体体验不大相同。

　　电视的普及,发生了电视"掳走观众"的问题。苏联电影《莫斯科不相信眼泪》中一个人物在1958年说过:"二十年后,只有电视,戏剧、音乐、美术等都没有了。"现在二十年早已过去,电视吞灭其他艺术的奇迹并没有发生。这种奇迹看

<hr />

① 别林斯基.别林斯基选集:第1卷[M].上海:上海文艺出版社,1983:539.

来是不可能发生的。有位剧作家提出了这样一个问题,他问道:"装在铁盒或塑胶盒里的艺术,真的能够取代观众直面演员,彼此直接交流的艺术吗?"他自己回答说:不能。"电视虽然拥有众多的观众,但它并不能取代戏剧艺术。一切对戏剧艺术悲观的论调都是没有理由的。"这位剧作家问题的提法就包含了问题的答案。戏剧是"观众直面演员,彼此直接交流"的艺术,这是它的最大特点,也是它的最大优点。而一门艺术,如果真有不可替代的审美上的独特性,它就不可能丧失生存的权利。我们倒是有充分理由认定:戏剧艺术会跟它的许多姊妹艺术一道,永远共存共荣,一直发展下去。

第二节　把戏当戏看:从"间离效果"说到自觉的观赏态度

在西方,曾流行一些关于莎士比亚戏剧演出的轶事趣闻。一次,演到了《理查三世》的最末一场。暴君理查王在与里士满的交战中落荒而走,他的坐骑被打死,陷入末路穷途。理查王绝望地一再惊呼:"一匹马! 一匹马! 我的王位换一匹马!"这时,有位看戏的农民居然牵出自己的那匹马,想向理查王交换王位。气得扮演理查的演员只好在台上破口痛骂:"你自己上来,一头驴也成!"还有一次,在纽约演出《奥赛罗》,剧情到了激动人心的时刻:牙戈正得意地施展他的"手帕计",奥赛罗和苔丝德蒙娜即将双双落入陷阱。这时,观众席上突然响起枪声,扮演牙戈的演员应声倒在舞台上,饮弹身亡。正当场内惊叫四起,一片混乱之际,观众席上又传来一声枪响,原来是刚刚打死"牙戈"的那位看戏的青年军官,已经醒悟过来,他面对自己一手造成的不可挽回的惨剧,便举枪对着自己的太阳穴扣动了扳机……事后,纽约市民合葬了两位死者,并立下墓碑,上面写着"最伟大的演员和最伟大的观众"。

传闻毕竟是传闻。这类轶事的真实性如何,我们姑且不去管它。问题是这两位观众,把戏剧情境和现实情境混为一谈,对剧情做出实用功利的或伦理的反应,这种观赏态度是否可取? 其实,传闻本身就已做出回答:想用自己的活马来换取"王位"的农民遭到了当众的羞辱;枪击"牙戈"的军官,也用自杀惩罚了自己。这位军官大概已经觉察到他打死的并不是"牙戈",而是一名演技出众的演员,他是上了自己幻觉的当,他未必认为自己就是"最伟大的观众"。

俗话说:"假戏真做。"剧本演出以活人扮演活人,具有逼真性;但剧本提供的剧情、人物都是虚拟的,具有假定性。而且逼真之中有假定,演员只是"扮演"角色而不等于角色,其不论演得何等逼真,都是假定前提下的逼真,而并不是"实有的逼真"。即使是演"真人真事",也逃不过这种假定性。所以,观众也和演员一样,在演出时不能完全丧失清醒的意识,随时都得明白自己是在演戏和看戏,台上的一切都是"假戏真做"。这样,观众在观看战争场面时,尽管台上硝烟弥漫,枪声四起,但不会丧失安全感,不致因时刻担心被流弹击中而战战兢兢。而一旦观众忘掉了演出的假定性,把戏剧情境当成现实情境,把演员扮演的角色误认为角色本人,就会弄出"枪击牙戈"那样荒谬的惨剧来。

布莱希特在演出上反对演员与角色合而为一,在观赏上也反对观众与角色合而为一。他主张演出要在观众中造成"间离效果"(又译为"陌生化"效果)。就是说,演出在激起观众情感共鸣的同时,又要将这种情感加以控制和压抑,使观众不致完全陷入"忘我"的沉醉状态,而始终保持清醒的审美判断力,他们要为演出而动情,却又始终不忘演出是假定的,和自己所熟悉的实际人生是有距离的,从而能冷静地加以欣赏、加以评价。布莱希特认为,古代希腊演出时演员使用假面,近代戏剧的镜框式舞台,东方古典戏剧中穿插的歌舞成分,都能使观众的观赏经验和实际生活经验发生间隔,拉开距离。因此,戏剧演出不应该取消那些能提醒戏剧假定性的东西,如当众化妆、旁白、讲究表演技巧等。通俗地说,所谓"间离效果",也就是让观众把戏当戏看。

把戏当戏看,这个道理看似平常,实际却至关重要。这实际上要求观众在观赏时确立自觉的审美态度,而这和日常的实用态度迥然有别。用日常的实用态度对待对象,对象一经激起人们的情感反应,便是一种伦理的、实用的反应,这种反应常常是行动的先导,会转化为迅速的行动。我们假如在街头遇见歹徒行凶,会激起对歹徒的痛恨和对受害者的同情,禁不住会去制止歹徒的暴行或是去救助受害者。审美态度就不一样了,舞台上也会有"歹徒"行凶的场面,我们虽然也会被激起相应的情感态度,但并不立即转化为行动,而是始终让自己处在旁观的地位,听凭自己的情感、想象、理解等活动随着剧情发展而自由展开,从容地进行情感再体验。有了这个态度,从消极方面说,可以避免把戏剧和现实混为一谈,懂得何以不能动辄将戏剧同现实简单对号入座的道理;从积极方面说,有了这个态度,就可以解放自己的审美能力——欣赏力、想象力和理解力,使自己发挥观赏中创造的主动性,更有效地参与演出。

我国戏曲的表演体系是十分尊重观众的观赏主动性的,它并不讳言戏剧演出的假定性,而是坦白地告诉观众,演戏就是演戏,演戏是对生活的虚拟,而不是生活本身。这也就是叫人把戏当戏看。戏曲演员的扮相可以勾画脸谱,京剧里的净、丑两行,满脸涂上鲜明的油彩,描出美丽的图案;人物一上场就来个漂亮的亮相,接着自报家门;同一座舞台,一会儿当作千军万马厮杀的原野,一会儿又可以当作局促的陋室;布景道具是简得不能再简,一张椅子可以代替一座山,两面旗子便是一辆车,一领布帐展开之后,便是横在面前的一道城墙;至于表演,那更是虚拟动作:摇桨以代替行船,挥鞭以代替走马,望空有月,指地有河,几对兵丁轮番出入便是千军万马……这一切,灵活自由,在舞台生活和实际生活之间,划出了明显的不容混淆的界限。可以说,戏曲从演员扮相、服装道具、装置布景到表演动作——唱、念、做、打,无一不是虚拟化、程式化的。这种表演,追求高度的技巧美与形式美,它完全不靠同实际生活的外表酷肖来吸引观众。那么,为什么人们观看戏曲会觉得它真实可信,并深受感染进而产生强烈共鸣呢? 这就涉及戏曲表演的另一个特点,即写意性。黄佐临将它概括为四个方面,即生活的写意性、动作的写意性、语言的写意性和舞台美术的写意性。在这四方面,戏曲都不严格讲求外在的形似,而刻意追求神似,即追求传情达意的真实性、可信性和感染力,以造成动人的意境。戏曲就表演形式而言是虚拟的、程式化的,就内容而言却是真实的,有情感的真实、艺术的真实,因此,戏曲表演含蓄、凝练,富于情感意义和想象成分,富于暗示性。这既给演员的表演留下了颇大的创造余地,也给观众的观赏留下了发挥想象力、理解力的余地。

我们不妨先看一看生活的写意性。黄梅戏中的生活小戏《夫妻观灯》,表现了一对年轻的农村夫妇在元宵之夜进城观看花灯的情景。台上没有任何灯节的实景和音响效果,但通过男女演员载歌载舞的精彩表演,侧面展现出熙熙攘攘的人群争看花灯那种热闹非凡的节日景象。花灯和观看花灯的群众场面是虚写的,而这对夫妇面临这个场面所引起的心理反应,他们的新鲜感、惊讶感,他们的兴奋和焦急,他们为争看花灯而相互埋怨又相互成全的情态,却是实写的。妻子的娇嗔与活泼、丈夫的纯朴与憨厚,都表现得淋漓尽致,这里没有写实的生活场景,却表现了活生生的人物与活生生的生活氛围、生活情趣。川剧《柳荫记》第四场的"十八相送",表现梁山伯与祝英台逶迤下山,沿途观看池中游鱼,水上鸳鸯,又一同参拜古庙,共渡溪桥,最后来到他们原先结拜兄弟的柳荫深处依依话别,这里的空间景物完全是虚写的,但都是为表现人物的心理活动而设置。每一件景物,都被祝英台用来作为点醒梁山伯自己的女性身份,表达依恋情意的隐喻。这种隐喻意义,需要演员在表演时加以暗示,当然也需要观众发挥想象力去加以领悟。

再看动作的写意性。戏曲又是怎样通过虚拟的、程式化的动作来传情达意的呢？比如旦角在哭的时候常常是扬起水袖，掩住面部，通过舞蹈化的身段，在摇头、摆腰和抖肩的动作之间表现出来的。这样的表演避免了正面表现啼哭时面部表情紧张、肌肉抽搐所表现出来的丑陋的舞台形象，所以哭得很美。有时一个背影、一声哭腔，就能把观众带入凄婉欲绝的戏剧情境中去。这些表演动作是程式化的，就是说都是有现成的"套子"的，但是有修养的演员，可以在遵从程式的同时突破程式的限制，进行独到的创造，如京剧《打渔杀家》第四场，肖恩上场的一段唱词中有两句："清早起开柴扉乌鸦叫过，飞过来飞过去却是为何？"① 按程式，在唱这两句时伴有开启柴扉的虚拟动作，还有作为音响效果的由唢呐吹出的模拟的乌鸦叫声。如果演员无动于衷地照程式表演，这里的表演动作就没有多少动人之处。京剧表演艺术大师盖叫天反对这样的表演，他匠心独具，认为肖恩在唱这两句时，"开始应该在'眉眼'上做出清晨刚起还有睡意的味道，在'身段'上也应该做出有点凉意的特点，更要用'眉眼'明白交代清楚他看见乌鸦时引起的疑虑"。就是唱"乌鸦叫过"这四个字，表演时也应该分层次："先是肖恩做出注意到乌鸦的表情，然后再唱'乌鸦叫过'，再是后台的唢呐模仿乌鸦的叫声，从而使观众得到完整的形象。"② 盖叫天是基于对剧情的深刻理解来设计这段表演的。在上一场，肖恩因为抗拒恶霸丁子燮勒索渔税，顶回了丁府的恶奴，丁恼羞成怒，派教师爷率四徒弟前来问罪，肖恩的两句唱词就唱在教师爷等将到未到之时。"晨起"句的动作突出肖恩因清晨鸦叫，打破了内心的宁静，他开始准备应付即将临头的新的灾难。这里的动作细节与人物心情丝丝入扣。而诚如盖叫天所说："只要做和唱是合于角色心情的，虚构性的表演也不会把戏演成假的。"③ 戏曲动作写意性的最大优点，就是能把观众的注意力引导到体验角色的心情方面来。

　　至于语言的写意性和舞台美术的写意性，已无须细说。戏曲的语言，包括对白和唱词，一般不用"大白话"，而提炼为有一定意境的艺术语言即诗体语言，舞美也避免对环境的写实，而是适应戏曲时间、空间的自由转换而采取达到高度艺术水平、具有形式美的设计，这些都无疑有利于观众发挥观赏中再创造的能力。

　　总之，我国戏曲以梅兰芳为代表的表演体系，是与"表现派""体验派"都不很相同的独特体系，因而从观赏角度而言，也和欣赏西方戏剧（话剧、歌剧、舞剧）的

① 中国戏曲研究院.京剧丛刊：第9集[M].上海：新文艺出版社，1953.

② 王朝闻.访问盖叫天[M]//王朝闻文艺论集：第1集，上海：上海文艺出版社，1977：305-308.

③ 王朝闻.访问盖叫天[M]//王朝闻文艺论集：第1集，上海：上海文艺出版社，1977：308.

感受方式有很大区别。这个表演体系,过去或被当作"象征主义"而遭到曲解,或被目之为"形式主义"而遭到否定,这都是因为只看到它形式上的虚拟性、程式化的一面,而忽视它内容上的写意性的缘故。只有懂得这两个方面的结合在表演和欣赏方面具有的优点,才能真正懂得这个表演体系的审美价值。

当前国内一些人当中,流行着一种"京剧消亡论"。他们认为当代生活节奏越来越快,而京剧的表演节奏太慢,所谓"一唱三哼",无法表现当代生活,也无法适应当代观众特别是青年观众的欣赏要求。这种看法值得认真探讨。京剧是我国传统戏曲艺术中最有代表性的剧种。就京剧的各个具体剧目而言,表演节奏有快有慢,有《玉堂春》"三堂会审"式的慢节奏,也有《三岔口》式的快节奏。不能说京剧整个剧种一概是慢节奏。虚拟化、程式化和写意性的表演体系和表演的慢节奏没有必然联系。今天,京剧面临的根本问题是要反映当代现实题材。而京剧改革的多年实践表明,京剧固有表演程式,是有着适应现实题材的表现潜力的。毋庸讳言,京剧的许多表演程式是从过去时代的生活中提炼出来的,模仿三寸金莲走出的台步和甩发、抚髯等动作,当然无法用来表现今天的角色,但是有没有从当代生活提炼出新程式的可能呢?应当说,这个可能性是存在的。同时,表演节奏的快慢,和表演是否紧凑不是一回事。任何剧种都要求演出的紧凑,不拖沓,不松散,否则,再快的节奏,也会把戏演糟。戏曲史研究者张庚说:"节奏的快慢不是戏的优劣的标准,更不是剧种存亡的标准。"[1]这个看法言之成理,我们赞成。

第三节　怎样把戏看懂:谈谈把握"戏剧性"问题

戏,人人能看。但要把戏看懂,并不容易。因为戏剧品类繁多,按体裁可分话剧、歌剧、歌舞剧、舞剧等;按审美特征则可分悲剧、喜剧、悲喜剧(又称正剧、严肃剧)。而不同民族、地域,又有各自不同的剧种,它和各种品类划分,形成交叉关系。同一品类同一剧种在不同表演流派手中,又表现为不同的风格。戏剧实在是一个广大而又异彩纷呈的世界。要想看懂所有的戏,难矣哉!

然而,把戏大体看懂,却是办得到的。俗话说:"会看的看门道,不会看的看热闹。"各色各样的戏剧,总会有艺术上的共同点,把握这个"门道",也就有了开启戏剧欣赏之门的钥匙了。

---

[1] 京剧会不会消亡:与戏曲史家张庚一席谈[N].新民晚报,1985-05-04.

这个共同点,就是戏剧的戏剧性。戏剧以表演为中心,在约3个小时的戏剧时间里,戏剧表演要想抓住观众、打动观众,就得凭有"戏",这个"有戏""没戏"的"戏",用戏剧学的术语,就叫戏剧性。

　　戏剧性一般主要由三个因素构成,即戏剧动作、戏剧冲突和戏剧情境。这都属于戏剧的传达手段,它们是为内容服务的。我们说把握戏剧性,不仅要弄清楚这些因素的确切含义,能同戏剧演出对上号,更重要的是要通过这些因素去把握戏剧的内容。概括说来有三点:① 通过戏剧动作去发现人物性格;② 通过戏剧冲突去领会戏剧的思想倾向;③ 通过戏剧情境去感受剧中的情绪气氛。

　　先说第一点。一提戏剧动作,人们往往会首先想到演员表演时的外部形体动作。其实,它包括的内容很广,有形体动作、语言动作和内心动作。这三样都由人物性格所派生,并且相互关联。单纯的形体动作,哪怕再眼花缭乱,如果不能表现性格,不和内心动作相联系,那就和体操、杂技动作相差不多,就不能构成戏剧性。《哈姆雷特》终场时有斗剑的动作,但它的动作过程隐蔽着人物微妙的内心活动,所以尽管击剑技术水平远远不如体育上的击剑比赛,人们还是百看不厌。戏剧的台词(包括对话、独白与旁白)用来表现人物的内心活动,带有明确的目的指向性,因而也是一种戏剧动作。尤其是对话,它以各自的见解、情感来影响对方,使双方关系得以发展,动作性很强。有的台词故意把目的指向性搞得比较隐蔽,称作潜台词。这类台词很含蓄,往往话中有话,戏中有戏,它的动作性更值得揣摩、玩味。内心动作,指的是人物内在的心理活动。成功的戏剧演出,都能把三种动作贯穿起来,形成表演动作的有机体系,人物性格便从中活脱脱地呈现出来。如昆曲《十五贯》"访鼠"一场,只有况钟、娄阿鼠两个人坐在一条长凳上做戏,却展开了复杂深刻的心理较量。况钟正气逼人反而装成游戏江湖的术士,娄阿鼠鬼鬼祟祟反而装成一本正经的好人。况在主动观察、试探,娄在被动防御、掩饰。况对娄采取的是猫逮老鼠般的一抓一放的办法,既步步紧逼务求探明真相,又极力稳住对方,免露私访痕迹。况借测字点出"一定是偷了人家的东西",娄突然被触及要害,露出惊慌;况马上又若无其事地说:"鼠,善于偷窃,所以才有这样的断法。"娄马上舒了一口气,一边说:"对的,老鼠是喜欢偷东西的。"一边手舞足蹈起来。待到况说出:"还有一说,那家人家可是姓尤?"娄大吃一惊,从凳子上翻落下去,马上又从凳下钻出头来,惊恐万状地探视,造成这场戏表演的高潮。在这场戏里,娄的形体动作是有意模仿老鼠,但又并不是一切鼠化,他是鼠,又是人,是一个有着老鼠那样机敏狡诈的特性的流氓。扮演娄阿鼠的王传淞曾经说到,从凳子上跌落的动作原来出现在"手舞足蹈"的时候,后来按照导演的意见改为听到"尤"字吃一惊才翻落下去,这就把内心动作和语言动作、形体动作三者结合得更为紧密,因此才成为最出"戏"的地方。可见,我们许多优秀的表演艺术家,是从表现人物的角度来讲究戏剧动作的完整性的。然而,我们有些观众却不懂得从表现人物的角度去欣赏戏剧动作,他们常常满足于形体动作的表面热闹和花哨,对游离于人物性格的紧张情节、没有任何心理内容的打斗,也一概看得津津有味,甚至沉醉其中,应该说,这是缺乏欣赏能力的表现。

再说戏剧冲突。戏剧冲突指的是剧中体现的矛盾、纠葛和斗争,包括人与人的冲突,人与自然的冲突,也包括同一人物内心的多种观念、愿望、情感的冲突。在一出戏里,冲突是产生动作的根源,动作则是冲突的直观表现,所以它是比动作更深一层的戏剧性因素。正如动作离不开性格那样,冲突也是由独特的人物性格引起的。冲突的发展又左右着冲突参与者的命运。我们正应该通过动作去追溯冲突;通过冲突的发展,去观察人物的命运;通过人物命运,去发现某出戏的思想倾向。在《罗密欧与朱丽叶》里,两个家族的世仇阻碍着一对年轻恋人的自由结合。他们的爱情如火一般炽热,如太阳一般明亮,但在家族封建势力的摧残下,这对年轻人双双殉情。这新生的爱情,就像一道明亮的流星,在黑暗的夜空耀眼地一闪,归于陨灭。这流星的陨灭,也是对暗夜的抗议。这种思想倾向,主要是通过戏剧的外在冲突,即性格与环境的冲突显示出来的。也还有另一类冲突,即性格的内在冲突,也能决定人物的命运。如《奥赛罗》里的主人公奥赛罗,他从酷爱妻子、敢于冲破社会压力追求自由幸福,到产生嫌隙猜忌,以致亲手将妻子杀死而自刎,心灵深处经历了一场猛烈的暴风雨。他的内心冲突表明,人文主义理想不能见容于新兴的资本主义社会。在《哈姆雷特》里,外在冲突和内在冲突得到了完满的结合。丹麦王子为父报仇的行动,遭到来自新国王的种种迫害,这是外部冲突。王子有"巨人的雄心",却只有"婴儿的意志",两者之间引起他内心的深刻斗争;新王醉心于攫取权力巩固王位,却又时时自遣自责,两人都有性格的内在冲突。冲突的结果,双方同归于尽,演成一场大悲剧。由于冲突的复杂性,带来了悲剧主题思想的复杂性。有人认为主要反映了人文主义者的进步性和软弱性,但也有人并不同意这一看法。不管怎样,由冲突入手分析戏剧思想倾向,仍是一个比较可行的办法。

最后谈谈戏剧情境。戏剧情境指的是能激起观众情感反应高潮的人物处境,它往往表现在比较集中的戏剧场面中。富于戏剧情境的戏剧场面,又被称为"必需场面",它最感人在全剧也最关紧要。因此有的剧作家写戏不是从头写起,而是从"必需场面"写起。如曹禺写《雷雨》最先写的就是第三幕周萍和四凤推窗子一段，再就是第一幕繁漪吃药那一段。这类场面演出时，也最易造成剧场效果。老舍的《茶馆》终场时"撒纸钱"的场面就是如此。常四爷、秦仲义、王利发这三位曾经奋斗过、梦想过、挣扎过的老友，现在都已风烛残年，而且被生活逼到走投无路的绝境。老友相见，互吐心曲，共同回忆着、咀嚼着他们一生的痛苦，抒发着内心的愤懑，触到最伤心之处，忍不住发出撕裂人心的惨笑。面对着即将来临的"没有寿衣、没有棺材"的结局，他们只好借捡来的纸钱"祭奠祭奠自己"，于是三位老人，迈着缓慢的步子，照着北京"老年间出殡的规矩"在台上撒起纸钱来。这时，场内长时间笼罩着沉重的悲哀，这是三位老人的自悼自吊，也是对黑暗的旧时代——清王朝、北洋军阀和国民党反动统治下的黑暗时代的控诉和诅咒。他们预先在给自己送葬，也是给吞噬了他们的反动统治者送葬，全剧的情感脉流，汇集在这个场面，通过满台飞舞着的纸钱传给了观众。

西方流行的某些现代派戏剧，没有连贯的故事情节，没有明显的冲突，连对话也显得语无伦次，但有一定的戏剧情境。如荒诞派戏剧代表作、贝克特的《等待戈多》，就是把人们处在"永无希望的等待"的境遇时的心情戏剧化了。人们明知等待的虚妄，还是不得不继续等待。因为除了等待，他们的生活便毫无意义。但"戈多"是谁呢？这个没有出场的"戈多"，在一个失恋的青年心目中，便是那已经无法挽回但不忍失去的爱情；在一个无立锥之地的阿尔及利亚农民的心目中，便是那许诺已久但却一直未曾实现的土地改革。荒诞派戏剧提供的，是一种诗的意象和隐喻，观众可以按照自己的经验来诠释它。它没有事实的真实，却有心理上、情绪上的真实。荒诞派戏剧出现之初，曾遭到过猛烈的抨击。但1969年，《等待戈多》的作者贝克特获得了诺贝尔文学奖。在授奖仪式上，人们把他的创作与希腊悲剧相提并论，说它们"具有希腊悲剧的净化作用"。这虽不免是溢美之词，但肯定荒诞派戏剧有陶冶情感的作用，肯定它有戏剧情境可言，却是符合实际的。荒诞派戏剧绝不是简单的"胡闹"。

除了戏剧动作、戏剧冲突、戏剧情境，戏剧性还涉及其他有关问题，如悲剧、喜剧、悲喜剧在冲突构成和美感形态上的特点，各种戏剧体裁及其表现手法、表现技巧上的特点等，这些问题或过于琐细，或有关章节已经涉及，这里不再赘述。

把握戏剧性，把戏看懂，不只是理论修养问题，也是一个审美实践问题。"操千曲而后晓声，观千剑而后识器。"要真正把戏看懂，还得多看、多想，靠在反复欣赏中积累经验。在一个用心的、肯动脑筋的观众面前，什么戏都是可看懂的。

下编

美学要籍导读

第十章　康德美学导引

第一节　为什么必须读康德

康德(Immanuel Kant,1724—1804),书斋式学者的典型,"生平=著作"。康德美学,承前启后,晦奥艰深,自来号称难治。但对学美学的人来说,又非读不可。朱光潜《西方美学史》中提到:"在西方美学经典著作中没有哪一部比《判断力批判》显示出更多的矛盾,也没有哪一部比它更富于启发性。不理解康德,就不可能理解近代西方美学的发展。"①康德,总结了18世纪欧陆理性主义与英国经验主义,揭举德国古典美学大旗,开启西方现代美学潮流。

最近我为朱志荣的《康德美学思想研究》所写的书评里提到:

> 康德美学始终是横在西方美学殿堂入口的一道雄关,只有下决心闯过这道关口,才有登堂入室的希望②。

为什么这样说呢? 有以下三方面的理由:

① 康德美学第一次提供了美学学科的独立体系;

② 康德美学是西方美学史承前启后的枢纽;

③ 康德美学深刻地影响着百年中国美学。

---

① 朱光潜.西方美学史:下卷[M].北京:人民文学出版社,1979:396-397.

② 汪裕雄.探寻康德的美学心路:读朱志荣的《康德美学思想研究》[J].江淮论坛,1999(6):109.

以下将逐一说明这三方面理由。

一、康德美学第一次提供了美学学科的独立体系

学科形态的美学,是德国莱布尼茨-沃尔夫学派的哲学家鲍姆嘉通创立的。他认为,人类心理既分为知、情、意三方面,哲学分类应有相应的三部分。研究知性(或理性认识)的有逻辑学,研究意志的有伦理学,研究情感的应有相应的独立的学科。1750年,他出版《美学》第一卷,1758年出版第二卷。以"Ästhetik"为一门新学科命名,从字源上看,是古希腊语"感性学"之义。鲍姆嘉通也因此获得"美学之父"的美称。其实"Ästhetik"一词应译为"审美学"。

但鲍氏只为美学求得独立地位,却未建立独立的理论体系,有一定的局限性。照鲍氏的看法,美学是感性学,美学是"初级认识论"。感性有两方面的意义,一方面是指感性直观,是认识的初级形式;另一方面,指的是人的感性欲求、意欲,作为行为动力,属于意志。鲍氏把感性放在认识论范围考察,感性两义未能展开。

从感性两义看,作为感性学的美学不能单单归结为认识论。美学既关乎认识论(感性直观),又关乎价值论(意欲的满足)。这后一方面,自柏拉图即已提出,未受重视。美学产生在感性直观与情感满足的结合点上,中国人常讲情景交融,正得审美之实。

鲍氏认为"美是感性认识的完善(完满)",这种完善的感性认识,体现在艺术中。艺术摹仿自然,但并非感性事物的简单再现,而要通过想象和灵感,表现自然事物的"可然性",这种"可然性"即艺术里的"真",它通向理性,又不同于逻辑理性。后者研究高级认识,前者研究初级认识。他把美学当成逻辑学的姊妹来看待,建立美学学科的重要性也就在此。因而,也为美学争得了独立的与逻辑学并驾齐驱的地位。因为他的《美学》是用拉丁语写就的,故影响颇小。鲍氏把美学称为"自由艺术的理论",所谓"自由艺术",英文译作"Fine Art",中文译作"美的艺术、纯艺术",在20世纪二三十年代被译为"美术",指专供鉴赏的艺术,即今日的严肃艺术或高雅艺术。

鲍氏对美学有三大贡献:一是为美学学科命名;二是为美学确定了研究的主要对象和范围——艺术和艺术美;三是重视审美能力的研究。

鲍氏是沃尔夫的弟子,沃尔夫对美有个规定,他认为,"美在于一件事物的完

善,只要那件事物易于凭它的完善足以引起我们的快感"① 就是美的。所谓"完善",即该事物能满足自身概念的要求。他的要点就是事物的个别能充分显现出它种属的一般特征,它就是美的。这种说法很近似于蔡仪的"美是典型"的说法,但是这观点有问题,个别如何能满足和代表一般?所以,鲍氏不满足于这种客观的"完善"论,而转向主观方面,即感性认识能力的"完善"。因此,他把对美的客体研究转移到对审美主体的审美能力的研究。这便开辟了从美感去研究美的新路向,康德美学就是从能力(审美判断力)入手去研究美学的。

但鲍氏美学有致命的缺陷,那就是他把感性的完善归结为艺术的想象和灵感,而力图去寻求想象和灵感的逻辑。事实上,想象和灵感是没有逻辑学意义上的逻辑可循的,所以,正如卡西尔在《人论》中所指出,鲍氏所做的只是知识的"'低级的'感性部分的一种分析",它还不能保证艺术有一种"它自己的独立价值"②。也如卡西尔所指出,只有到了康德的《判断力批判》才"第一次清晰而令人信服地证明了艺术的自主性"③。其实,康德还把美学研究的对象和范围从艺术扩展到整体的自然(nature),还充分论证了审美和认识、审美和伦理之间的区别和联系,使美学真正取得了与(逻辑)认识论、(道德)伦理学鼎足而三的独立地位("三分天下有其一")。所以在西方,美学的完整理论体系是康德创立的。

康德美学体系有以下两个根本特点:

(1)从深寓辩证法的"三分"中肯定了审美的桥梁作用。

康德以前的德国理性主义哲学(以莱布尼茨–沃尔夫学派为代表),采取分析的两分法:①认识(知)—实践(有"实用"之义,表现为外部行为),相当于中国传统哲学的"知—行"关系;②自然—自由(自然充满必然性,有自身的规律;"自由"则充满人的自主性);③知性—理性(知性掌握自然,理性掌握自由)。

康德发现了情感在认识与意志之间的中介作用,用以情感判断为特点的审美能力(判断力)作为联结认识与实践、自然与自由、知性与理性的桥梁,把原来分析的两分法,改为综合统一的三分法:

　　　认识—情感—意志(欲求、行动)

　　　自然—艺术—自由

　　　知性—判断力—理性

① 沃尔夫.经验的心理学[M].朱光潜,译//北京大学哲学系美学教研室.西方美学家论美和美感.北京:商务印书馆,1980:88.

② 卡西尔.人论[M].甘阳,译.上海:上海译文出版社,1985:175-176.

③ 卡西尔.人论[M].甘阳,译.上海:上海译文出版社,1985:175.

合规律—合目的—最终目的

康德的工作,在于既将三者做出区分,又将三者的联结和过渡做了细致的分析与论证。康德更提出,美学是哲学的入门。康德把美学置于批判哲学的网络中,使美学与知识论、伦理学的区别与联系充分展开,取得空前的理论深度和广度。

(2) 康德着眼于"整体人"的考察。

他不是一味将人的心灵能力割开来考察,而是有分析又有综合,力求探明人的整体心灵能力。这种考察,就个体人来说,是对人性结构(人之所以为人)的分析,就族类来说,是对人类主体性的确认。

康德要解决的问题是

我能知道什么?(形而上学)

我应当做什么?(道德)

我可以希望什么?(宗教)

最终归结为

人是什么?

他的《纯粹理性批判》《实践理性批判》《判断力判断》三大批判,分别回答前面三个问题,而三大批判都指向最后一个问题——"人是什么",即"人类学"问题。人类学,即"Anthropologie"(英、德同),是由两个希腊词组成,即"anthropos(人)+logos(学说)=关于人的学说",译为"人本学""人类学",也译"人学"。这个问题是全部康德哲学的出发点和归宿。康德写完三大批判后,出版过一部《实用人类学》(1798年出版于哥尼斯堡),他曾说《实用人类学》是三大批判的导言,但历来学者并不重视此书。到20世纪30年代,经过一批新康德主义者的努力(例如卡西尔,他的《人论》值得研读)才探明人类学立场原是康德哲学的基本立场,康德哲学是着眼于人,为了人,为了建构人性和人类主体性,要为"人之所以为人""怎样才配做一个人"做出论证。所以,李泽厚通过对康德哲学的诠释,提出要建立人类学本体论,其基本论题是如何树立人类主体性,这是符合20世纪康德研究的学术走向的。(《哲学探寻录》)

二、康德美学是西方美学史承前启后的枢纽

日本的安培能成在《康德的实践哲学》(1924年)中说：康德"在近代哲学上恰似一个处于贮水池地位的人……康德以前的哲学概皆流向康德，而康德以后的哲学又是从康德这里流出的"①。这个比拟适合于康德哲学，也适合于康德美学。

（一）康德美学创造性地综合经验主义和理性主义两派美学理论

大家知道，西方人文哲学的兴起是在文艺复兴时期。当时的人文主义者以复兴希腊罗马文化为旗号，提倡人权，反对神权，提倡个性自由，反对宗教蒙昧。但西方文化真正摆脱神学阴影出现理论自觉，还要等到18世纪启蒙主义的兴起。启蒙主义的中心是英国、法国和德国，它们各自秉承了欧陆理性主义（法国的笛卡尔和德国的莱布尼茨、沃尔夫）和英伦的经验主义（培根、洛克）传统。理性主义强调人有天生的理性能力，凭此可把自己的感觉材料加以规范，离开了理性就无所谓认识。英国继承的则是以培根和洛克为代表的经验主义传统。由此，在美学上演变形成了理性主义美学和经验主义美学两个不同的派别。

英国经验主义美学，以夏夫兹博里(Shaftesburg，1671—1713)、休谟(Hume，1711—1776)、博克(Burke，1929—1797)为代表，在美学上强调对美感作经验描述，在哲学上强调感性经验是认识的基础，在审美能力上强调联想主义，重视同情的想象（"同情"就是设身处地）及情感上的快乐论（美感即情感上的快乐感）。他们还强调审美判断是情感判断，而人之所以能作情感判断是因为人自有一定心理结构（或称"内在感官"），内在心理结构与外在物结构对应时产生快感。但这个心理结构究竟为何物，他们并不做哲学上的深究，所以不能回答言人人殊的情感判断何以具有普遍性和必然性的问题（这个问题要留待康德解决）。休谟认为，审美能力通过联想成为习惯，审美习惯中寓含标准——习惯性、经验性标准，主体依靠经验来判断，但不具备普遍性；夏氏试图以"内在感官"评审审美的必然性，但在情感领域，他未将美感与道德感做出分疏，他认为内在感官＝理性＝善根（人与生俱来的道德感和是非感），实际上是用道德必然性代替了审美必然性，审美被道德吞并了。

德国理性主义美学，以莱布尼茨-沃尔夫学派为代表，以"完善"的概念解说

---

① 安倍能成.康德实践哲学[M].于凤梧，王宏文，译.福州：福建人民出版社，1984：3.

审美判断的必然性。沃尔夫称"美是事物的完善",鲍姆嘉通称"美是感性认识的完善",都强调它们符合理性、符合目的。莱布尼茨主张世界好比一架钟,其中部分与部分、部分与整体和谐一致,上帝便是做出这一"前定和谐"的钟表匠。部分以整体为目的,个别事物之所以是美的,是因为它完满地体现了总体的和谐,即"寓杂多于整一"的原则。这种和谐在哲学上只能称之为神学"目的论"。这个思想也被鲍姆嘉通承续下来,他将这个"完满"的和谐,"前定的和谐",从(个别)客体事物移到主体能力方面来,宣称主体审美能力也指向这种"前定和谐"。

康德将英国经验主义美学和德国理性主义美学做了创造性的综合。就是说,他认为美离不开美感经验,但这种经验性的情感又是必然具有普遍性的,这种必然性不能像以前的理性主义者那样用"前定和谐"即神学的"目的论"来解释,而应该用另一种目的论来解释。为此,康德提出了两大命题:

"美是无目的的合目的性形式"(吸取并纠正沃尔夫学派)

"美是道德的象征"(吸取并纠正夏夫兹博里经验论)

他用这两个命题综合经验主义、理性主义两派美学,既吸取了它们各自的优点又纠正了它们的失误。也就是说,他重视美感经验,也重视审美判断的必然性,纠正了经验主义只讲经验不谈必然性、理性主义忽视经验一味从神学目的论来解释审美必然性的各自缺陷,这便吸取了欧洲整个启蒙主义美学的优秀成果,实际上综合了古希腊美学、文艺复兴美学和启蒙主义美学的各自优点。这被许多人看成调和折中,实际上是表现了学术上兼收并蓄的健全眼光、健全心态。现代西方美学由于其长于分析的传统,而只具片面真理性,我们不能搞新的独断论(教条主义),而要学康德,看它们适于哪一个范围,在何种层次下有用,然后拿来作有效的综合,而不是搞一个杂拌。

(二)康德美学滋养着至今为止的西方美学

黑格尔认为康德美学是整个德国古典美学的出发点:"对于了解艺术美的真实概念,康德的学说确是一个出发点。"① 而德国古典美学(包括歌德、席勒、黑格尔)又是西方近代美学的滥觞。宗白华在《判断力批判》上卷附录《康德美学原理评述》中说:"康德第一个替近代西方哲学建立了一个美学体系,这个体系又发生了极大的影响,一直影响到今天的西方美学。"②

---

① 黑格尔.美学:第1卷[M].朱光潜,译.北京:商务印书馆,1979:76.

② 宗白华.康德美学思想评述[M]//美学散步.上海:上海人民出版社,1981:226.

康德美学从它诞生(1790年)时起,就深刻影响着整个西方美学的历史进程,这个问题可从三方面考虑。

(1)狭义来看,20世纪初,狄尔泰、卡西尔等创解释学、符号哲学,20世纪后半期出现伽达默尔的解释学美学,又派生出接受美学(姚斯、伊瑟尔),中期成为符号学美学(以艺术为情感符号),这些美学派别与康德美学均有直接的渊源关系。

(2)广义来看,影响更深远。如德国当代学者施太格缪勒《当代哲学主流》中有言:"即使是对康德哲学持论战态度的学说,也采用了康德的某些对问题的提法,并且是建立在康德思想之上的。"①美学上也同样如此。如叔本华在19世纪初,从右的方面(即从彻底的主观一元论方面)发挥康德思想,提出唯意志论。主张取消康德的"自在之物",认为"世界就是我的表象",人应张扬自己意志的力量,康德的"自由意志"是道德良心,自由人格的表征。叔本华的《作为意志与表象的世界》(1818年)片面张扬康德的自由意志论,在20世纪初大大激发了尼采的灵感,使唯意志论变本加厉。②这个思想和后来的现象学、存在主义等流派,都有剪不断的千丝万缕的联系(人文主义、科学主义两分,其中人文主义几乎都受康德影响)。叔本华对康德这个哲学天才,推崇备至,认为其作品"对整个人类"有"直指人心"的作用。叔本华坦承其"直接上接着他(康德)"的。《作为意志与表象的世界》尽管内容上与康德思想是如此不同,但"显然是彻底在康德思想路线的影响之下,是必然以之为前提,由此而出的。"

(3)自1876年费希纳提出"自下而上"的美学转向之后,现代美学一直以美感经验为中心,康德美学虽然属于"自上而下",但他以审美能力(判断力)为研究中心,他的"美的分析"实为美感经验的哲学分析,"崇高的分析"即崇高感的哲学分析。康德不愧为美感哲学分析的理论巨人。

朱光潜认为,所谓美感经验,在西方历来有两项含义:

一是审美能力(the sense of beauty);二是审美情感(the aesthetic feeling)。

在两者中,前者是因,后者是果,前者研究清楚了,后者就迎刃而解。而审美能力的研究涉及人的本性和全部心理结构,光作经验描述是无法得其要领的,需要借助哲学的假说和理论推演。在这方面康德对判断力的哲学分析所提出的若干方法论原则,至今仍影响着西方现代美学。可以说,"自下而上"的研究,如果

① 施太格缪勒.当代哲学主流:上卷[M].王炳文,燕宏远,张金言,等译.北京:商务印书馆,1986:17.

② 叔本华.作为意志与表象的世界·康德哲学批判[M].石冲白,译.北京:商务印书馆,1982.

不陷于"只下不上",不流为肤浅琐细的经验描述,就非得承接康德不可。

最后,康德美学为德国古典美学建立了基本"范式"。歌德、席勒、黑格尔都受康德影响。席勒1793—1794年完成其《审美教育书简》,在第一封信中,他坦承信中的绝大部分命题是基于康德的各项原则,他是作为一个"康德主义"者在说话的。席勒认为人有感性冲动和形式冲动,感性冲动出于人的自然存在,其对象是人的生活,即呈现于感官的全部物质存在;形式冲动出于人的绝对存在或理性本质,其对象是形象即事物的形式及其对人类思考力的关系。两者在近代被分裂被隔离,使天下无完人,无完整人格。游戏冲动出于人的审美的创造冲动,游戏通过想象而求得自由,其对象是活的形象,即最广义的美。摆脱感性冲动受动性、形式冲动的强制性,使对象成为"自由的形式"。席勒说:只有当人充分是人的时候,人才游戏;而且只有在游戏的时候,他才是完全的人。通过自由去给予自由,这就是审美王国的基本法律。

(三)康德美学对百年中国美学的深刻影响[①]

1. 王国维(1877—1927)

王国维1901年留日,仅四五个月便于1902年夏回国进行自学,以"人生问题,日往复于吾前"而耽玩哲学;1903年起读康德《纯粹理性批判》,苦不可解,转学叔本华;1905年复读康德兼及于伦理学与美学,至1907年做第四次研究,写成《人间词话》,并作《汗德象赞》:

> 笃生哲人,凯尼之堡,息彼众喙,示我大道。
> 观外于空,观内于时⋯⋯
> 谷可如陵,山可为薮。万岁千秋,公名不朽。
> (按:笃生,生而得天独厚。息彼众喙,承前启后。)

王国维由康德接引而转向叔本华,又因发现康德、叔本华哲学之可爱者与可信者之矛盾,于1907年(30岁)后转向文学。

2. 蔡元培(1868—1940)

长期旅欧,深受康德启示,对德国古典哲学有深入研究,以审美为"实体界"

---

① 杨平.康德美学在现代中国[J].人大复印资料《美学》,2002(7);杨平.康德与中国现代美学思想[M].上海:东方出版社,2002.

（本体界）与现象界之"津梁"，审美能使人摆脱私人利害而建构完全人格，提出"以美育代宗教"的口号。

蔡元培曾留学德国（1808—1911年在莱比锡大学学习哲学）并"详细研读康德著作"。其谓康德美学有云："康德之基本问题，非曰何者为美学之物（'美学'当作'审美'解），乃曰美学之断定何以能成立也。美学之断定，发端于主观快与不快之感……美学之断定，为一种表象与感情之结合，故为综合断定。"①

3. 宗白华（1897—1986）

笔者曾特别提出，宗白华深受以歌德为代表的德国浪漫主义美学影响②。而歌德与康德在美学上有相通之处。歌德十分推崇康德和他的《判断力批判》，认为在德国近代哲学家中，最高明的是康德，并说："只有他的学说还在发生作用，而且深深渗透到我们德国文化里。"他建议爱克曼若读康德哲学，就要读他的《判断力批判》。歌德晚年提出自然与艺术的观点（"第二自然"，与自然争强），深受康德启发。

《歌德谈话录》谈到歌德与席勒关于康德的一段议论，席勒劝歌德不必读康德，说读了没有用。歌德说，我看他在认真读康德，所以也读起来，读了觉得并非没用。歌德曾为《判断力批判》一书的出版欣然叫好③。他在1792年写道：

> 康德想要表明的是，"必须把艺术作品当作自然产品来对待，并把自然产品当作艺术作品来对待，各自价值必须从它本身去评估，根据它本身的情况来对待"④。

4. 朱光潜（1897—1986）

素来自称克罗齐主义者，但晚年在《谈美书简》中则称：

> 大家都知道，我过去是意大利美学家克罗齐的忠实信徒，可能还不知道对康德的信仰坚定了我对克罗齐的信仰。⑤

---

① 高叔平.蔡元培美育论集[M].长沙:湖南教育出版社,1987:36-37.
② 汪裕雄.艺境无涯:宗白华美学思想臆解[M].合肥:安徽教育出版社,2002:196-203.
③ 爱克曼.歌德谈话录[M].朱光潜,译.北京:人民文学出版社,1978:131.
④ 艾布拉姆斯.镜与灯:浪漫主义文论及批评传统[M].郦稚牛,张照进,童庆生,等译.北京:北京大学出版社,1989:325.
⑤ 朱光潜.谈美书简[M].上海:上海文艺出版社,1980:28-29.

朱光潜的《文艺心理学》吸收了西方的"直觉说""移情说"和"距离说",并将三者整合在一起。他在《文艺心理学》中将审美规定为"无所为而为的观照",就是引自康德之语。原文应是"无关功利的观照"(contemplation),翻译成"无所为而为",是化用老子"无为而无不为",恰好点出康德关于审美"无目的的合目的性"的要义。这一点恰是朱光潜引进三说,使之相互联成一体的关键处。

5. 李泽厚(1930—2021)

在"文革"后期即重读康德,他曾自称写《批判哲学的批判》是为了"略抒愤懑",但他用马克思的实践观点破拆康德的先验主体性,主张在实践观点基础上研究人性(心理结构)和人的主体性(人格理想)问题。这个思路在我看是合理的。

李泽厚此后还写了《康德哲学和主体性论纲》,认为:对个体是先验的东西,对人类种族而言则是在不断的实践中总结出来的,譬如5+7=12。最近,他又提出"社会性道德"和"宗教性道德"的问题,也是对康德的发挥(康德《道德的形而上学基础》将道德分为普通的道德判断和哲学的道德判断)①。社会性道德是讲现实的道德规范(公德),宗教性道德是讲自觉的道德自律(私德)。将道德规范、道德理想化为自身血肉(将道德化为信仰),不论什么情况下,坚守节操而永不变更。这也是很现实、很深刻的问题。

由此看来,中国美学从起点上中经朱光潜、宗白华跨越半个世纪,到李泽厚,百年影响十分深刻,这是抹也抹不掉的影响。研究和学习康德美学,可以更好地把握中国百年美学和它在21世纪的走向。

三、怎样学习康德美学

(一)下定决心,硬读原著

要抱下地狱的决心。(杨祖陶语)

康德为"晦涩哲人",其著作德国人也嫌艰晦。叔本华称康德文体的特征是具有"辉煌的枯燥性"②。康德学说为矛盾体、网状体。

---

① 华特生.康德哲学原著选读[M].韦卓民,译.北京:商务印书馆,1963:197.
② 叔本华.作为意志与表象的世界[M].石冲白,译.北京:商务印书馆,1982:583.

（二）把握整体

把握整体，欲求了解第三"批判"，得大致了解一、二批判。

李泽厚说："康德是句子似可懂，思路难捕捉；黑格尔是句子似难解，思路颇清晰。"

（三）厘清术语（理解含义，确定范围）

若要弄清康德基本术语及中文译法，可参看庞景仁和杨祖陶材料。

（四）理解三组术语

1. 判断、分析判断、综合判断、先天综合判断

（1）知识即判断。孤立的概念不能构成知识，需要概念与概念发生关系，构成S（主项）和P（谓项）两者的肯定或否定关系即形成判断才能构成知识。

（2）分析判断。从S中分析P，S中原含有P，"这黑板是黑的"。S与P陈述同一事实，不能增加知识。

（3）综合判断。主项和谓项互不相含摄。"这黑板是一种教具。"不是一切黑色的板都是教具，也不是一切教具都是黑板，互不含摄，将黑板这类事物纳入更大范围加以肯定，就为两概念各自增添了新东西，故能提供知识。

但综合判断不一定能提供可靠的知识，不能确保判断普遍有效，具有必然性。如"今天天气很热"，"天气"和"热"也构成综合判断，但这只是一种经验性描述，没有普遍有效性。从空间说，今天你这里天气热，别的地方不一定如此，赤道附近居民会认为这里气温根本不算热。从时间说，可能明天天气会冷。

（4）先天综合判断。要构成可靠的知识就应该是"放之四海而皆准，行之万世而不惑"的判断，例如铁受热会膨胀，那是不论在什么时空条件下都会普遍有效的。这种真正科学的知识应该建立在先天理性基础之上，符合先天的原则。康德哲学就是为认识、伦理、审美各领域的判断找寻这些先天原则，用先验的概念、范畴、原理来规范经验事实，使其判断具有普遍有效性和必然性。审美判断是情感判断，其宾词愉快、美等，也不是由对象自身分析出来的。它是主观评价，但又有普遍有效性和必然性。

2. 判断力、规定判断力、反思判断力

"判断力"是指把特殊与普遍联结起来加以判断的能力。康德将判断力分为两种：

（1）规定判断力。指人们掌握了一般规律之后，将某一特殊事物置于普遍（一般）规律之下，从而判断某一事物从属于某种一般规律。简单说，即从一般出发，去包摄特殊与个别，这属于知识和科学的判断力，即我们常说的逻辑判断力，所以又译为"决定判断力"或"定性判断力"。在这里，一般规律是既定的，"先在"的，这个"先在"是指逻辑上的"先"，而不是时间上的"先"。在实际判断中，从时间上说，可以是同时出现的。

（2）反思判断力。指从特殊出发，去寻求普遍性的东西。这里的普遍性，不是现成的规律，而是从特殊事物中另行发现的普遍性。

康德把这种发现过程，称之为内在的合目的性的活动，就是从合目的性方面去寻求个别事物引起主观上的普遍态度，如愉快或不愉快。这是一种对个别事物表示主观态度的情感判断。实际上，反思判断是一种价值判断。反思判断又分为审美判断力、目的论判断力两种，《判断力批判》依此分为上下卷。

正如康德将辩证逻辑纳入形式逻辑框架来论析，他把价值也纳入以认识论为基础的形而上学框架来论析。价值论在西方出现很晚，价值原是经济学概念，但作为价值哲学（Axiologe）出现于1902年，并由法国哲学家拉皮埃（P.Lapei，1869—1927）提出，1903年由德国哲学家哈特曼（Hartmann，1842—1966）采用。至20世纪中期，把人文学科称为价值科学，由多种价值形式组成体系。

（3）目的论、合目的性、主观合目的性和客观合目的性。

目的论（Telos＋Logos＝Teleòlogy）问题最早是古希腊学者提出的，指按照某种结果或目的来解释事物的学说。由亚里士多德在《形而上学》一书提出，他说事物发展变化的原因有四：质料因、形式因、动力因和目的因。目的，应是人的行为的预设目标、意图。所以，研究人的道德是要讲目的论的。但亚氏在《物理学》卷二中认为"既然人的技术产物有目的，自然的产物也应该有目的"，所以后来推广到探究宇宙万物的终极目的、终极原因。那么，自然究竟有没有目的？中世纪神学哲学认为自然是有目的的，因为自然和整个宇宙是神创造的，而神创造任何一物，都规定了各自的目的，如植物之存在，是为了食肉动物。各自以目的和手段的联结组成宇宙的秩序与和谐，这就是"前定和谐"论。康德不赞同神学目的论，认为自然万物自身并无目的，但自然万物又构成一个有机系统，全体与

部分、部分与部分互为目的和手段。人与地球,是地球选择人还是人选择地球?一棵树,根干以树叶为目的,还是树叶以根干为目的? 一个人脑袋以生长头发为目的,还是头发以保护脑袋为目的? 康德认为,只能是互为目的与手段。事事物物,彼此间互为目的和手段,以此结成有机整体,这种情形像是有目的、有意图安排的,为了把握这样一个有机的活的系统,我们可以认为自然客观上是符合某种目的的,即认为自然似乎好像有目的,我们应如此这般去看待和研究它。所以,"合目的性"的目的,是一种人的理性自行设定的目的,是"象似"目的的目的。这种自然的"合目的性",康德认为是客观合目的性。他的"目的论判断力批判",讲的就是自然这种客观合目的性。

还有一种主观合目的性,康德认为属于审美。人的审美活动是没有主观目的的,审美就是为了审美,不为别的什么,正像儿童游戏就是为了好玩,在游戏中陶醉,为游戏而游戏。但它又是符合目的的,符合人的心理功能的协调活动,这是一种符合主体心理功能的主观合目的性,对象以其形式引起主体心理多种功能的和谐活动,所以又叫形式的合目的性。

两种"合目的性"都是无目的的,就自然说,没有客观目的;就审美说,没有主观目的。但自然和审美都符合某种目的,都有"合目的性",所以康德常说"无目的的合目的性"。

把康德这些主要术语大致含义区别清楚,我们就可以进而去阅读解康德美学了。

四、"著作即生平"

康德的生平非常单纯,海涅说,康德的著作就是他的生平。

他生于1724年,死于1804年,活了整整八十岁。终生未娶,没有后嗣,一辈子未离开家乡哥尼斯堡(现加里宁格勒),1740年入哥尼斯堡大学,毕业后任家庭教师九年,1755年(三十一岁)以《论火》获硕士学位,发表《宇宙发展史概论》(《自然通史和天体论》)论证银河系的存在,提出星云说,得到讲师学衔(学位),开始在母校任讲师。

康德1770年(四十六岁)提升为教授(经3次申请始得)。同时代的谢林(1775—1854),二十三岁即为教授;黑格尔(1770—1831)大学毕业,当过长时期家庭教师,于三十一岁谋得教授职衔,而且借助于谢林之力。康德于1797年退休,从教四十一年,著作共四十多种,退休后所写《实用人类学》是其绝笔之作。

他生活单调,一辈子的单身汉,每天的生活就是教学、写作。他每天下午3点30分外出散步,他所住的哥尼斯堡那条街的居民不用看钟,一见康德教授出门散步就知道3点30分到了。他一生都在不断学习、钻研、思考、创作,留给后人丰厚的精神遗产。他的理论和人格一致,他向往的境界是"位我上者灿烂的星空,道德律令在我心中"。人立于天地,上无愧于天,下无愧于地,中无愧于人。不把他人作为工具,把人当作目的,尊重他人也尊重自己,艰难困苦,在所不计,可称为大写的"人"。

五、康德美学研读书目

(一) 主读书目

(1) "宗译本"《判断力批判》^①,可以参照《康德哲学原著选读》^②阅读。

(2) "邓译本"《判断力批判》^③。

(3)《康德三大批判精粹》^④。

(二) 参读书目

(1)《德国古典美学》^⑤"二、康德"。

(2)《批判哲学的批判》^⑥"第十章 美学与目的论"。

(3)《西方美学通史》(第四卷)^⑦。

(4)《康德》^⑧"第七章 美学"。

(5)《冥河的摆渡者:康德的〈判断力批判〉》^⑨紧扣原文阐发其思想,很有用。

---

① 康德.判断力批判:上卷[M].宗白华,译.北京:商务印书馆,2000.康德.判断力批判:下卷[M].韦卓民,译.北京:商务印书馆,2000.

② 华特生.康德哲学原著选读[M].韦卓民,译.武汉:华中师范大学出版社,2000.

③ 康德.判断力批判[M].邓晓芒,译.北京:人民出版社,2002.

④ 杨祖陶,邓晓芒.康德三大批判精粹[M].北京:人民出版社,2001.

⑤ 蒋孔阳.德国古典美学[M].北京:商务印书馆,1980.

⑥ 李泽厚.批判哲学的批判:康德述评[M].天津:天津社会科学院出版社,2003.

⑦ 曹俊峰,朱立元,张玉能.西方美学通史:第4卷[M].上海:上海文艺出版社,1999.

⑧ 阿斯穆斯.康德[M].孙鼎国,译.北京:北京大学出版社,1987.

⑨ 邓晓芒.冥河的摆渡者:康德的《判断力批判》[M].昆明:云南人民出版社,1997.

（6）《康德美学思想研究》[①]。

（7）《西方美学史》[②]"第十二章　康德"。

（8）《康德哲学论述》[③]。

（三）康德哲学术语及其译名参考资料

（1）《任何一种能够作为科学出现的未来形而上学导论》[④]"译后记"。

（2）《康德〈纯粹理性批判〉指要》[⑤]。

第二节　康德的批判哲学和美学

康德从1770年以后，开始他思想发展的新时期。这一年，他在一篇申请教授的答辩论文《论感性世界和知性世界的形式和原则》（1769年构思写作）中提出感性、理性两分，要对理性（指知性）何以能认识这两个世界进行重新考察，开辟了批判哲学的新思路。

这篇教授就职论文粗线条地勾勒出新的认识论体系：

（1）事物区分为现象与物自体（本体），人类认识能力区分为感性（接受性能力）与知性（自发性能力）。

（2）感性认识的对象为现象：先天知识形式为时间、空间，对时间、空间的反省产生先验科学——数学；知性的先天知识形式为一般概念，凭借知性形式的逻辑运用对通过时空得到的知觉的加工改造，产生关于现象的必然的知识，即经验的自然科学。

（3）通过知性形式的实在运用，即用于物自体，产生与物自体相适合的知识，即形而上学这门先验科学。知性之所以能产生形而上学，是因为知性和事物本身都根源于上帝。[⑥]

① 朱志荣.康德美学思想研究[M].合肥:安徽人民出版社,1997.

② 朱光潜.西方美学史[M].北京:人民文学出版社,2001.

③ 黑格尔.康德哲学论述[M].贺麟,译.北京:商务印书馆,1962.

④ 康德.任何一种能够作为科学出现的未来形而上学导论[M].庞景仁,译.北京:商务印书馆,1997.

⑤ 杨祖陶,邓晓芒.康德《纯粹理性批判》指要[M].北京:人民出版社,2001.

⑥ 杨祖陶.康德黑格尔哲学研究[M].武汉:武汉大学出版社,2001:147.

这篇论文是《纯粹理性批判》的基础,拉开了批判哲学的序幕。史家将1770年前称康德前批判时期,将1770年后称康德批判哲学时期。将就职论文扩充为一部专著,康德原以为只要两年就可完成,孰料随着问题的深入,竟费时八九年之久。

当上教授后,康德沉默11年,艰苦卓绝,构思他的《纯粹理性批判》,并于1781年出版。接着一发而不可收,1788年出版《实践理性批判》,1790年出版《判断力判断》,完成了他的批判哲学体系,即所谓"三大批判",这时康德已64岁。

康德的三大批判是一个整体。按照康德的有机论(系统论)思想,整体大于部分之和,每一部分应是整体的分别显现,对于《判断力批判》,尤其如此。不大致了解康德批判哲学的总体系,就无法了解他的美学思想体系,也根本不可能读通《判断力批判》,尤其是它的"导论"。

"三大批判"形成过程:

1769—1770年发表论文《论感觉界和理智界的形式和原则》。1781年《纯粹理性批判》("第一批判")第一版出版,1787年第二版出版。1788年《实践理性批判》("第二批判")出版。1790年《判断力批判》("第三批判")出版。

围绕这个话题,以下做三点提示:

一、"第三批判",标志着批判哲学体系的完成

从三大批判的构思过程可以看出,"第三批判"的写作主要不是为了解决美学问题,而是为了建构批判哲学体系。就是说,康德是为了探寻人的整体心灵能力,为了全面建构人的主体性(逻辑、道德、审美),为了人学意义上的"整体的人"才去关心美学的。这样,我们就不能将"第三批判"的美学问题孤立起来就事论事,而要从人学整体视野来看待,这就能使我们理解其美学思路。从历史看,这对后世美学研究影响深远。

1781年,康德出版"第一批判"——《纯粹理性批判》,这部著作耗费了康德至少十一年的心血。他当教授后十一年中一直沉默,一直苦苦钻研,语不惊人死不休,"第一批判"用力最大,影响也最大,它一出版,便在欧洲引起巨大震动,因为它推翻了以莱布尼茨-沃尔夫学派为代表的旧的形而上学(独断论和自然神论)的统治,照海涅的说法,它在欧洲掀起了一场"精神革命"。康德自己也对此评价很高,声称是哲学上的"哥白尼革命"。但康德并未明确宣称自己进行了一场哲学上的"哥白尼革命",而只是把自己就哲学思维方式所做的"倒转"即由传

统的"知识依照对象"倒转为批判的"对象依照知识"(BXVI)(参见张汝伦的《康德的"哥白尼式的革命"辨》①一文)。但就比拟的意义,这样说也未尝不可,毕竟康德有这样的思路。马克思、恩格斯则称整个康德哲学为"法国革命的德国理论",即法国革命在德国哲学上的投影。康德的"第一批判"既打破了理性主义的独断论,又纠正了休谟的怀疑论(他认为因果关系没必然性,因果联系出于联想,出于心理习惯,规律是否存在、是否可知,值得怀疑)。康德通过先验感性论和先验逻辑范畴原理分析,使人的知性建立在经过论证的坚实基础之上,既使人得到可靠的科学知识,又能使人避免知性的误用,而免于犯错误。

7年后的1788年,康德出版"第二批判"——《实践理性批判》。"第二批判"讨论的是人的实践(广义实践——外部行为,实用活动)理性,回答"人应当做什么"的问题。实践理性与理论理性不一样,它作用于人的意志行为,不是科学知识能解决的。意志行动即自由行动,是指人因赋有理性而能自由地选择目的和采取相应的手段并使之得以实现这样一种行动(《实用人类学》)。意志自由是道德的必要条件和基础,而且就是道德本身。也就是说,自主自觉地确定目标和实现目标,自己为自己立法,"意志的主观准则任何时候都能同时被看作普遍立法的客观准则"(《道德形而上学奠基》)。康德认为实践理性优位于理论理性,道德优位于知识。目前,高科技犯罪和高科技迷信说明实践理性即道德理性是一种价值理性。它和理论理性一样有普遍、必然的先天原则,在各自领域为知识、道德立法,但前者指向自然的规律性,后者指向意志的自由;前者追求的目标是科学知识,后者追求的目标是道德的自律。

至于审美有没有自己的先天法则?审美作为一种情感判断,是否可确立它的普遍性和必然性?康德起初是怀疑的。《纯粹理性批判》1781年第一版的注(A21)中,他表示"审美判断不能从属于先天法则",认为审美只能是单纯经验性的,只属"所感知识",而非"所思知识",它是一种感性学说,就像前批判期写的《对美感和崇高感的观察》。所以,永远得不到指导审美的先天原则。这说明他完全赞同休谟等人经验主义的美学观。

1787年6月,《纯粹理性批判》第二版出版,康德修订了此注,将"得不到先天原则"改为"得不到确定的先天法则",说明他思想已发生微妙变化。他还在注中写道:美学可以和思辨哲学共用"感性批判"(aesthetic)"这个名称",部分在先验的意义上使用它,而部分在心理学的意义上使用它。这说明他原先赞同经验主义美学的看法已发生动摇,"审美判断力批判"的思想已胎动腹中。

---

① 张汝伦.含章集[M].上海:复旦大学出版社,2011:1-8.

1787年12月28日,他在致莱因霍尔德的信中,更进一步宣称,他已发现审美判断力的先天原则:"现在,我试图发现第二种能力(快乐与不快的感觉)的先天原则,虽然过去我曾认为,这种原则是不能发现的。"①"审美判断力批判"的思想业已成熟,先验哲学体系建构成功。

康德这个转变之所以发生,是因为他在《实践理性批判》的写作中,已经开始意识到需用"目的论"来解决审美问题。道德行为是有目的的。康德的"实践理性"论,实际上是一种"道德目的"论,而他发现,道德的最高境界即自由人格境界是通向审美的。他的《实践理性批判》的结论是以这样一段话开头的:

> 有两种东西,我们愈是经常不断地思考它们,它们就愈是使我们的心灵充满永远新鲜、日益强烈的赞叹与敬畏:位我上者灿烂的星空,道德律令在我心中。

在1804年2月12日康德辞世后,人们把"位我上者灿烂的星空,道德律令在我心中"这两句话作为墓志铭刻在他的墓碑上。沉痛悼念康德的人们,准确把握了康德哲学的精髓。"灿烂的星空",是与人相对立的大宇宙自然规律的象征,它茫茫无际、神奇奥妙,但人可以凭自己的知性,凭借不倦的探索,掌握它的必然律。虽说康德认为人只能掌握自然的现象,本体不可知,但它承认物自体(即自在之物)的存在,而且认定它是现象的基础,不是彻底的唯心论者(idealist),这是人向外的探索。这个探索,是庄严的责任,是无穷尽的使命。②在我心中的道德令是被掌握了的先天原则,人掌握道德律并化为自我立法、自由自决的选择,这就是自由意志[自由意志可以视为人的心灵本体,它通过信仰(体验)来接近宇宙本体]。这是指人这个小宇宙的人律,探求并树立这个人律,也许比探求自然律更为伟大、更为神奇。这是人对自身心灵的内向探索。将这两方面联结起来,那就是人与自然的和谐,整个宇宙的和谐。"灿烂的星空"是自然律在召唤人,"道德律令在我心中"是人律对自然的呼应,这是西方式的天人合一的理想,这是最高的道德境界,也是最高的审美境界。

怎样将两者联结?天人如何合一?康德重新审视审美。1787—1788年,即《实践理性批判》行将完稿前后,康德在目的论研究中有了新的突破。1788年1月,康德发表《论目的论原则在哲学中的运用》一文,表明目的论研究使他成功地将审美判断力纳入其批判哲学体系。他概述了目的论在自然和艺术中的体现,

---

① 李秋零. 彼岸星空:康德书信选[M]. 北京:经济日报出版社,2001:156-157.

② 劳承万. 审美的文化选择[M]. 上海:上海文艺出版社,1991:77-80.

并将自然与艺术做出类比,即自然和艺术都是活生生的有机整体。自然的合目的性使其像艺术品一样有活的生命,有井然的秩序,艺术品则以其形式的合目的性显得浑然天成,如出天然。

合目的性的原则即先天原则,这使得审美判断和对自然的目的论判断都纳入了先验哲学的理论框架,使批判哲学在知、情、意三方面都把先天原则贯彻到底,都使相关判断获得了普遍性和必然性。

1787年12月28日,康德在给友人莱因霍尔德的信中宣告,他已发现过去以为不可能发现的审美判断力的先天原则。他还谈到对知性、理性、审美三种能力的剖析,使心灵的知、情、意得以贯通,形成全部心意机能的总体系,他的哲学便有三个部分,每部分都具有自己的先天原则。①

这一发现使康德惊喜不已,自己做了较高评价。因为这个发现"奇迹般地给我提供了我有生之年,进行可能探索的充足素材(也即探讨人类学问题——引者)"②。康德又在日记中说:"1769年给我以伟大的光明。""这一年我发现了知性的先天原则。"(指申请教授的答辩论文《论感性世界和知性世界的形式和原则》提出批判哲学的新思路)1787年,发现判断力的先天原则使他的思想形成一个体系,即给了他"第二次伟大的光明"。这个自我评价的意义,从康德人类学研究的视角来体会,是不难理解的。所以说,"两次伟大的光明"为他提供了有生之年可能探索的充足素材。

这一发现是如何取得的呢?

其一,两大批判的构思,使康德深入思考了理论理性和实践理性的关系。

其二,要归功于他在1787年前后关于"目的论"的研究。

1788年1月,康德在《德意志信使》报上发表《论目的论原则在哲学中的运用》,发现了艺术和自然界都适用"合目的性"这个先天原则。在自然界,万物结成互为目的和手段的和谐整体,有如一伟大的艺术作品;而艺术品虽是人工创造的,但它的每个部分,也互为目的和手段(例如内容与形式、情节和思想、人物与环境、人物与人物),有如大自然一样浑然天成。这两者(自然、艺术品)都具有自己的完满性,有如为某一目的、某一意图而创造出来的一样。艺术和自然,都可以从"合目的性"这个先天原则去考察,形成"反思判断",这便是审美判断和审美目的判断。

---

① 李秋零.彼岸星空:康德书信选[M].北京:经济日报出版社,2001:156-157.

② 康德.康德书信[M]//任何一种能够作为科学出现的未来形而上学导论.庞景仁,译.北京:商务印书馆,1997:195-196.

康德长期为目的论问题所困扰、苦恼,1755年他在《宇宙发展史概论》中批判了理性主义的"前定和谐"的神学目的论(自然神学),而用物质的机械运动解释宇宙起源,指出地球和太阳系是在星云的机械运动中由引力和斥力的相互作用而逐渐生成的。在《宇宙发展史概论》的"前言"中,康德自豪地宣布:给我物质,我就能创造一个世界。但是他觉得有机界是充满奥秘的,他问:我能说给我物质我就能创造出一只毛毛虫吗?他自己回答说:不能①。所以,康德发现自然界是有如艺术品一样的有生命的活的系统,标志着他系统论的方法的胜利。这使他的"第三批判",获得了理论上的支点。

"第三批判"的完成,使他建立起批判哲学(先验哲学)的完整体系。他把"先天原则"在人的三种能力(总称认识能力,是广义的认识)中贯彻到底。于是批判哲学成为对人的心灵结构(人性结构)的整体考察,所以后来的康德学家将三大批判合称为康德的"先验人类学"或"哲学人类学"。

二、审美判断力是沟通知性(自然)和理性(自由)的桥梁

(一)"导论"的要点

《判断力批判》有一篇短短的"序言"和一篇长长的"导论",这篇"导论"难读之至,又重要之至。照阿斯穆斯的说法,它是康德美学的导论,又是康德整个哲学体系的概述,它指出了美学在整个哲学体系中的地位,美学问题同康德认识论、伦理学的关系②。(傅伟勋先生曾说,读海德格尔《存在与时间》的"导论",先读十遍未懂,后读全书三遍,每读一遍,再读导论一遍。)《判断力批判》的"导论"阐明的是以下两点:

(1)判断力处于三种能力的中介地位(情感是认识到行动的中介)。

(2)《判断力批判》是沟通前两大批判的桥梁。

康德在"导论"末尾列了一个著名的总表(表10.1)。

对表10.1的理解需要注意三点:

(1)横向展示了康德的批判哲学意向,分别考察人的知、情、意各种心意能力的可能性和应用范围。

---

① 康德.宇宙发展史概论[M].全增嘏,译.上海:上海译文出版社,2011:10.

② 阿斯穆斯.康德[M].孙鼎国,译.北京:北京大学出版社,1987:310.

表10.1　高层能力系统表

内心的全部能力	诸认识能力	诸先天原则	应用范围
认识能力	知性（理论理性）	合规律性	自然
愉快不愉快的情感	判断力（反思的）	合目的性	艺术
欲求能力	理性（实践理性）	终极目的	自由

（2）纵向展示了康德的人类学意向，探讨全部心意机能，即我们今天所说的文化心理结构或人性结构。

（3）要特别注意"理性"和"认识"两个术语的广狭二义。广义"理性"包含知性，是道德理性加理论理性；狭义的理性则是道德理性。广义的"认识"包含知性、判断力、理性。他试图以广义的认识论作为其哲学的基础。

在三大批判中，《判断力批判》最后完成，但它处于核心地位，因为它将前两大批判所考察的知性与理性、自然与自由联结起来，成为两者自然过渡的桥梁。"位我上者灿烂的星空"（必然律）、"道德律令在我心中"（自由律），大宇宙和人这个小宇宙，因为有了判断力，不再是互不相干的叠合，而将走向融为一体的境界——人类追求的理想境界，真善美合一的境界。

（二）"第一批判""第二批判"所揭示的两个世界

"第一批判""第二批判"是同时构思的。它们分别揭示了两个世界：现象界和本体界。现象界由自然的必然律支配着，作用于人的感官，产生感觉材料，感觉材料被先天的直观形式（时空）所规范，产生表象，表象又经过时间过程展开的想象过程，被纳入先验的概念、范畴和推理，形成对自然必然性的可靠认识，提供科学知识（合规律性）。这个认识过程，康德谓之"人为自然立法"，它只能应用于现象界。至于本体界，它是存在的，能呈现为现象，是现象的基础，但它自身是"超验"的，不能用知性的概念去规定和把握，只能由理性引导人们去追问、去想象、去思考，总之是"可思而不知"的。如追问灵魂到底是什么？灵魂是否不死？追问宇宙究竟多大，有没有起点、终点？追问上帝到底存在不存在？这一类问题，都绝对不可能用知性概念去判断、推理，进而得出科学知识，因而本体虽然存在，但不可知。本体处在可思而不可知的彼岸，如果强用知性加以判断，那就会出现"先验幻相"而使推理陷入种种困难，如在灵魂问题上陷入谬误推理，在宇宙问题上陷入二律背反，在上帝问题上陷入理性神学。过去旧的理性主义之所以陷入独断论的迷途，就是没有把现象界和本体界分清楚，把只适合于现象界（经验界)的知性能力,错误地用在本体界(超验界)上。康德的这些论证打破了旧形而上学的"独断论",否定了上帝是客观存在的,有解放思想的意义,正如康德自己宣称的"我不得不悬置知识,以便给信仰腾出位置"。

如果从整个哲学史发展来看,康德的"第一批判"的积极意义是主要的:第一,他限制知性,使人们知道科学并非万能,人对世界的认识不可僵化;第二,他限制知性,不只为宗教信仰留出地盘,更为了拯救自由。因此,这种限制是为了展开他的"第二批判",它涉及自然界和人的本体。

"第二批判"的"序言"写道:"自由概念……构成了纯粹的,甚至思辨的理性体系的整个建筑的拱心石。"① 他所讲的自由,是精神的自由,道德的自由。而论证和张扬道德自由,是康德整个哲学的主旨,也是他全部人类学的主题。如果说,"第一批判"考察的是人以何种能力应对外部自然界,是外向性探索,那么,"第二批判"的考察便转向人自身,考察人如何在理性引导下实现道德自由,实现自由意志和自由人格(个性)。这样,"第一批判"和"第二批判"构成了双向结构。康德认为,人和自然一样,也可作本体、现象两分。人是现象界的经验主体(经验自我),包括人是血肉之躯的物质性自然性的存在;又是本体界的理性主体。在现象界,人得受种种必然因果律的限制,不可能自由;但作为道德主体,人可以超越精神领域,具有超越经验世界制约的理性力量,自主自觉地选择行为目的,规定行为准则,这种理性力量是人先天具有的,它保证了人能在意志行为中实现自由。

所以,人在意志行为中是"理性为自己立法",这种先天法则有"主观法则"和"客观法则"之分:

(1) 主观法则。从欲望冲动出发,作为自然法则为现象的人立法,称"假言命令"(取"假如……那么……"的假言判断形式,如中国人之"养儿防老":如果你想安享晚年,你就应当好好培养自己的下一代)。这种道德原则中会有个人利益追求,以个人快乐(幸福)为目标。现在人们所说的对孩子的"智力投资",人际关系中的"情感投资",都属此类。所以这种法则是有条件的,有人就认为与其好好培养孩子使得自己晚年享清福,不如自己及时行乐划算。因为有条件性,有相对性,这种道德法则便自外于人,从现实利害着眼,属于他律。

(2) 客观法则。是绝对无条件地要求人"应当"怎样做。这是作为理性的本体的人为自己立法,采取直言判断形式(我应当、我必须……),成为人对自己的一种"绝对命令"("至上命令"),是一切道德行为的最高准则。这便是他自觉、自

---

① 康德.实践理性批判[M].韩水法,译.北京:商务印书馆,1999:1-2.

愿的选择,这种道德律属于自律。例如,为培养后代不图任何报偿,把它看成庄严的义务、应尽的天职,为培养子女含辛茹苦、毫无怨言。这种道德律,超越了个人任何欲求,出于人的自由意志("善良意志""良知")。能这样做的人,就是一个拥有自由个性、自由人格的人。这样的人决不把自己当成手段,也不把别人当成手段,有着高度的人格自觉,把自己和别人都当作独立人格来尊重,这便是康德多次讲的"人是目的本身""人的本性是人的自由"的真实含义。

康德强调,道德自律即意志自由的重要,主张要有高尚、正直、无私的动机,但他也承认主观法则的道德他律的合法性、合理性。他不是禁欲主义者,主观法则倡导追求个人幸福,18世纪英法伦理学大都基于幸福论(快乐论),主张利己不损人,或利他亦利己(合理的利己主义)。康德认为这在伦理上讲是有所欠缺的,因为并没有实现意志自由。理想的道德境界应该将德与福结合起来,成为两者完满结合的"至善"或"圆善"。这就出现了伦理上的二律背反,即道德自由和个人幸福的二律背反:求福是道德原则的推动原因,德行成为幸福的发生原因。因为如此,康德便将"至善"的完满境界推到"理想"的彼岸,要人在服从"绝对命令"时,建立起"至善"的信仰,即今生不得报偿,来世必得报偿。康德将"至善"委托给"上帝",他讲的"上帝"是道德化的"上帝",他讲的"至善"是宗教化的道德,类似于托尔斯泰将基督教道德化所形成的道德化的宗教。

总之,"第一批判""第二批判"组成一种双向结构:

对外:把握自然必然律,知性使人落在现实的此岸。

对内:理性引导人实现意志自由,把人接引到理想的彼岸。

两岸两界,隔着鸿沟。但是,自然是一个整体,它既是现象,也是本体,自然还包括人在内,人既是现象,又是本体。如何将两个世界合为一个世界,如何把理性的人与知性的人结合成一个完整的人? 康德将这个任务委派给了审美判断力。简单地说,"第一批判"面向外在世界,"第二批判"转向人自身,审美则是外与内的统一。

(三)"第三批判"的桥梁作用

审美判断是一种情感判断。无论对于优美或是崇高,都是如此。从心理学上说,情感是认识通向意志行为的中介,这在经验事实上,人人都可以体会到:做同一件事,可以哭着做,也可以笑着做,效果迥异。康德就在此经验事实的基础上构筑其哲学框架,把情感规定为知性与理性的中介。这里的情感有其特殊含义,它不是指日常情欲,而是指精神上的快感与不快感。这种快感是多种心理功能和谐活动的必然结果。康德分析说,知性和理性都各有自己的领地。前者的领域是作为现象的自然界,后者的领域是人本身。前者追求的是必然性,后者追求的是自由。而审美则没有自己固定的领地,它可以随机地沟通上述的任何一方。[1] 如何沟通? 康德认为,人面对优美的对象时,其表象就唤醒人的想象力和知性的活动,产生优美感。所以,优美感是"知性—情感"复合体。

对于崇高,对象之无形式迫使主体转向内心,想象力唤起理性(是道德理性而非理论理性)的力量得到崇高感、惊赞感。把对自然的崇敬化成对人自己使命的崇敬,这是一种"理性—情感"复合体。不论是优美感,还是崇高感,作为审美判断都是想象力和知性或理性的和谐活动(自由活动)的结果:优美感使人得到感性的自由,成为道德自由的预演或初阶;崇高感富于伦理内容,更能通向理性的自由。所以,不论对美感或对崇高的判断,都可以在不同程度上视为"道德的象征"。从知性到理性,经过不同层级,自然和谐地得到联结和过渡,正因为如此,康德说审美判断力批判(美学)是"一切哲学的入门"[2]。

审美判断力就是这样来实现桥梁作用的。大体说来,对优美事物,表象唤起想象力与知识的和谐活动,得到审美愉悦,这是一种经验上的自由感,它对真正的自由是一种"启示"和"类比",通过这种自由感过渡到道德行为是自然而然,不用费力的。例如:

(1) 行为美。如形式规范("对不起"或"握手"),意味着尊重他人和平等交流。

(2) 自然美。如宗白华《世界的花》:

> 世界的花 / 我怎忍采撷你?
> 世界的花 / 我又忍不住要采得你!
> 想想我怎能舍得你/我不如一片灵魂化作你!

爱自然美到爱自然,再到自觉的环境意识、生态观念,只是一步之隔。审美把道德形式化,成为道德的弱化形式。审美时只在形式上受义务原则支配,"理想的鉴赏具有一种从外部促进道德的倾向"[3],有利于道德自觉将他律化为自律。

---

① 康德.判断力批判[M].邓晓芒,译.北京:人民出版社,2002:2.

② 康德.判断力批判[M].邓晓芒,译.北京:人民出版社,2002:30.

③ 康德.实用人类学[M].邓晓芒,译.北京:北京人民出版社,2002:149.

三、初步破解"审美之谜"

康德在《判断力批判》的"序言"中指出判断力原理中有一种谜一样的东西[1]。这里他首先指的是审美判断力之谜，这个谜的谜底又在审美判断力和目的论判断力这两种反思判断力的关系之中。

康德对这一谜底的剖解只做了初步的工作，他指出：反思判断和规定判断力不同。规定判断是从一般（现成的规律）出发，去包摄特殊与个别，即以概念和逻辑定式去规范现象，形成逻辑判断；反思判断则从特殊与个别出发，去寻求普遍的东西，这个普遍，不是现成规律，而是从对象身上反观自身，求得有普遍意义的判断。所以，它并不是为自然立法，并不"规定"自然界，而是看起来"好像"为自然立法，实际上是判断力为人自己立法，即人以何种态度对待对象。反思判断类似于今天所说的价值评价，所判断的是自然和自然事物对人所具有的普遍意义，也就是自然和自然事物对人而言的价值，所以是价值判断。

正如康德"第一批判"中把辩证逻辑纳入形式逻辑框架来论析一样，他把价值判断纳入广义认识论的框架来处理。因此他要设定"合目的性"的概念，并把反思判断的过程称为内在的合目的性的活动，带来用语的搅绕和思想的艰晦。这不能责备康德，因为价值论是后起的。"价值"概念在康德之前都是运用于古典经济学（17世纪下半叶至19世纪初），讨论的是经济价值问题。只是到了1902年，法国哲学家拉皮埃的《意志的逻辑》才创立价值哲学（Axiologe），1903年为德国人哈特曼《哲学体系纲要》所采用，并对价值哲学做充分论述。至20世纪中叶，价值哲学普遍流行，西方学者才把人文学科视为价值科学，即一个由多种价值形式组成的学科体系。不能采用定量定性分析的研究方法，而应用阐释的方法，如对自由、理想、信仰、人格的分析。

那么，康德讲的判断力原理之谜是什么？他如何破解？康德是从以下两个角度进行剖析的：

1. 从审美判断力看

审美的秘密就在于，它是一种情感判断，来自于表象，又归于表象，经由想象、知性的和谐活动而普遍有效。康德称之为"合目的性的审美表象"，它先验地符合主体能力，不是从中求得知识，而是引起主体的快感不快感，全依你从中看

---

[1] 康德.判断力批判[M].邓晓芒，译.北京：人民出版社，2002：3-4.

出什么来,这是主观的形式的合目的性。宗白华将之译为"美学表象",其实不妥。朱光潜在克罗齐《美学原理》第二章注⑧中已说明,略谓:审美的(Aesthetic)一词源于希腊文 Aisthêtikos,原意为"感觉",即见到一种事物而有所知……Aesthetic 应译为"感觉学",它原来丝毫没有"美"的含义。但是凡是"美"的感觉都由直觉生出,所以一般人把 Aesthetic 和"美学"(The Scientific Philosophy of Beauty)混为一谈。此外,Aesthetic 也当作形容词用,其中的一个意义是"美学的",例如美学的原理、美学的观点、美学的学派之类。现在一般人常把"美学的"和"审美的"两个意义混淆起来,例如,说音乐是"美学的对象",所指的实际上是"审美的对象"。"美学的对象"应该指美学这门学科所研究的对象。①

审美判断力,即美感能力,是十分奇特的东西,它联结着截然对立的两极,一极是具体、特殊、充满生香活意的表象;另一极是超越的、渊深的形而上境界,两极之间,自由地过渡超升,绝不凭借概念、判断和推理,而是由情感推动想象,达理想之境,诉诸内心体验,诉诸体悟。审美所进达的理想境界可以意会,难以言传,如同庄子所说是"非言"的、不可言说的境界。莱布尼茨将美感称为"不可言传之物",传入法国成为描述美感的名言:

> je ne sais quoi.

直译是"我不知道是什么"。歌德晚年感慨道:"我对美学家不免要笑,笑他们自讨苦吃,想通过一些抽象名词,把我们叫作美的那种不可言说的东西,化成一种概念。美其实是一种本原现象,它本身固然从来不出现,但它反映在创造精神的无数表现中,都是可以目睹的,它和自然一样丰富多彩。"②

这类"本原现象"涉及本体论,是很玄虚的。这类问题不只美学有,哲学、宗教学、伦理学都会碰到,只要涉及人生价值、意义,涉及人性深层本质,这类问题就回避不了。既然问题存在,思想家特别是哲学家就有权追求,他们的苦苦思索和不倦探求,就不能说"自讨苦吃"。因为这是关系每个人安身立命、找到人生立脚点的问题。这些"不可言说"的问题,属于"非名言的领域",使这不可言说的东西如何成为能够言说,就是每个人文学者的应尽职责(绝对命令)。法国有这样一则沙龙故事,一位哲学家大谈玄学,一位贵妇人问:"先生,你的哲学有什么用?"哲学家说:"夫人,你怀里抱着的孩子有什么用? 这是不用之用呀! 所以我劝那些想轰动效应的年轻人不要搞哲学、不要搞美学,歌德已经嘲笑过了,你还

---

① 克罗齐.美学原理[M].朱光潜,译.北京:外国文学出版社,1983:167.
② 爱克曼.歌德谈话录[M].朱光潜,译.北京:人民文学出版社,1978:132.

自找苦吃干什么?"

众所周知,康德是用"美是合目的性的形式"和"美是道德的象征"来将不可言说的美化为言说的。我们不必把他的所有看法都当成最终结论,他也不可能把审美的奥秘揭示无余,但他的探讨表明,从理论上探讨审美判断力,是完全可能的。康德美学对后世有永远常新的范导意义和启示价值。

2. 从目的论判断力来看

黑格尔在《哲学史讲演录》中评述康德的判断力理论时说:"判断力的对象一方面为美,一方面为有机的生命;而后者是特别的重要。"[①]前者是审美判断力,对这种判断力的批判考察谓之美学;后者是目的论判断力,它批判考察的对象是自然界的有机生命,或称自然的有机生命系统,这种批判考察谓之"自然目的论"。所以,这种自然目的论在西方又称之为"有机系统论",是与机械论(建立在牛顿古典力学基础上)对立的一种思想方法。康德的判断力有两义:规定、反思,此处讲反思判断力——"第三批判"考察的对象。"第三批判"所讲的两种判断力均是反思判断力,两者均为"形式合目的性",但审美是主观的形式合目的性,目的论是客观的形式合目的性。

自然目的论的提出,是为了解释(按照类比来猜测)自然界的有机统一性(有机=生命)。包括人在内的自然界,是不是一个整体? 这是非常重要的,涉及对人的使命的理解。若是,则人大有作为;若自然界不是一个整体,人类就会惶惶不可终日,产生各种焦虑。康德所提出的这个问题,知性是不能完全回答的。因为知性只能把握自然界的现象,只能用科学知识去证明其中的规律性和必然性,自然界还有大量偶然、随机的东西,处于规律之外,那是无法用科学知识去证明的,而且即使是合规律性的现象,规律对具体现象事物的规定方式也是多种多样的。因此,主体面临的依然是错杂纷纭的现象世界。而人类理性有一种必然的要求,它总想从杂多中求得整一,否则人类自己就会感到彷徨不宁。这就是中西哲学史历来讨论的"多"与"一"的问题,如《周易》之"易"有"变易""简易""不易"三原则,强调"多"与"一"的统一。康德认为"多样统一"是理性的一条先验原则,这条原则如何运用于自然界的有机统一性? 康德长期为此苦恼。

1788年前后,康德从艺术作品的有机结构得到启示,以"类比"方法,把艺术品的合目的性推广到有机自然界,把自然的有机生命系统"看成"一位不出场的"艺术家"按照某种目的、某种意图创造出来的艺术品,从而提出了"自然目的

---

① 黑格尔.哲学史讲演录:第4卷[M].贺麟,王太庆,译.北京:商务印书馆,1959:294.

论"。和神学目的论不同,康德设想的不出场的"艺术家",不是人格神的上帝,而是自然本身。所以它不像审美是一种主观合目的性,而是设想自然有一种客观目的、客观意图,即自然好像有意图地要将无机界当作有机界的前提基础,要由无机界产生有机界,而生命产生后,又要按不同的种、属、类组成等级秩序,最后产生人,人由自然的人(非文化的粗野的人)进化到文化的人。自然界就是按这样的序列自行进化、自行创造,形成井然有序的巨型整体,好像是有一个预先的目的一样。这个合目的过程,给人提供的是"合目的性的逻辑表象"、客观的形式合目的性,诉之于人的知性和理性,用以把握自然整体性(与快感不快感无关)。这个整体性序列,康德视为自然的特殊规律,不是自然的必然性,而是人用来反思自然的偶然性整体的范导性原则。这个"合目的过程"的实质,康德称之为"自然界向人生成"。在这个过程中,人是自然的目的,而且是最终目的,在"第三批判"的下卷,他反复强调的正是这一点:

> 人就是这个地球上的创造的最后目的。[1]
> 人对于创造来说就是终极目的。[2]

自然目的论涵摄道德目的论。人有自由意志,为自己提出理想,要求自己成为文化的人。这样一种目的论,提供的是人与自然和谐统一的图景,是杂多的统一,是美,是真,也是善。在这个总图景中,自然给人以恩惠,或有用,或美,人应当领略这种恩惠并进而善待自然。

因为人是自然的一部分,人是和谐的有机生命体,自然也是和谐的有机生命体,所以自然系统的统一图景同人的能力必然是先天适应的,所以自然目的论是一种有机系统论,它包含着人与自然——异质同构的思想。当人采取静观态度来对待自然中的任何个体(包括具有规律性和偶然性的事物),都会必然地由有限进达无限,由现实超入理想。所以自然目的论虽是从艺术(亦即从审美)类比推扩所形成,却反过来成为解释审美必然性的根据。就优美而言,人面对事物的表象,必然会激起"知性与想象力的和谐活动"而得到愉快;就崇高而言,直观和想象力受挫时,必然会唤起理性的力量来把握对象,以及审美(含审崇高)的情感必然具有普遍有效性,其总根源就在自然的合目的性。所以,韦卓民生前一再提醒他的学生,康德美学的全部秘密都在于自然目的论(由韦卓民的学生劳承万教授处获告)。这个提示值得我们认真体会。宗白华的意境论讲人与自然的统一,

---

[1] 康德.判断力批判[M].邓晓芒,译.北京:北京人民出版社,2002:284.

[2] 康德.判断力批判[M].邓晓芒,译.北京:北京人民出版社,2002:294.

关于大小宇宙的对应关系,都有康德自然目的论的背景,因为把自然看成有机生命系统,是康德哲学和中国生命哲学共有的主张。这是德国古典美学和中国传统美学的文化哲学依据。康德《判断力批判》的上下卷是相互补充的,不了解审美判断力就不可能了解目的论判断力,反之亦然。康德的著作难读的原因即在此。

第三节　康德美学要义

一、美的分析

(一) 问题的性质

(1) 康德对美的分析,是对审美判断力的分析,事物在何种主观条件下才显得美,是他关注的中心。而审美判断力或鉴赏判断力即是美感能力,所以康德的"美的分析"是对美感特征的哲学思考。他用哲学方法处理美感的心理现象,用的实际是"哲学-心理学"方法[①]。研究审美经验(美感)拒绝用哲学思考就会流于琐碎而难有创获(故有人批评康德为唯心主义,其实是冤枉他了)。

(2) 康德对审美能力的分析,是四契机分析,宗白华认为是指关键性、决定性的东西、要点,这些要素是极精微的,在转瞬间起作用的。康德取用"moment"这个词兼有"因素""瞬间"二义,德语以此词指"瞬间曝光的快拍照片"。宗白华将此译为"契机",极为准确。李泽厚也说,康德美学的最大特点是他选取美感中最富特征性的、最关键的因素进行分析,是对美感过程中重要关头、时刻的要素之分析。

(3) 四契机是按质的、量的、关系的、方式的(原文"modalität",朱光潜译为"方式的",李泽厚译为"模态",宗白华译为"情状")顺序分类的,依次回答审美判断力的特殊性、普遍性、无目的的合目的性、必然性四大问题。蔡元培概括:"康德立美感之界说,一曰超脱,谓全无利益之关系也。二曰普遍,谓人心所同然也。三曰有则,谓无鹄的之可指,而自有其赴的之作用也。四曰必然,谓人性所固有,

---

① 汪裕雄.审美意象学[M].沈阳:辽宁教育出版社,1993:276-288.

而无待乎外铄也。"① 每一契机包含一则或二则"二律背反"。四契机就是四个悖论(Paradox),二律背反是康德辩证思考的表述形式,揭示内在矛盾,所以,四契机的分析又是对美感内在矛盾的四方面分析。鲍桑葵《美学史》中称其为四个"paradox"②。这种分类法,仿照"第一批判"先验逻辑的范畴分类法,因为审美总和知性发生这样或那样的关系,但是康德在审美上将"质"放在第一位,而在先验逻辑中"量"是第一位的,它的顺序是量、质、关系、模态。"规定判断",即由一般来规定特殊,一般更重要,故"量"置于首位;审美的判断是"反思判断",它要由特殊求得一般,特殊更重要,故"质"置于首位。这个顺序的变更,表明康德重视审美与认识的差别。这里体现着康德的辩证思考:袭用知性判断力(规定判断)的概念分析法,又强调审美和知性判断不同,这属于反思判断。

为什么契机分析要借用范畴分类法?康德特别加注说明,他之所以遵循判断的逻辑功能去寻求审美的契机,是因为审美判断中"总还是含有对知性的某种关系"③,而他之所以首先探讨"质的契机",是因为对于审美判断首先应该顾及质的方面。这个思路很清楚:审美也属于广义的认识机能,它和知性有联系,但又跟狭义的认识机能(理论理性—知性)不同。它包含认识,但又不能归结为认识。

(二) 四契机分析

没有功利的愉快,没有概念的普遍性,没有目的的合目的性,审美的必然性,即"三个没有,一个必然"。

1. 质的契机:"无利害"而归于愉快

康德认为审美是一种情感判断,是通过人是否愉快的情感来判断事物是否美。愉快不愉快的情感很复杂,康德认为可分三类:A. 感官的愉快,即生理的快感;B. 道德赞许、尊重而引起的愉快;C. 审美的愉快与不愉快。

A和B都由客体引起,都关系利害,A是客体满足感官而引起属于物质性的利害感欲求;B是客体引起意志欲求,是理性的利害感,这主要从社会人群的关系上来认识。审美快感与客体性质无关,排除任何欲求(如欣赏罂粟花),这种愉快是自由的愉快,它不出于偏爱,而是一种"惠爱",既非认识,亦非实践,而是无

---

① 蔡元培.美学观念[M]//蔡元培.蔡元培美学文选.北京:北京大学出版社,1983:66.

② 鲍桑葵.美学史[M].张今,译.北京:商务印书馆,1985:342.

③ 康德.判断力批判[M].邓晓芒,译.北京:北京人民出版社,2002:37.

功利的观照。这种美是自由美、纯粹美。

审美无功利性是古老的思想，但是在欧洲，直到18世纪夏夫兹博里才第一次提出这个命题，到康德才从哲学上加以深刻论证。中国传统亦重无功利，儒家经由道德自由而入审美，道家则经由超感性的精神自由而入审美。

东西方的哲学家一致强调审美的无功利性，老子讲弃知去欲，18世纪夏夫兹博里讲无功利性，这都是大家熟知的。但不少人有这样的误会，以为讲审美无功利就是不讲审美和社会生活的联系，讲无功利性就是突出个体的绝对君主地位，就是私人性，这是一个绝大的误解。

美国哲学家斯托尔尼兹指出，夏氏是第一个注意到审美无利害性的哲学家[①]，这是对的。但卡西尔称夏氏"第一个创立了内容丰富而真正独立的美学"，则言之太过。因为夏氏的"内在感官"即是道德良心，对审美快感与伦理快感亦未加分疏[②]。事实上，审美的愉快是感性的愉快，但它具有超越性：超越感官快乐而不流于快乐主义和官能主义；超越个我而不流为自私的享乐且具有族类共同性。而康德注意区别了美感与生理快感和道德快感，因此，真正创立内容丰富而又真正独立的美学的是康德。在我国，长期把康德的这一原则说成是他割断了审美与社会的联系，认为他强调了审美的私人性，这是特大的误解。康德提出审美的无功利性，主要有两点：

第一，讲非功利性，是强调审美愉快的精神性、超越性（超越感官、道德）。审美是"悦目赏心"，耳目的感官愉悦要通向内心的激赏、心灵的愉悦。

第二，讲非功利性，是强调审美愉快的非私人性，它排除私人功利，而合于族类功利、精神上的功利。所以康德的非功利性可以理解为"无私性"。苏联学者米·里夫希茨（1905—1983）说过一句著名的话："审美的无私性是功利性的最高形式。"这一点，蔡元培的理解是深刻的，也是正确的。1938年在香港的一次讲演中，他说美感（指优美感）"从容恬淡、超越利害之计较，泯人我之界限，例如游名胜者，初不作伐木制器之想；赏音乐者，恒以与众同乐为快；把这样的超越而普遍的心境涵养惯了，还有什么卑劣的诱惑，可以扰乱他么？"[③]他又说，专己性是

① 斯托尔尼兹."审美无利害性"的起源[C]//《美学译文》.北京：中国社会科学出版社，1984：19-24.

② 朱狄.当代西方美[M].北京：人民出版社，1984：280.

③ 蔡元培.在香港圣约翰大礼堂美术展览会演词[M]//蔡元培.蔡元培美学文选.北京：北京大学出版社，1983：218.

人道主义最大的阻力,"美感之超脱而普遍,则专己性之良药也"①。

所以,我们可以得出这样的结论:鉴赏是凭借完全无利害观念的快感和不快感对某一对象或其表现方法的一种判断力。

第一契机包含两个二律背反:

(1) 从审美愉快与感官愉快的关系看:

正:审美愉快不同于感官愉快(前者无利害,后者有利害)。

反:审美愉快需以感官愉快为基础。

康德的二律背反不做合题,但正、反题中的主要概念的含义是不一样的。审美的愉快和感官的愉快是有区别的,可以理解其合题为"悦目赏心"。

(2) 从审美愉快与道德愉快的关系看:

正:审美愉快不同于道德愉快。

反:美是道德的象征。

合:审美愉快是一种自由感,此为道德自由的初阶、预演。②

在审美中,道德的内容被形式化了。在"审美中,它只有形式上受义务原则支配,因而,理想的鉴赏具有一种从外部促进道德的倾向"。以行为美为例:行为美只是形式,它之得到赞同是由于其形式,但含有对他人的尊重(善)。故由审美养成第二天性(习以成性),则善在其中。我们赞同这种自由形式,实际上包含了对道德的赞赏,所以康德说,理想的鉴赏具有一种从外部促进道德的倾向,如行为美,"问好"是形式化的东西,形式背后藏有道德内容——人与人之间应友好交流和互相尊重。

2. 量的契机:"无概念"而具普遍有效性

审美判断为什么没有概念?

康德"第三批判"的"导论"和"美的分析总注"中对此有所说明,如图10.1所示。

---

① 蔡元培.美学观念[M]//蔡元培.蔡元培美学文选.北京:北京大学出版社,1983:66.

② 康德.实用人类学[M].邓晓芒,译.上海:上海人民出版社,2002:149.

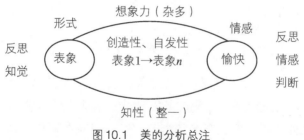

图10.1　美的分析总注

表象向主体联系而不向对象联系,不去规定对象实体,不提供关于对象的知识,而只是提供快感或不提供快感,在知觉基础上做表象运动(表象1,…,n)。所以说表象直接与快感不快感联系,而知性则在暗中起指引作用,概念从不出现——"如果我们只是按照概念来评判客体,那么一切美的表象就都丧失了"①,而两者的结合是"无意识"的,知性在此不基于任何概念,也不提供任何概念。对象物的表象是审美起点,表象是合目的性的审美表象,它必然要引起想象力和知性力的和谐活动。活动结果得到的是一种情感(审美愉快,自由愉快)。对象物除表象外即本体。值得注意的有以下两点:

(1)这是审美的形式/情感两元图式。西方近代美学研究美感多抓住这两元:一个是主形式派,如克乃夫·贝尔等人;一个是重情感派(朱光潜称之为"意欲派"),遂引出克罗齐、科林伍德、苏珊·朗格、弗洛伊德等人的理论。

(2)图10.1中也形成了美感的四因素说:① 表象之前的"反思知觉"(不同于认识知觉,须纳入概念归到对象,反思知觉则回到主体);② 反思情感(审美愉快);③ 想象;④ 理解(知性)。四要素构成十字交叉关系。想象力趋向于杂多,是人的一种自由心理能力,充满创造性与自发性。而知解力则提供规范性,它代表了人类理性因素的力量,指向整一。这两者在审美中是知性服从想象力,在认识中是想象力服从知性,因此,在审美中想象力始终不受概念的干扰。知性规范作用只表现为暗示,始终不表现为概念在干扰想象。美感的过程始终不脱离表象,表象的内容在知性的暗示下日趋丰富。但始终是表象,所以美感是无概念的。

康德说审美是不凭借概念也不提供概念,它提供的只是审美的愉快(审美情感)。所以,审美判断一不出现概念,二不构成逻辑定式,人们不能用理由或原则强使他人赞同某一审美判断。审美判断不带强制性,是非概念的自由判断。王朝闻说:"艺术不强迫人去感动。"康德曾通过三个判断证明审美的无概念性:

① 康德.判断力批判[M].邓晓芒,译.北京:北京人民出版社,2002:51.

　　　　这朵玫瑰花是美的。

　　　　玫瑰花的香气令人快适。

　　　　玫瑰花一般说来是美的。

　　只有第一个判断是审美判断,第二个是感官判断,第三个是逻辑判断。

　　虽如此,知性仍起作用,它规范着表象,指引着表象的运动,支配想象趋向于某种认识。这种认识是朦胧多义的、非概念的、可意会而难言传的。这种认识中,知性和想象力协调一致,两者都得以自由发挥,有如自由游戏("很好玩"),审美的愉快由此而产生,故被视为自由愉快。

　　没有概念何以有普遍性? 这里先得弄清楚审美判断的普遍性是什么意思。

　　审美判断虽无概念,但它犹如知性判断是具有普遍性的。审美的普遍有效与知性的普遍有效含义不同。审美"普遍性"有三个含义:

　　A. 不是客观普遍性(逻辑判断关乎对象的客观普遍性),而是人的主观普遍性(康德又称经验普遍性,是建立在先天共通感的基础上的,即朱光潜所说"人同此心,心同此理")。

　　B. 这种普遍性体现为一种规定心情,即判断者期待中、设想中的普遍性(期待、设想别人的普遍赞同),而不一定是实际的普遍性,它可以普遍传达。

　　C. 这种普遍性来自哪里? 它不在对象,也不在逻辑推理之中,而来源于审美的理念(原文为"idee",宗白华以为亦可译为"理想目标",朱光潜以为是带有概括性和标准性的具体形象,所以依希腊原文本义译为"意象",有时又可译为"理想")[①] 和最后目的(在第三契机将予以展开)。

　　审美判断要遵循"判断在先"的原则。在审美判断中,是判断先于快感,还是快感先于判断? 康德说:"解决这个课题是理解鉴赏批判的钥匙。"[②] 审美判断是一种情感判断,"美没有对主体情感的关系自身就什么也不是"[③]。

　　判断先于快感,这判断是审美的判断。快感先于判断,这判断是对生理快感的判断。这个"先"是指逻辑的"先"还是时间的"先"? 从经验上说,审美既以情感态度做出判断,时间上必后于快感,先觉得愉快才觉得美。这里是指"逻辑上"的居"先",逻辑上判断选择是前提。因为审美判断是对象的表象与主体心意功能结构(及其能力)两相适应的结果,所以两者的适应在逻辑上说,应是前提,审美判断的"选择在先",审美心意功能的和谐活动所产生的快感在后。要评判美,

---

① 朱光潜.西方美学史:下册[M].北京:人民文学出版社,1979:386.

② 康德.判断力批判[M].邓晓芒,译.北京:北京人民出版社,2002:52.

③ 康德.判断力批判[M].邓晓芒,译.北京:北京人民出版社,2002:53.

就要有一个有修养的心灵。"判断在先"的原则,进一步区别了生理快感和审美快感。

所以,我们可以得出结论:美是不凭借概念而普遍令人愉快的。

第二契机包含的二律背反是:

正:有概念而具普遍有效性(逻辑)→客观对象的、概念的

反:无概念而具普遍有效性(审美)→主观能力的、情感的

正题讲的是客观对象的客观普遍性,反题讲的是主体审美能力的普遍性,二者之间的矛盾指向审美理念和最终目的。黑格尔转述这一契机的时候说:"要评判美,就要有一个有修养的心灵;平常人对于美是不能下判断的,因为这种判断要有普遍正确性。"[1]

3. 关系契机:深入的主客体关系分析

这个契机,在"美的分析"中,所占篇幅最多(共22节:其中第一契机5节,第二契机4节,第三契机8节,第四契机5节),内容最复杂,也最重要,它是"美的分析"的中心项,这一契机可以讲三个要点。

(1) 进一步论证审美判断的纯粹性,它既无功利,亦无概念,与实用活动、认识活动有严格的区别界限。

康德提出对美的一个命题:"美是无目的的合目的性形式"(表象—意象),这是一个悖论,包含深刻的二律背反。这个二极中展示的张力,具有丰富的内容,催人思考。所谓"无目的",是指审美既无主观目的,也无客观目的。无主观目的,从主体角度说较容易理解,因为主体审美时没有一个外在目的和一切意欲绝缘,人不为认识的目的、实用的目的去审美,只为审美而审美。无客观目的,是从对象自身说的。对象的客观目的有两种:一种是它的有用性(如花,是植物的生殖器官,不仅外观美,而且花粉的微观结构呈现出美妙的螺旋形图案,令人叹为观止。一把镰刀,它的形状、结构服从于"割"等);一种是它的完满性(理性主义美学认为美是事物的完善,鲍氏认为是感性认识的完善,这里的"完善"都是指事物感性形式能满足某个概念的要求)。这两种客观目的,一个涉及对象实体(有用是其实体有用,在实用活动中它便成为人所占有、利用、消灭的对象),一个涉及对象所属的概念。而审美,既不涉及有用性(与欲求无关),也不涉及概念,它只就表象欣赏表象,始终不脱离表象,而表象只是形式,所以说审美只关乎对

① 黑格尔.美学(第一卷)[M].朱光潜,译.北京:商务印书馆,1979:73.

象的形式,而不问其实体如何。

审美的对象是合目的的,合于什么目的呢? 表象能符合主体的知性与想象力的和谐活动并导致(不是唤起,和谐活动本身便是一种愉快的情感体验)审美的愉快。这种符合不由主观意欲引起,也不由概念引起,它是无意识的又是必然发生的,就像这些事物的表象,"好像有意"要去符合人的审美能力那样,必然给人以审美愉快。这就叫作"形式的合目的性",反过来,从对象而言,就是"合目的性的形式"。

形式的合目的性,用今天的话来说,就是表象与审美心理结构(结构产生能力)的异质同构,所以李泽厚称之为"人与自然相统一的一种独特形式"[①]。康德是借用夏氏、哈奇逊的"内在感官"论来说明的,他在论述审美以心意诸功能的协调一致的情感进行判断时加了一个夹注"内感官的"[②],说明他把英国经验主义美学的命题纳入德国理性主义美学的范畴(目的性、合目的性)内加以理解,这在方法论上给我们以启示。西方现代美学执一端有片面真理性,要把它放在合适的层面上加以吸取,如弗洛依德、融恩等代表的美学流派合理阐释,恰当吸取,就是理论创造。

(2)自由(纯粹)美与依存(附庸)美。康德着力论证的是纯粹美,纯粹美之所以纯粹,一不受欲念干扰,二不受概念制约,它是想象力和知性的和谐的自由发挥,故纯粹即自由。但其看重的、竭力提倡的是依存美。它分析纯粹美是为了给审美制成一个提纯的标本,给予纯粹的分析,以判定审美与认识、伦理的界限。正如我们研究酒,要把酒提纯了研究酒精,但我们喝的酒总是掺了一定比例的水的,我们不能喝纯酒精。而酒精和水总是融为一体的,酒里含水,但水不是酒,酒不是水。康德看到,在审美的整个领域,纯粹美是相当少见的。因此,他为纯粹美划定一个狭小的范围,他所列举的大约是自然美中如花、鸟、海贝,艺术美中如图案、无标题音乐、无词歌曲,即今日所谓形式美。

除此而外,人的美(指人体美)、动物的美、建筑物的美,以及广大的艺术美,都并不纯粹,而常常和道德(目的)结合着,就是说经常出现的审美对象是美与善相彰,这时美便成了善的形式方面,美取得了更为丰富的内容。这种美"有条件,有依附,可以和善结合,乃至充当善的意思的工具"。但依附并不破坏诸心意功能的和谐活动,就是说不破坏美的形式。朱光潜所说艺术没有道德的目的而有道德的影响,亦是此意。朱志荣在书中对此曾做说明,大意是纯粹美不以善为必

---

① 李泽厚.批判哲学的批判[M].天津:天津社会科学院出版社,2003:366.

② 康德.判断力批判[M].邓晓芒,译.上海:上海人民出版社,2002:64.

然条件,但不能说美不具有善的基础。①我看他还不如宗白华说得深刻,宗白华在《略谈艺术的"价值结构"》(1934年)一文中说,艺术价值结构分形式价值、抽象价值和启示价值三部分,形式价值即"美的价值",但"艺术固然美,即不止于美。……艺术不只具有美的价值,且富有对人生的意义、深入心灵的影响"。他的结论是,"艺术同哲学、科学、宗教一样,也启示着宇宙人生最深的真实,但却是借助于幻象的象征力,以诉之于人类的直观心灵与情绪意境,而'美'是它附带的(赠品)"②。美是引导我们达到启示境界的导游。这种理解,符合德国古典美学,尤其符合康德美学。纯粹美和依附美的划分,照朱光潜的说法,一是从分析的角度回答什么样的美才是纯粹的,二是从综合角度回答什么样的美才是最高的、理想的。这种说法,可资参考。

(3)审美理念与审美理想。审美判断的标准是经验性的、范例性的标准。《文心雕龙·知音》:"操千曲而后晓声,观千剑而后识器。"概念性的原则不可能有,理想的美不是纯粹美而是依存美。纯粹美判断的标准是形式自身,依存美判断的标准是审美理念与审美理想。

审美理念,康德用的是德文"idee",字源是柏拉图的"理式",后来黑格尔的"理念"也是这个词。宗白华将"idee"译为"观念",但加注说亦可译为"理念、理想、目标"。这个词的希腊字源含有"最高范型""形式"等意义。朱光潜在《西方美学史》中说,此字译为"观念"不妥,因为它是具有概括性和标准性的具体形象,所以依希腊原文本义,应译为"意象",有时可以译为"理想"。

"理念"也是"理性的概念",但与一般概念不同,它是不确定的,不能被规定的概念,只能由个别经验性表象来体现,这需要诉诸想象力。而符合审美理念的个别事物的表象就是审美的理想,亦即最高的美。这种最高的美乃是表象通过想象与"理念"的结合。

康德认为依存美是美善相彰的,所以,审美必然和道德理性联系在一起。如果说纯粹美的美感是一种知性–情感结构,那么,依存美的美感便属于理性–情感结构,后一种理性与情感就结合在"审美理念"中。

康德指出,纯粹美的事物,譬如花朵、海贝、艺术中的图案等,是谈不上审美理想的,因为其中没有人的理想。但只要一涉及人,就有审美理想和理念,因为"只有那在自身中拥有自己实存目的的东西,即人,他通过理性自己规定自己的目的",所以,"只有这样的人,才能成为美的一个理想,正如唯有人类在其人格

① 朱志荣.康德美学思想研究[M].合肥:安徽人民出版社,1997:107.

② 宗白华.宗白华全集:第2卷[M].合肥:安徽教育出版社,1994:69,72.

中,作为理智者,才能成为世间一切对象中的完善性的理想一样"①。因为人有向善的本性、有人格意识,所以,在世界上的一切事物中,只有人最能追求完满理想。

康德认为,"审美理想"体现于人的形象,有以下两大要素:

第一,审美的"规范理念",体现了人的类型性,如人体之美,以数字为标准,可求出各项平均指数,取一千人之高、阔、厚,总和除以一千。这样的"规范理念"求出的美,不过是"合规格"而已。对人来说,这种类型化的形象往往显得没有性格,很平庸,只能涉及完全外在的东西,对于美来说,也是消极的表现。

第二,审美的"理性理念",这就涉及道德,它体现了人体形象的最大合目的性,这个判断来自评判者自身,它可以突破"规范理念"的限制,外表上即使有某些缺陷,但能显示出人的道德力量(试设想米罗岛的维纳斯的从容、镇定与舒展的美,贝多芬胸像类似雄狮一样的精神力量)。"这就需要那只是想要评判它们、更不用说想要描绘它们的人,在内心中结合着理性的纯粹理念和想象力的巨大威力。"②所以审美理想乃是理性与想象力的和谐统一。

4. 方式(情状、模态)契机

在先验逻辑的范畴分类里,方式这个类项包括三个范畴,即可能性、现实性、必然性。

这一契机,康德分析的是审美判断的必然性。论题:美是不依赖概念而被当作一种必然的愉快的对象。

从表面看,这和量的契机(第二契机)雷同,都讲无概念的普遍有效性,而且都是从"先天共通感"加以论证,但实质上,这两者是有区别的,第四契机回答了第二契机的必然性和所以然,即回答主观的合目的性的判断,为什么必然具有客观必然的普遍有效性。宗白华论"必然":"文艺不只是一面镜子,映观着世界,而且是一个独立的自足的形相创造,它凭着韵律、节奏、形式的和谐,彩色的配合,成立一个自己的有情有相的小宇宙;这宇宙是圆满的、自足的,而内部一切都是必然的,因此是美的。"③

对"先天共通感"的分析:

(1) 它不同于普遍知性,不是按概念而是按情感和"模糊表象"做出判断的。

---

① 康德.判断力批判[M].邓晓芒,译.北京:北京人民出版社,2002:69.

② 康德.判断力批判[M].邓晓芒,译.北京:北京人民出版社,2002:72.

③ 宗白华.宗白华全集:第2卷[M].合肥:安徽教育出版社,1994:348.

这里的情感并非"私人情感",而是"共通情感",即它具有族类性质的必然性。

(2)"知性和想象力和谐活动"必然引出审美的共通感,而两者和谐活动不属于"外在感觉"(只关乎感官),而属于内在心理结构的一种综合效应。

(3)"共通感"的普遍有效,不是一种概念的有效性,而是"范例"的有效性。美感趋向于审美理想,以理想中的审美意象为规范,面对这种审美意象,并不是每个人都事实上同意我们的判断,而是"应当"同意判断。这就是说,共通感的必然性来自人类情感的理想规范的力量,它对别人也构成一个道德律令——"应该"。康德用人的社交本性解释共通感:作为社会的生物,社交(社会交往)是人性里的特性,他要求将情感传达给别人,所以每个人都要求普遍传达,使感情在社会里为他人共享,就好像是人类自己为自己指定的"原始契约"一样。这个分析是深刻的,它所触及的"共通感"乃是人类实践史的伟大积淀这样的思想。

从上述四契机分析可以看出,康德美学的要点是要从"知性–情感"向"理性–情感"过渡。四契机按此意向组成一个梯级序列。在形式美里,自由感是前阶;在依存美里,自由感是预演(理性自由)。中间的层次递升是很细密的。有人(如朱光潜)认为康德的两类论述存在矛盾,这是不了解康德人类学视野而导致的误解。

二、崇高的分析

(一)崇高论的历史回顾

1. 朗吉弩斯(Longinus,213—273)《论崇高》

西方美学史上,朗吉弩斯是提出崇高概念的第一人。崇高是作为雄辩术中的修辞学概念被提出的。朗吉弩斯认为对崇高的追求是出于人的本性,大自然并不把人当作卑微的动物,而是把人丢进宇宙生命的运动场,让人参加生命的竞赛。所以,人总追求崇高的事物,对真正伟大的、使人惊心动魄的奇特事物,有永恒的爱,总怀有敬畏之情。

朗吉努斯是从修辞格的角度提出"崇高"概念的。当时罗马雄辩术流行,"崇高"就相当于修辞格。朗吉努斯说"崇高是伟大心灵的回声",它有以下五个来源:

① 庄严伟大的思想;② 强烈激动的情感;③ 思想和语言的藻饰;④ 高雅的

措辞;⑤ 堂皇卓越的结构。

朗吉弩斯《论崇高》湮没1000余年,这部以希腊文写成的著作,16世纪被发现于欧洲,17世纪后半叶由法国古典主义者布瓦洛(Boileau,1636—1711)译为法文,并为它写下一篇评价文章(译后记),多次再版,被推许为与亚里士多德《诗学》并驾之作,产生了巨大影响。18世纪为浪漫主义者所赞赏,被视为浪漫主义理论的先声,尤其是在德国。

2. 博克(Burke,1729—1797)《论崇高与美两种观念的根源》

博克首次将崇高与优美作为平行范畴做了论述,崇高与美被视为两大"范畴"。

《论崇高与美两种观念的根源》(1756年),从生理主义观点对两者做出解释。认为人有两大本能:自我保存与社会交往。前者求个体生存,后者求群体繁衍,交往首先是两性交往,由爱异性而到爱他人;前者是崇高的基础,后者是优美的前提。

"凡是可怖的也就是崇高的。"高大、深渊、黑暗,都能引起恐怖,但因主体处于安全地带,激起的自我保存欲望不是使人付诸行动(如逃生),而是产生自豪感与胜利感,此即崇高感。

康德认为博克对崇高的经验描述可以为人类学提供丰富资料,但这属于经验人类学,因此它不能解决崇高鉴赏的根本问题,即不能解决对崇高的判断何以普遍有效的必然性问题。康德给自己规定的任务是探讨这一必然性,为其找出普遍遵循的先天原则,使其经人类学上升为先验人类学。

(二)康德对崇高的分析

对崇高和优美的鉴赏,都属于审美的反思判断,服从审美判断力的先天原则,四契机的分析对优美、崇高都能适用。从质上来说,这种鉴赏是无功利愉快的;从量上来说,这种鉴赏是非概念普遍有效的、具有无目的的合目的性和无概念的必然性。

但崇高与优美又有区别,最根本的一点,崇高的对象是数量的巨大与力量的巨大,它在主体面前呈现的不是有限的感性形式,而是"无形式"。这就使崇高四契机的顺序和优美四契机有所不同,崇高必须从量的契机开始。其分析框架如图10.2所示。

崇高 {
　数量的崇高 { 量:无形式
　　　　　　 质:消极的快感(不快→痛快)
　力量的崇高 { 关系:合目的性
　　　　　　 方式:历史必然性
}

图10.2　崇高的分析框架

1. 量的契机

关键要掌握"无形式"的意义和数量"大"的确切含义。

(1) 关于"无形式"。

第一,它是和"优美"相对而言的。优美的对象提供的表象是由感官把握的"有限形式",崇高对象提供的表象则是"无形式"(unform),亦可译为"非形式",它是不定形的,在时空上都是无限制的形式。无限时空易唤起崇高感。

第二,优美的感性形式是整体的,符合多样统一等形式美的法则,而崇高是不规则的、奇特的、反常的。

第三,优美由感官可以把握整全形式,故鉴赏方式是"静观",崇高的鉴赏方式则是动态的。优美感是当下即得的瞬间反应,崇高感的产生则需要一个过程。

(2) 关于数量的"大"的确切含义。

崇高的"大"是绝对的大、无比的大。只要有可比,就不会产生崇高感。因为有可比,小的东西作为参照物就可以被用来度量大的东西,那么"大"就可以度量,就会被纳入抽象的数量关系而归于逻辑认识。李白《蜀道难》"噫吁嚱,危乎高哉! 蜀道之难,难于上青天!"《梦游天姥吟留别》:"天姥连天向天横,势拔五岳掩赤城;天台四万八千丈,对此欲倒东南倾。"这都是无与伦比的大。刘禹锡《九华山歌》:"奇峰一见惊魂魄。"毛泽东《念奴娇·昆仑》:"横空出世,莽昆仑,阅尽人间春色。飞起玉龙三百万,搅得周天寒彻,夏日消溶,江河横溢,人或为鱼鳖。千秋功罪,谁人曾与评说?"亦类此。不能把感性直观划入逻辑思考或数学演算中去。因为无可比,人只能在想象力的直观里去力求把握对象整体,以便将无限作为一个整体来思考。

2. 质的契机

(1) "通过无能之感发现自身的无限能力"。

崇高感是由不快感转化而来的快感(消极的快感)。优美感是外向的,感官能把握对象的有限形式,想象力激发知性去把握,主体感官是宁静的、圆满的、欣然怡悦的。崇高感首先会使感官受拒绝,生命力受挫折,引起恐怖感,但人又处于安全地带,生命安全不受现实威胁,所以想象力便转向内心去寻求支持,它自由地唤起理性的力量(例如"整体"这个理性观念)去努力把握对象的整体。主体此时的心情动荡不安,对象对于主体轮番地交替着推拒和吸引,生命力受阻,紧接着出现生命力的洋溢迸发。想象力面对超感性的对象,犹如面临万丈深渊,生怕迷失于其中,但超感性的东西又适合理性,想象力转而求救于理性的力量去加以把握,这是符合规律的。这样,生命力的受挫反而唤醒了理性而导致生命力的高扬。所以宗白华在译者按中说:"(崇高感)即通过无能之感发现着自身的无限能力。"[1]

(2) 由痛感转化为快感的转换机制在于"偷换"(subreption)作用。

康德指出,对崇高对象的崇敬,其实是人对自身使命的崇敬转移到对象身上去的。对自然的崇高感就是对我们自己的使命的崇敬,通过一种"偷换"(隐瞒真相而获益)的办法,我们把这崇敬移到自然事物上去,"用对于客体的敬重替换了对我们主体中人性理念的敬重"[2]。这是一种"自居作用",朱光潜认为这是"移情说"的雏形。

3. 关系契机

关系契机具有无目的主观(理性)合目的性。

鉴赏崇高,想象力不能和知性和谐结合,而跳过知性去和理性力量协调一致。康德认为,知性的应用范围是经验世界,超越经验的宇宙大全、自然整体,属于本体界,它不可知,不能提供可靠知识,却可以思考、可以想象、可以设想(不可知而可思)。超验世界的思考,正是理性的任务,所以,理性在崇高鉴赏中被唤起,是完全符合理性自身要求的。这同样是一种主观合目的性。

在力量的崇高面前,个人显得渺不足道。但只要自觉安全,我们的心灵会被提到超出凡庸的高度(反常对象使我们打破惯常尺度),使我们产生一种抵抗力,有足够勇气与表面上万能的力量展开较量。

这种较量即是使命感。第一,要突破有限而达无限,属于数量的崇高,即"世界整体"观念;第二,要抗拒外界暴力对生命的摧折,属于力量的崇高,即"道德勇气"观念。投入自己的全部心灵能力(知性不够就用理性),来抗拒外界暴力的侵袭。这种使命出于绝对命令,是权利,更是义务、职责。在现实中,即使这种抵抗

---

① 康德.判断力批判[M].邓晓芒,译.北京:商务印书馆,2002:99.

② 康德.判断力批判[M].邓晓芒,译.北京:北京人民出版社,2002:96.

是徒劳的也要去抵抗,即使是无望的期待也要期待,因为这是最高命令,没有理由可说。

崇高的鉴赏,从对象说,要从局部到无限整体,由经验到超验,就主体说亦是如此。超越物理的我(生理的我)到理性的我,把小我转为大我,感性主体转为族类主体,这两方面都趋向于本体,这个思想是十分深刻的。若没有理性去把握整体,人生的价值意义无法进行终极追求,主体的心灵无处安放,驱除不了焦虑感、不完全感。从主体说,只有将感性主体(个我)融入族类主体,融入人类事业,才能摆脱个我的局限。

正因为崇高在更高层次上唤起理性的力量,有提升人格的作用,所以康德才在崇高分析之后提出"美是道德的象征"的命题。这里的"美"包含优美与崇高。

然而,崇高只是通向实践理性,它不是实践自身。它之所以是"象征",乃因为鉴赏崇高仍不脱离表象、不脱离想象、不脱离直观,理性观念只对想象起范导作用,依然是暗中起作用的因素,一如知性在优美中只引导想象趋向不确定的认识,所以这里的理性理念,不是直接实践性的,这里的理性自由只是对道德自由的体验,而不是实践中的道德自由,就是说,它并没有转化成道德行为。如果说,优美感中知性范导着想象,指向不确定的认识,崇高感中理性就范导着想象,指向不确定的理性观念,正如康德所言:

> 美似乎被看作某个不确定的知性概念的表现,崇高却被看作某个不确定的理性概念的表现。①

崇高所包含的不确定的理性概念是什么呢？大体上说,数学的崇高,体现为"世界整体"这个思辨性的范导性理念;力量的崇高,则表现为"抵抗力"即道德勇气,是那种在危险面前从不退缩的勇敢精神。

4. 方式契机

和优美感一样,崇高感的普遍有效性是主观的普遍性,但它同样有自己的必然性。这个必然性在文化历史之中。康德认为,只有文化的人、道德的人才能欣赏崇高:

> 事实上,没有道德理念的发展,我们经过文化教养的准备而称之为崇高的东西,对于粗人来说只会显得吓人。②

---

① 康德.判断力批判[M].邓晓芒,译.北京:北京人民出版社,2002:82.

② 康德.判断力批判[M].邓晓芒,译.北京:北京人民出版社,2002:104.

文化的人、道德的人是在自然界向人生成的过程中出现的,崇高的目的和自然的目的是相辅相成的。崇高是道德观念演进的历史成果,它以道德为前提,反过来又提升道德人格,唤起理性的力量,使崇高较优美更趋近于道德,于是美(崇高)成为道德的象征。

(三)康德崇高论的评价

对康德的崇高论有两种误解应当破除:

(1)认为康德论崇高,否定了崇高对象的特征,把崇高感当成崇高,是美感决定论。如蔡仪同志直到晚年还在这样批评康德。不错,康德说过,崇高不能从自然对象中寻找,而要从主体心灵中寻找:"崇高不该在自然物之中,而只能在我们的理念中去寻找。"[①]但是,康德的要点不在于否定自然对象有崇高的特征,而是强调其产生于特殊的主客体关系中。他肯定崇高事物的"无形式"的感性特点,肯定了对象体积之大和力量之大,没有这一条,就无所谓崇高。同时,康德对判断力的批判即是对美感(含崇高感)的批判,如同在"美的分析"中,着重论证事物在何种主观条件下才显得美;在"崇高分析"中,论证的是事物在何种主观条件下才显得崇高。康德没有研究清楚的东西,我们继续研究就是了,但认为康德否定了崇高对象的特征,是不公道的。

(2)认为康德关于美的两大命题前后矛盾。"美是无目的的合目的性形式",讲形式合目的性就是美,主张美在形式;"美是道德的象征",将道德观念作为内容通过感性体现出来才是美,主张美在内容。两者自相矛盾。朱光潜先生认为这是"第三批判"写作过程中康德思想发展的结果,其实他没有认清康德美学的总体理论架构。合目的性的形式,只适合于"纯粹美","道德的象征"却涵盖了纯粹美、依存美、崇高三者。这三者是由自然目的论整合起来的,它们各自通过"道德的象征"作用,而指向自然的最终目的——道德的、文化的人。其结构如图10.3所示。

席勒认为康德的崇高论过于侧重主观,他主张:"崇高从悟性来看是不合规律的,即受无秩序的对象的诱发,把主观和对象的关系看作更密切的东西。"赫尔德认为,康德关于崇高的无限大对象的描述是非现实的,实际上,崇高把界限推向前方但界限本身常在眼前。叔本华发展了康德,认为悲壮是崇高的一种或是它的派生物,认为对崇高的分析是《判断力批判》全书"最卓越的"部分[②]。

---

① 康德.判断力批判[M].邓晓芒,译.北京:北京人民出版社,2002:88.

② 竹内敏雄.美学百科辞典[M].池学镇,译.哈尔滨:黑龙江人民出版社,1988:179,180-181.

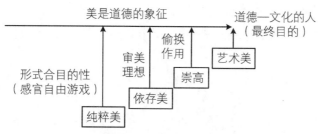

图10.3 纯粹美、依存美、崇高三者的结构关系

康德崇高论有它的缺陷,依笔者看其缺陷不在别处(例如布拉德雷所指摘的数学崇高与力学崇高的划分),而在他把崇高强行限制在自然界,忽略或有意遗漏了社会性崇高——悲剧。在《关于美感与崇高感的考察》中,康德将悲剧视为崇高、喜剧视为优美并做过分析,而在"第三批判",悲剧却被排除在审美判断的全领域之外。这种忽略或有意遗漏,可能起因于体系建构的需要,是为了使审美目的论同自然目的论相衔接。如果是这样,康德为体系而牺牲理论内容,那就太可惜了。这不仅因为《关于美感与崇高感的考察》已涉及这个课题,而且"第三批判"也谈到"一个不惊慌,不畏惧,因而不逃避危险,但同时又以周密的深思熟虑干练地采取行动的人",在野蛮时代和文化时代都被人当作战士受到高度崇敬。谈到战争,如果它是借助于秩序和公民权利神圣不可侵犯而进行的,这战争本身便具有某种崇高性,而经历该战争的民众如果遭受的危险越多,越能在危险中坚持到底,其思想境界就越是崇高的。[1]这里悲剧分析已经呼之欲出可惜又失之交臂。

三、艺术论

美和崇高的分析侧重于鉴赏力,艺术论则侧重于创造力。依次讨论艺术一般、艺术天才、审美意象、艺术分类诸问题。由于审美意象不但涉及艺术创造,也涉及审美鉴赏,我们需要将它另行介绍。

(一)艺术一般特征的规定

康德对艺术活动和艺术产品(艺术品)一般特点的分析(如图10.4所示),是

① 康德.判断力批判[M].邓晓芒,译.北京:北京人民出版社,2002:102.

静态的系统论的分析,其方法比结论重要得多,其特点是按艺术外延,由大及小逐层界定。这种带系统性观点的分析,真个是抽丝剥茧、条分缕析,能给我们不少启示。

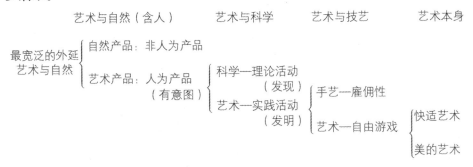

图 10.4 康德对艺术活动和艺术产品一般特点的分析

注:美的艺术是快适而有深层意蕴的,需要反思判断,联系知性与理性,终成"全人格"。

把艺术放在自然领域考察,故第一层次是探讨艺术与自然的关系,把艺术品与自然产品做比较。自然产品是非人为的,是按物种自然本能自我复制,似乎按照某种目的自己生产自己。但无意图,也就说不上自由。而艺术产品是人为制品,是有意图的,而且是自由任意的。第二层次,康德又在艺术产品中分析出人的两种活动:一是科学活动,一是艺术活动。前者是理论活动,要发现规律、利用规律;后者是创造活动,是一种实践。它不只发现规律,而且人可凭借自己的认识来利用规律为自己服务。第三层次,同是艺术活动,又可再加分析,遂有技艺和艺术的区别。技艺是按科学知识支配自己的行为,在实践中创造产品。因此,技艺是雇佣性的、非自由的。人们多依自己的技艺作为谋生的手段,其关心的是产品的结果,其过程得不到愉快;而艺术是自由游戏,目的不在其结果,而在于其过程本身就能带来愉快,如同儿童的游戏。艺术本质上可看成一种自由游戏,是想象力、知性和理性和谐统一活动的游戏。在西方,康德第一次从理论上把艺术和技艺区分开来,划清了技艺与艺术的界限,而在古希腊、罗马时期二者是不区分的。第四层次,在自由游戏的艺术活动中又可分成两种类型,一是快适艺术(娱乐性艺术),一是美的艺术(纯艺术、严肃艺术、高雅艺术),这是从艺术自身来分析的。前者的目的是唤取自由的感官愉悦,以满足感官的需要;后者是从审美的愉悦、具有深厚的意蕴联系到主体的感性、想象、理性,联系到主体的全人格,是艺术家人格的体现,感性中蕴含深厚的理性内容。康德重视的就是美的艺术。

康德所做以上划分,是一历史过程,可用历史发生学来解释——历史主义观点是从黑格尔开始的。以上四层次实际上提出了四个问题:其一,艺术与自然的关系;其二,艺术与科学的关系;其三,艺术与技艺的关系;其四,快乐艺术与美的艺术的关系。需要特别说明的是自然与艺术、自然美与艺术美的关系。

自然产品是无意图的,一切取决于本能(如蜜蜂与蜂房)。艺术活动则是有目的的,自由任意活动。但自然的无目的中,有着整体上内在的合目的性,这种合目的性以感性直观表现于我们面前时,我们称之为自然美;艺术虽有主观目的,但主观目的必须隐藏于艺术作品,使其像无目的自然一样,浑然自成整体。于是便导出了另一个问题:自然美与艺术美孰高孰低的问题。

康德对这个问题的答复也是一种辩证式的思考:

(1)如果艺术品只出于单纯模仿或以单纯形式技巧与自然美竞赛,那么艺术美低于自然美(例如纸花和小孩模仿夜莺)。

(2)如果艺术美使人知其为艺术而又貌似自然,自然美使人知其为自然又貌似艺术时,艺术美与自然美等价。人们用艺术眼光看待自然,又用自然的眼光去看待艺术,自然与艺术能得到最佳的统一。王鉴云:"观佳山水,辄曰:如画;观善丹青,曰:逼真。"不露任何人巧痕迹的作品,无斧凿痕,大器若朴,大巧若拙。

(3)当艺术出于天才的创造,属于"美的艺术",它作为第二自然,作为道德的象征时,艺术美高于自然美。因为道德的人是自然的最高目的。

康德强调的正是美的艺术的优越性。第一,它具有理想,别具精神(geist);第二,艺术可以化丑为美,把自然中原本是丑的或令人不快的事物描绘得美。复仇、疾病、战争、毁坏这些坏事都可以被写得很美,甚至可以用绘画来表现,人们只是把它当作一个意象来欣赏。

(二)美的艺术是天才的创造成果

1. 美的艺术

作为"自由游戏"的艺术,又可分为娱乐(快适)的艺术和美的艺术。前者的表象只伴有单纯感官的愉快,后者的表象则提供为一种认识样式;前者以单纯享乐为目的,后者则是"一种意境",它没有目的,却自具"合目的性",可以促进心灵受到陶冶,而且具有社会性的普遍传达作用(艺术的表象可以成为人们交流思想与情感的中介,这就具有了社会学的背景),康德认为这一切都是由艺术天才创造的。

2. 天才的四特征

美的艺术是天才的作品。"天才是一切美的艺术品的出生证。"

(1) 质:独创性。大胆想象,突破陈规,出乎"无心",确立无法的"至法"。天赋才能,是自然禀赋,天才为艺术制定法规。

(2) 量:典范性。天才是稀有的、不普遍的。少数天才创造的艺术品可以给别人提供典范。天才不是靠模仿产生,也不为别人提供模仿对象,却能成为别人评判的法则或创作的准绳。艺术的进步非累进式,而是突创式。艺术发展的高峰不可企及、不可超越。天才一旦死去,便人亡技绝,故康德批评了艺术进化论。艺术进展不是累积式的,而是一个高峰接着一个高峰,相互间不可取代,各个时代艺术的独特价值在于阐释。

(3) 关系:天才的创造技巧不可描述,不可科学说明,不能公式化,因而不可传授;无意识、无概念、不能传授或模仿,只能依靠灵感,但可作为范例唤醒他人独创性的灵感力量,唤醒新的天才创造。但艺术中有机械的原则需要遵循,这是一些属于基本技能的东西,是可教可授的。

(4) 方式:大自然通过天才替艺术订立法规,这种法则是创造性的,是无法则的法则,而不是替科学订立法规。天才能突破陈规,自己为艺术立法,所谓"至法无法"。正是这种无法之法成为后人的典范。因此,天才可以推动后人的艺术创造。科学是发现,艺术(美的艺术)是创造。

3. 天才与鉴赏的关系

天才属创造力,鉴赏属判断力,虽然鉴赏之中有创造,但两者毕竟有重要区别。鉴赏追求普遍有效性(主观的、非概念的普遍有效),它是自然美的首要条件;创造追求独创性,是艺术美的首要条件。但两者又有密切关系,天才需以鉴赏为基础,有鉴赏力的人未必有天才,但有天才的人必能鉴赏。鉴赏力是一般人都具有的,只是有高尚与低下、奇特与庸凡之别,而有着伟大而奇特的(稀有的)创造力的即是天才。

鉴赏是可传达的,却常常不需传达。而艺术的天才恰能把高明的想象力及想象力中融进的高明的知性和理性全部创造出来。所以,天才常能借用自然素材创造出另一个自然(第二自然),第二自然提供的是自然中没有的范例。这种创造力的心理功能如何? 是康德为后人留下的重大课题。

（三）艺术的分类

康德在艺术的分类上有自觉的分类原则,他的原则建立在以下三项基础之上:

1. 确定艺术与非艺术的界限

在人工制品中,划分出机械艺术与审美的艺术。前者出于一个实用目的而去制作物品,这指的是工艺技术;后者没有实用目的,而只追求审美的快感。西方历来将艺术与技艺混而不分,康德首次从"目的"的判定上,将两者明确做了区分。

2. 确定艺术的共同特征

要确定各门艺术的统一性,将跨度极大而表面上极不相似的艺术品类内在的共同性确定下来,是有很大难度的。亚里士多德认为这共同特征是摹仿,至博克开始质疑,他认为诗和修辞(文学)以情动人,而非以摹仿动人,这和绘画明显不同。康德认为一切艺术的共同特征是表现艺术家的审美观念,它是作家借助作品传达出来的心灵自由感,就是说艺术是不同程度上心灵化的产品。

3. 分类的根本依据——传达方式

康德突破了亚里士多德的看法。亚里士多德认为艺术的共同特点是模仿,因而艺术品类就以模仿所取的媒介不同而不同。色彩、音响节奏和语言成为绘画、音乐和诗三者区分的界限。

康德将模仿改为传达审美理念,即从艺术的传达方式来区分艺术,包括作用领域(思想、直观、感觉)和凭借符号(人工符号、自然符号$_1$、自然符号$_2$)。

思想——人工符号:语言(文字)艺术→雄辩术与诗

直观——自然符号$_1$(综合感性材料):造型艺术→雕刻、绘画、建筑、园林

感觉——自然符号$_2$(单一感性要素):感觉游戏艺术→音乐、色彩

这种分类有两大优点和两大缺陷。两大优点:第一,这是一种递降的层次分析,将诗抬到最高位;第二,提出造型艺术概念,其中以建筑为核心。两大缺陷:第一,他将语言艺术与造型艺术都视为依存美,而把感觉游戏归为纯粹美,他特

别重视诗,又未免看轻了音乐;第二,将造型艺术作为一类,囊括雕刻、绘画、建筑、园林是很对的,但将绘画与色彩分置两类是牵强的,肢解了绘画。不过,他启发了后世侧重从审美感受来捕捉分类标准的思路。20世纪将艺术的时空、视听关系作参照进行分类,但两者如何会通,依然是问题。

卡瑞特分类方法:空间艺术(建筑、雕塑、绘画),时间艺术(音乐),时空综合艺术(诗)。

哈特曼分类方法:视觉艺术、听觉艺术。

《美学基本原理》以表现与再现及时空关系将艺术分为五大类[①],如表10.2所示,可能是比较合理的方法:

表10.2 艺术的分类

表现/再现	空间静态	时间动态
偏表现	实用艺术:建筑、工艺	表演艺术:音乐舞蹈
偏再现	造型艺术:雕塑、绘画	综合艺术:戏剧电影
兼表现再现		语言艺术:文学

四、审美意象论

(一)审美意象的概念

康德在谈论美与艺术时均论及"Aesthetische Idee"这个概念。它有两个含义:第一,最高概念;第二,含不确定理性概念的表象。宗白华言此词可译为"审美观念"和"审美理想"[②],邓晓芒则译作"审美(感性)理念"。但朱光潜、蒋孔阳两位以为都可以译为"审美意象"。因为只要涉及审美,不论观念、理想,均不脱离表象,观念指不确定的概念或理念,它们之所以不确定,就因为和表象没有割断关系,保留着感性特征,却又暗指、暗示出某种理性概念,是一种象征性的理性概念。"第三批判"开宗明义:"美(无论自然美还是艺术美)一般可以称为审美意象的表现。"

还有一段话说得更为透彻:

---

① 刘叔成.美学基本原理[M].上海:上海人民出版社,2001:175.

② 蒋孔阳.德国古典美学[M].北京:商务印书馆,1980:113,115.

我所说的审美意象，就是由想象力所形成的那种表象。它能够引起许多思想，然而，却不可能有任何明确的思想，即概念，与之完全相适应。因此，语言不能充分表达它，使之完全令人理解。很明显，它是和理性观念相对应的。理性观念是一种概念，没有任何的直觉（即想象力所形成的表象）能够与之相适应。

（二）审美意象的特点

1. 创新性

审美意象是想象力的创造品。想象力在审美中起主导作用，没有自由想象，就没有审美的自由，审美就不能成为道德的象征（自由）。"想象力作为一种创造性的认识能力，是一种强有力的力量。它从实际自然所提供的材料（"感性材料"：作为题材的素材，作为传达的媒材）中，创造第二自然来。"①审美表象自然来自经验，但又是按照类比律、根据理性中更高的原则重新改造原有经验的成果。它是想象的结果，所以可以成为道德自由的象征（创造审美意象完全出乎自由意志）。

2. 超越性（理想性）

它的最大优点是，将经验的东西提升为超验的东西，或者反过来，使超验的不可见的理性世界，变成具有客观现实面貌的可感世界。天堂、地狱、永恒、创世，被翻译成可感的东西。或将经验中的东西，死亡、嫉妒、恶德、生命、爱情、荣誉，经由想象而具象化，在具象化中同时达到理性最高度，以致使现实中的这类经验事物相形见绌。在诗的艺术中，这一特点尤其显著。这两方面都显示了审美意象的超越性。超越性也即理想性，是对审美表象的重新改造。在改造过程中，艺术家加入了自己的价值评判。如此，使读者观众通过审美意象进入形而上的超验境界。

正因为审美意象具有这两大特点，它显示出人的想象力特有的创造力量，所以它成为天才的确切标志。天才能构造审美意象而且能完满地传达这意象。这种特殊才能非学问所致，非勤奋历练所得，而出于一种天赋。它能突破前人的法则而自立法则，激发后人的创造性，唤起后来的天才。

---

① 蒋孔阳.德国古典美学[M].北京：商务印书馆，1980：113.

审美意象是包蕴着不确定概念的表象,它呈现为感性,却暗示、指引着超感性的理性内容。审美意象的创构和传达,是艺术天才的表征。

(三) 审美意象的功能

审美鉴赏过程和艺术创造过程,都涉及审美意象,但在这两个过程中,审美意象的地位、作用并不相同。

(1) 在鉴赏过程,审美意象体现为审美理想,它的作用是充当鉴赏的判断标准。纯粹美只关乎对象的形式,只关乎知性,不涉及理性,无所谓审美理想;依存美,涉及人自身,包括人体美、人格美(人体美体现于形体外表,人格美体现于外在行动),把人当成理性动物,能按理性来决定目的、有意志自由的主体来对待,所以人有美的理想,有一种追求自身完善的能力。这个美的理想,体现为审美意象,作为典范、原型被引入判断,成为审美判断的参照。范型,其中含有不可言说的东西,因之成为想象的范导力量。这种典范、原型不是一种规范观念(朱光潜译为"规范意象"),只是统计的平均数,只提供类型,只规定"合格",它作为判断标准,是经验性的、相对性的,所以不能当作审美理想。真正的典范、原型(最后典范、原型)亦即真正的审美理想,是和理性观念即道德精神相联系的,如人体美,不只是肢体的美,不是虚有其表的色相,而是与精神气质相结合的特有风度,使支配内心的道德情操从形体上呈现为可见的表象。这种美,很接近于魏晋人格美的一种类型——风姿韵度,简称"风韵"。嵇康"肃肃如松下风""岩岩若孤松之独立",庾亮"神姿高彻,如瑶林琼树,自然是风尘外物"。因为道德理性是先验的、代表全人类的,所以审美理想(以审美意象体现之)才是审美判断普遍的、先验的标准。按照这个标准做出的判断,才会有普遍可传达性,能得到普遍赞同。

(2) 在艺术创造过程,审美意象则是"灵魂",康德称其为"内心的鼓舞生动的原则"[1],心意赋予对象以生命的原则,是天才的心理能力(想象和理解)中含有的东西。它是创作的出发点和归宿,审美意象是创造的目标,是成就的标志。它是理性观念最完善的感性形象的显现。这和纯粹美不同,如形式美,它的美只在形式,艺术则不仅仅在形式,还要有"灵魂"。这个"灵魂",又称作"生气"[生气(神灵的气息)灌注,是康德、黑格尔和歌德共有的主张],它来源于艺术家的心灵,来自天才。艺术天才创造审美意象,"天才不过是表达审美意象的功能"[2],为人类的审美提供典范,提供审美判断的标准。

---

① 康德.判断力批判[M].邓晓芒,译.北京:北京人民出版社,2002:158.

② 康德.判断力批判[M].邓晓芒,译.北京:北京人民出版社,2002:158.

这样,我们就可以看到鉴赏和创造的关系,鉴赏不能创造代表审美理想的审美意象,它要从艺术的天才创造去借取典范、原型,以充当判断的标准。也就是说,鉴赏不能自立标准而要以典范的艺术品为标准,艺术可以突破原有标准,自创典范、自立标准,但又可以反过来影响鉴赏,于是两者便构成水涨船高的关系。艺术以鉴赏为基础,又反过来规范、引导鉴赏。

（四）审美意象与美

　　《判断力批判》"§51 关于美术的分类"开头说:"美(不管是自然美,还是艺术美)称之为对审美理念的表达。"[1]因此,在这个意义上可以说,审美意象即是广义的美(含优美、崇高、自然美、艺术美)。叶朗《现代美学体系》即持此看法。他认为"广义的美＝审美对象(非物亦非心,而是主客体意向性关系的产物)＝审美意象"。朱光潜《文艺心理学》中也存在此观点,后又发展成"物甲物乙说"。

　　但我们要注意,康德对此有保留,"一般可以说是",这是排除了特殊的。这个特殊应是纯粹美(形式美)。这里便有一个问题,审美意象必与理性观念、道德精神相联系,这不适合形式美,形式美既然不能用审美意象概括,那就不能称为美。这里留下一个问题,即形式美是否是美? 按康德"美的分析",形式美也是由知性与想象力和谐活动引起审美愉快做出的情感判断,形式美美在形式,又不仅仅是形式,它也是一种"有意味的形式"。因而形式美构成的表象,也应称之为审美意象。康德总称为"合目的性的审美表象",我们将其认为是审美意象的一种形态[2]。我们需要引进宗白华关于意象的理论:

　　　　象者,有层次,有等级,完形的,有机的,能尽意的创构。[3]

　　这里的"完形",指整体性、统一性;完形(构形)能力是天赋能力;有机,即有生命;尽意,即充分表达主体情思。层次和等级即结构。意象作为系统、序列,究竟可以划分为哪些级别、哪些层次,值得研究,笔者以为大致可分三个层次:

　　　超越层　超越意象(境界)————→ 体会
　　　心理层　心理意象————————→ 交流
　　　形式层　物象——————————→ 静观

---

① 康德.判断力批判[M].邓晓芒,译.北京:北京人民出版社,2002:166.

② 汪裕雄.审美意象学[M].沈阳:辽宁教育出版社,1993:32.

③ 宗白华.形上学:中西哲学之比较[M]//宗白华全集:第1卷.合肥:安徽教育出版社,1994:621.

第四节　康德的自然目的论与康德美学

审美之谜在哪里？感性经验中何以把握形而上的超验内容？

比较宗教与审美可知，它们的区别如下：宗教以贬低或否弃现实为代价来维持信仰；审美从现实中发现美、肯定美，把人引入理想之境（以理想人生、理想人格为信仰）。

一、康德自然目的论要义

自然目的论是对目的论判断力的批判性考察。黑格尔《哲学史讲演录》曾评述过康德的自然目的论："判断力的对象一方面为美，一方面为有机的生命，而后者是特别重要的。"[①]《美学》中说康德的目的论"已接近于了解到有机体与生命的概念"[②]。

1. 自然的客观合目的性

康德认为美和自然，均具有合目的性，即可以设想，美的事物和自然事物都似乎有某种意图、某种目的。但两者又有着根本不同：美的事物合目的性是主观的、形式的，即对象表象对于主体的想象力、知性或理性和谐活动能力的天然适应（对象形式与主体心意能力的异质同构性）；自然事物的合目的性是客观的、实质的（韦卓民译作"实在的"）。具体来说如下：第一，它自己如此，不关乎主体能力；第二，它关乎对象本身，不关乎形式。然而，这种合目的性不是指导人对对象实体做科学认识，不做规定判断，而是引导人去认识自然事物的相互关系，从个别中求出"普遍"，这个"普遍"就是自然界万事万物的统一性，其统一性不是知识，而是范导性线索。因此，审美判断和自然目的论判断都是反思判断，这两种判断都从表象（即感性）开始，但审美表象诉诸想象力、情感、知性与理性，这叫合目的性的审美表象；目的论表象只诉诸知性与理性，而与想象、情感无关，这叫合目的性的逻辑表象。

---

① 黑格尔.哲学史讲演录：第4卷[M].贺麟，王太庆，译.北京：商务印书馆，1959：294.

② 黑格尔.美学[M].朱光潜，译.北京：商务印书馆，1979：71.

2. 自然是个完整的有机(生命)系统

康德从以下三方面来分析：

（1）大自然应被看作以有机生命为主体的有机世界，它是活的生命系统。自然物可以被划分为无机物和有机物，无机物是产生生命的条件。任何一个有机物，都作为整体(生命体)存在，它的各部分都只有在整体中才有意义和价值。在整体和部分之间、部分和部分之间，都互为目的和手段。由此形成一个自律的生命系统，即自组织、自生产、自调节(钟表自组织但不能自生产，不能自调节)。这个生命系统的每一部分都包含了整体生命，取一树的叶芽、小枝嫁接到另一树的树干上，长出来的还是这种树。"有机生命的目的论"提出来一种猜测，包含着有机论(即生命论)的系统方法，对后世的结构主义、系统论有重大影响，现代生物学尤如此。

（2）自然(含人在内)是一个秩序井然的创造序列，即无机物→有机物→人(自然人)→文化人。康德把自然人称为兽(生物学的人)，文化的人则是人的类本体，即人类的人。从有机物到人，有一个根本的变化，即人有自我意识，可以自己为自己立法，自己决定意志行为、生存方式。如果说，一切有机物的自然目的都是有条件的，它的目的和手段都要依赖他物的目的和手段，只有人有理性，而凭借理性决定自己存在的目的，是无条件的。但只有具备道德自觉的有道德良知的自然人，才能称之为"人"，这个"人"是"类的存在者""作为本体看的人"。这个序列，构成了自然向人生成的巨型系统，是自然的宏伟图景，它指向人的文化世界或文化人的世界，是康德理想中的真、善、美合一的理想王国。从自然人类向文化人类的过渡永远没有完结，因为人毕竟是血肉之躯，是直接自然物。所以，人类永远面对着一个最高命令：做一个类的存在者(做一个人类的"我")，此乃"人类学本体论"。康德说："只有他不考虑享受而在完全的自由中，甚至不依赖自然有可能带来让他领受的东西所做的事，他才能赋予他的存有作为一个人格的生存以某种绝对的价值。"①

这个思想是康德人类学的结穴。它的意义在于为宇宙勾画总体图景，为自然提供统一性，从而确定人类在其中的地位，规划人类的努力方向。

（3）从自然人到文化人的转换有赖于道德。道德是人类前进的车轮，但自然人也有道德，它出于人的欲求(物质—生理需求)，奉行主观原则，表现为假言判断，如"假如……我就……"，以追求快乐即幸福为目标，它要受欲求束缚，因而

---

① 康德.判断力批判[M].邓晓芒,译.北京:北京人民出版社,2002:43.

没有意志自由。只有无条件地服从最高命令,奉行客观原则,不计祸福,不计荣辱,绝对忠实于道德责任,才能发挥大无畏的精神,是一切人间的不幸、灾祸都摧毁不了的、百折不挠的精神力量。从"小我"到"个我",由"感性的我"提升为"理性的我",从"人类的我"到"大我",这需要靠信念、信仰。信念以及坚持信念的动力是什么?这种信仰从何而来?从道德的上帝而来,从道德的神学而来。康德反对自然神学目的论(上帝造世界、造人,给人分配道德义务,要无条件服从),反对神学道德论(宿命论、独断论),而用道德的神学来高扬自由,高扬人的主体性。

在目的论批判最后部分,康德把现实的自由换成了思想自由,重复了"第二批判"对未来道德王国的设想,即德和福的统一,这需要社会为道德自由创造条件,对把他人当手段,甚至迫使每个人把自己当手段的普鲁士国王专制政体和基督教神学,他表示了自己的不满和抗议。这种幻想,也是抗议的一部分,尽管它显示了妥协和庸人习气,但在思想解放的意义上,还是值得肯定的。

二、自然目的论与美学的关系

自然目的论是从艺术品与自然事物的类比中引申的,从这个意义上说,美学(尤其是艺术论)是自然目的论的根据。但自然目的论一经设立,反过来又成为解释审美的主观(形式)合目的性的思考线索,成了理解反思判断的指导线索。

(一)自然美是自然给予人的恩惠

康德在《判断力批判》中提出:

> 我们可以看成自然界为了我们而拥有的一种恩惠的是,它除了有用的东西之外还如此丰盛地施予美和魅力,因此我们才能够热爱大自然,而且能因为它的无限广大而以敬重来看待它,并在这种观赏中自己也感到自己高尚起来。[1]

这个目的,对于人和自然有双向意义:就自然来说,是为了唤起人热爱自然,尊重自然;就人来说,是为了让人自己也崇高起来。所以康德的自然目的论并非人类中心主义,不是"戡天役物"、强迫自然屈从人的意志,而是人与自然彼此善待,彼此相安,接近于张载《西铭》所谓"民吾同胞,物吾与也"。

正因为如此,人在静观中对待自然,自然的形式才和人的多种认识能力的活

---

[1] 康德.判断力批判[M].邓晓芒,译.北京:北京人民出版社,2002:23.

跃取得一致,用我们今天的话来说,就是异质同构,或同态对应(事物形式结构与人的心理结构相对应)。有这个前提才可能有审美的无功利的愉快。审美无须考虑自然的客观目的,自然事物会天然地符合我们的主观能力;而用自然目的论去看待自然美,就可以设想自然似乎有意识向人显示自己的"好意",故意要通过展示如此多的美的形态来促进我们的文化。①

这一点在崇高中尤其明显。自然中数量的崇高可以唤起"宇宙整体"(即"大全",The Whole)的理性观念,使人从无形式、不定型的、无限制的表象开始,经由想象去追求无限,而不致使自己失落于无限;在力量的崇高里,自然激起人的"抵抗力",唤起人理性上的"使命感",去抵抗一切暴力的侵袭,焕发人的大无畏精神。说到底,是自然在有意磨砺人的意志,考验人的理性,提升人的精神,这也是自然对人的"好意"或"恩惠"。

当然,自然并不是总给人以"恩惠"的。"作为一个目的论系统的自然的最后目的"谈到,自然常给人带来祸患,分为两种,一种是自然灾害,一种是因人的无情的利己心造成的灾难,后者如战争。康德认为,人类是趋向于建立一个世界公民整体的,但在事实上,又存在有野心的政治家,有强烈的权力欲、贪婪的当权派,他们总是设法去阻止这种计划成为可能,使战争成为不可避免的事。战争无疑使人饱经苦难,和平时期不断备战,使人类受苦更甚,然而由于和平幸福的景象去我们更远,就反过来使人追求和平幸福的动机更为强烈,从而发展人类各种有利于实现这一动机的各项才能。总之,各种灾祸都能唤起心灵的力量,使之奋发有为,坚韧不拔,不向灾害低头,从而使我们感觉到自身拥有一种更高的价值。②

(二) 艺术美是自然通过天才为艺术立法

此乃康德对艺术的规定。他把自然放在主词地位,强调天才是大自然给人的赠与,所以,天才的艺术创造才能本身是自然创造力的表现。艺术家创造了他的作品,也就提供了审美的新的典范,这也就是为艺术立法。在创作过程中,艺术家只受灵感的驱动,创造过程对艺术家也是不自觉、无意识的,连他自己也不知其所以然。故而,天才的创造无预先计划,不可传授,不可模仿,不可重复。大自然为何要赐人以天才及天才所创造的作品呢? 最终目的是要通过审美意象、审美理想来引导人从自然人向文化人转换,借助天才把人引导到自然。

① 康德.判断力批判[M].邓晓芒,译.北京:北京人民出版社,2002:23.

② 康德.判断力批判[M].邓晓芒,译.北京:北京人民出版社,2002:291.

（三）自然目的论是审美判断必然性的基本依据

不论是自然美，还是艺术美。鉴赏的判断都是单称判断，但又普遍有效、是必然的。康德在美的第四契机中分析，主要在§41和§61中分别作说明。康德提出"社交性"的概念：人是社会的动物，有一种天然的倾向，就是要跟他人交流自己的思想和感性，这是人性里的本性。人为了把自己的人性跟兽性相区别，努力要去做一个文明的人，尽管美的事物不能给人带来实际利益，但人还是乐于去审美，乐于把自己的审美情感传达给别人，期望别人得到同样的愉快，也即"先天共通感"（他人）和"普遍可传达性"，二者合一就是"社交性"。这是关于美感社会分享性的理论说明和依据、根基。由此开始，康德认为人就冲破了兽性而走向了文化的人。对此，席勒在《审美教育书简》中也反复强调。自然目的论实际上是把自然和社会融为一体，将社会人文价值强行纳入自然中，看成是一个自然进程，这种框架带有很大的强制性，因为在康德时代没有人文价值的专门研究，没有正确的历史观，遂将一切视为自然界的恩惠。此处须引进马克思的实践观点，人不能创造或消灭物质，但在改变其存在形式的过程中创造了价值，而这是一切文化和精神的价值的最终根源。

（四）美是道德的象征

康德在《判断力批判》的上卷将结束时，提出了一个重要的命题："美是道德的象征。""象征"一词，德文为"Symbol"，是德国浪漫主义美学中常用的术语，即以一具体表象去暗示、意指某一抽象的意义。如康德所说，一个独裁统治的君主国好比一副手推磨，这"手推磨"即是象征。

德国浪漫主义对"象征"有着诸多论述。谢林将"象征"视为"图式化"与"比喻"二者的综合，这样的对象一方面是具体的图景，另一方面又像概念一样有其普遍性和丰富的内涵。奥·施莱格尔认为，"美是无限的一种象征性的表现，因为这才能说明无限何以能表现为有限的现象"，"诗不过是一种永恒的象征化"，"每一物都有内在的本质，这种本质还要表现出来，因而每一物首先表现了自身，这就是说它通过外在的东西展露了它的本质（因而它也就是自身的象征）"[①]。

康德在讨论作为鉴赏标准的审美理念（理想）时，提出这个命题，所以有人认为这个命题所说的"美"只限于依存美，即排除了纯粹美之后的自然美和艺术美。我的看法不然，我觉得康德这里所说的美，可以包括纯粹美、依存美、崇高和艺术

---

① 朱立元.西方美学通史：第4卷[M].上海：上海文艺出版社，1999：304，366，368.

美,是广义的"美"。它们都在一定意义上,可以看作"道德的象征"。

我们先看纯粹美。纯粹美是无目的的合目的性形式,不关乎理念,但它提供的是感官的自由愉快("好玩"),表象引起知性与想象力的和谐活动,导致合目的性和合规律性一致所得到的自由,可以同道德兴趣、习惯性做类比,可以视为道德自由的前阶,"鉴赏仿佛使从感性魅力到习惯性的道德兴趣的过渡无须一个太猛烈的飞跃而成为可能"①。这里讲的从"感性魅力"开始的起点,正是纯粹美。

康德将崇高与优美视为平行范畴,但又把它们看作两种美。他在1763年写的《论优美感和崇高感》中说:"美有两种,即崇高感和优美感。每一种刺激都是令人愉悦的,但都是不同的方式。"② 我们就可以这样理解,康德将鉴赏力的对象,不论优美和崇高,均称之为美。他讲自然美时,含自然界(现实界)的优美和崇高;当他讲艺术美时,无疑也含艺术中的优美与崇高。这样,我们就可以看到纯粹美、依存美、艺术美、崇高都可以用"美是道德的象征"的命题加以统摄;而其深层的原因则是自然目的论,自然作为不断创造的生命系统,指向道德的目的,向人显示"好意"。

(五)康德美学中"有希望的萌芽"

自然目的论有一个动力问题,自然界是一个不断创造的生命系统,其创造的动力来自哪里?在西方这个第一动力问题的答案长期以来归于上帝。康德不相信人格化的上帝,但他指望道德的上帝,这使他的"自然向人生成"的思想大打折扣。

康德说,人是社会的生物,有天然的社会倾向,因而社交性便成为人性里的特性。情感的相互交流以及这种交流能力,正是促进社交性这种天然倾向的有效手段,成为文雅人(有文化的人)的标志。③ 所以,尽管美的事物不能引起人的利益兴趣(无利害),人还是乐于传达这种审美的情感,而且期待着别人也这样传达。

因此,"社交性"即是美感社会分享性(交流性)的依据。从欣赏者内心来说,叫作可传达性;从分享者来说,叫作共通感。可传达性也好,共通感也好,都是先天的、必然的。因为人作为社会的生物,总要使自己摆脱兽类的局限性,而审美正是与兽类相区别、走向"文化的人"的开始。后来,席勒发挥其观点:"只要人开

---

① 康德.判断力批判[M].邓晓芒,译.北京:北京人民出版社,2002:203.

② 何兆武.译序[M]//论优美感和崇高感.何兆武,译.北京:商务印书馆,2001:7.

③ 康德.判断力批判[M].邓晓芒,译.北京:北京人民出版社,2002:139.

始偏爱形象而不偏爱素材,并为外观(他必须认出是外观)而舍弃实在,他才突破了他的动物圈子,走上一条无止境的道路。"[1] 很明显,这一切,都符合于自然目的论,都指向自然的最终目的。

李泽厚按照马克思《巴黎手稿》中"自然人化"的思想发挥康德"自然向人生成"的理论,提出在实践观点基础上的"人类学本体论"。自然被人化、人的主体性建立,都来源于一个根本的动力"实践"。实践引起两重性的自然人化,分成社会工艺系统和文化-心理结构的两大序列,如图10.5所示。

图10.5　实践引起两重性的自然人化分化的两大序列

而康德关心的是从官能享受(感官愉快)到道德情绪的过渡。他意在使感性刺激转换为习惯性的道德兴趣成为可能。

在这一点上,康德是成功的!

---

① 席勒.美育书简[M].徐恒醇,译.北京:中国文联出版公司,1984:139.

第十一章　黑格尔美学导读

第一节　黑格尔哲学和黑格尔美学[*]

黑格尔哲学是德国古典哲学中对中国最有影响的一部分,在中国现代思想史中,黑格尔哲学是最少受到曲解与割裂、最少遭全盘否定的学派,原因在于它是马克思学说的渊源之一。黑格尔的辩证法,历来被看作其哲学的合理内核而受到尊重。黑格尔是号称百科全书式的学者,其哲学体系包罗万象,综合了自古希腊以来西方哲学的优秀成果,包括认识论、自然观、法哲学、历史哲学和美学,最庞杂也最完整,整个体系是以"理念"为中心范畴来建构的。

一、黑格尔的理念论

"理念"是黑格尔哲学的最高范畴,蕴藏其哲学的全部秘密,这一概念有以下三个主要含义:

(1)它是宇宙万物的本源和基础,理念先于宇宙而存在,它派生出宇宙的万物,黑格尔称之为"宇宙的精魂"(宇宙魂)。理念是精神的东西,是由精神产生出的物质世界。

(2)理念等于辩证法,照黑格尔"理念不是僵死的概念,而是活的实体"的观

---

[*] 本章内容依据得到汪裕雄先生认可的钱奇佳当时的听课笔记整理,同时参校了陈元贵的听课笔记。

点,它不停地在自我发展和自我运动。运动的模式是自我超越、自我分离,又向自身回复。这是一种辩证的轨迹。包含着正反合的三段论。这一过程是生生不息的永恒过程,故黑格尔又称理念为"永恒的创造""永恒的生命""永恒的精神"。在这个意义上,理念就等于辩证法,这种辩证法既是概念的辩证法(主观),又是客观辩证法,是主客观辩证法的复合。因此,理念又等于真理。

(3) 理念的最高形态是绝对理念,它有三个要求:一是客观,二是普遍,三是必然。说其"客观",是因为它不以任何人的意志为转移;说其"普遍",是因为宇宙万物概莫能外,无论是精神还是物质;说其"必然",是因为理念时时表现出自我运动必然如此之趋势。总之,理念制约着任何事物的关系与联系,而自己却是自由的,不受任何外部条件、外部事物的关系和联系的束缚。这样的理念是自在又自为的,也即"绝对真理"。

这种理念论在西方吸收了柏拉图、康德关于理性观念的思想,但与柏拉图的"理念"、康德的"理性观念"又有所不同。

黑格尔的理念论与柏拉图的"理念"区别如下:

(1) 柏拉图的"理念"即"理式"是理在事外,而黑格尔的"理念"则是理在事中。柏拉图的"理念"只存在于天国、外在于现实事物,后者分有理念,但得到的是影子、摹本。而黑格尔的"理念"可通过自身运动,在思维中体现为概念,在外在世界中体现为自然界,在人的内心世界中体现为精神,是理在事中。

(2) 柏拉图的"理念"终古如斯,始终不变,而黑格尔的"理念"时时刻刻处在自我运动、自我发展之中,自身包含着矛盾、对立面的斗争以及对立面的斗争所达到的新的统一,是非静止、非亘古如斯的,而是在自我运动中逐级提升的。

黑格尔的理念论与康德的"理性观念"的区别如下:

康德的理性是建立在现象与本体的两分法的基础上,现象充满自然的必然性,呈现为经验,可由知性把握。本体不可知,但可以用理性思考,不能构成科学的知识。其理性是先验理性,只能作用于人的精神性的本体。而黑格尔的理念是通过现象加以把握的事物本身,黑格尔赞成康德对现象和本体的两分,但坚决反对现象可知、物自体不可知的结论。他认为康德在两者之间设置鸿沟不合理,反对把现象和物自体僵硬对立,认为康德的物自体是纯抽象思维的产物,提出"理念"本身就包含了现象与本质、有限与无限、必然与自由的辩证法。这里黑格尔区分了两种认识能力:一种是知性,它凭借形式逻辑去认识现象,分析经验;一种是理性,凭借辩证逻辑去认识本质和物自体。

二、黑格尔的哲学体系

黑格尔的哲学体系也是理念自我发展的体系,集中体现在黑格尔的《哲学全书》里,于1817年作为教学讲义第一次发表,1827年、1830年两次修订再版。共分三部分:第一部分是逻辑学,第二部分是自然哲学,第三部分是精神哲学。这三个部分组成一个大圆圈,起点是绝对理念。

(一)逻辑学

绝对理念首先在人的思维领域自我发展,取得纯思想的形式,成为理念的逻辑阶段——《小逻辑》。绝对理念在逻辑阶段经过了"存在"→"本质"→"概念与理念"三个阶段,因而分成"存在论(存有论)""本质论"和"概念与理念论"。"存在论"的第一个环节是"无",相对于"有"而言,不是空无,它意味着"潜有"。"潜有"与"无"结合产生变异,产生"质""量""尺度"等问题,提出"质量互变"原理。"本质论"主要分析对立统一原理,分析了现象与本质、内容与形式、本质与规律这三对矛盾。"概念与理念论",概念反映本质,但不是僵化空洞的抽象。它经过普遍性、特殊性、个体性三个环节,使自己越来越具体化。如此就把本质与存在统一起来,产生了纯概念。一旦产生"纯概念"就是"理念",要求在现实界实现自己,因此,它就外化为自然界,进入"理念"发展的另一个阶段——自然阶段。这一阶段理念从自然界得到限定,同时受到物质世界的束缚,所以黑格尔把理念外化为自然界,称之为"异化",把自然界称为"异在"(他在)。

(二)自然哲学

自然界也分成三个环节:机械性、物理性、有机性。机械性是力学研究的范围,物理性是物理学研究的范围,有机性是有机学(生物学、地质学等)研究的范围。力学研究空间与时间、引力与斥力、物质与运动的相互关系,三者是对立的统一。黑格尔曾以天体运动为例阐明上述三对矛盾的辩证法,受到马克思、恩格斯的重视。物理学包含物理与化学,研究自然事物的光、元素、比重、音、色、磁、电以及它的化学过程。有机学包含了地质有机体、植物有机体(新陈代谢过程,认为植物有机体部分与整体间互为目的与手段)、动物有机体(考察动物神经、血液和消化系统,三大系统不分离,唯在整体中有意义),这本身是一个进化的过程,最高形式是人。理念被心灵化后,进入精神领域。

（三）精神哲学

精神阶段,理念摆脱了物质外壳,由"异在"返回自身,变成自在自为之理念。黑格尔的精神哲学就是理念在人类社会发展中的科学。在精神阶段,理念又经历了发展的三个环节:主观精神→客观精神→绝对精神。

（1）主观精神:人的意识的发展。一是指意识,包含感知觉到知解力,指引人去认识事物的本质到产生人的意识;二是由知解力到自我意识,形成对认识的反思;三是由自我意识发展为理性,在主客观统一中把握理念,完成主观精神的发展过程。《精神现象学》就是分析主观精神的。

（2）客观精神:精神外在化体现为法律、道德、伦理,体现为社会意识(包括群体意识、民族精神和时代精神)。客观精神体现为人的自由意志,法律为人的自由意志设定规范,故法律是客观的;道德是为人的自由意志设定动机和目的,故为主观的;伦理涉及人与人的关系,涉及家庭、市民社会、国家三方面,它为自由意志追求良好效果而创设条件,所以是主客观的统一。

（3）绝对精神:理念在人的心灵活动中,自己认识自己、自己把握自己,最后回复到理念的终点——绝对理念。绝对精神也分为三个层次,最初层次为艺术,是理念对自身的感性直观,以直观形象来体现自己,所以,艺术是处在绝对精神的初始层次,研究艺术美就是要研究理念的感性显现,这就是黑格尔的艺术哲学。第二层次是宗教,是理念以感情和表象来认识自己,这里的表象指上帝。上帝是一种无限的理性,也叫神的理性。人的心灵通过信仰对神的理性虔诚膜拜,主体意识也就充满神性。第三层次是哲学,理念通过概念来认识自己,这是对理念的反思的完成,是理念对自由最完善的表现形态。黑格尔强调哲学是对理念的反思,哲学史就是理念自己认识自己的历史,所以哲学是处在绝对精神的最高层次。理念通过哲学变成绝对理念、绝对真理。黑格尔宣称,这种绝对理念、绝对真理就体现在他自己的哲学里,他称自己的哲学为"绝对唯心论"。

关于客观精神的著作有《法哲学讲演录》《历史哲学讲演录》(与美学相近);关于绝对精神的著作有《美学或艺术哲学讲演录》《哲学史讲演录》《宗教哲学讲演录》。

如何评价黑格尔的体系?

第一,哲学的三分法贯穿着对立面矛盾统一的发展,是否定之否定的三段论式(正、反、合),正、反、合不是随意的,而是客观辩证法的反映,要求主观辩证法符合它。"否定"不是简单抛弃,而是"扬弃"(即德语"Aufheben")。

第二，精神哲学包含了历史哲学，把辩证法运用于社会历史领域形成历史辩证法，要求我们在研究社会现象时要坚持历史与逻辑统一，这是一种方法论原则，将历史主义观点引入对社会现象的研究。

第三，黑格尔哲学存在体系与方法的矛盾。方法是辩证的，但体系是封闭的，正如恩格斯指出"体系太茂密有时会窒息他的革命内容"。这主要是他的唯心主义的神学观造成的，"绝对理念"就等于神。他曾把自己哲学的三部分称为基督的"三位一体"：逻辑学为圣父，自然哲学为圣子，精神哲学为圣灵，这最终导向神学。这种矛盾须引起注意。

三、黑格尔美学在其哲学体系中的地位

黑格尔美学的研究对象是艺术，他所阐明的美主要是艺术美。美学在其哲学体系中的地位很明确：在理念发展的总进程中，最终处在绝对精神之高位上；在绝对精神中，艺术又处于起始层次，低于宗教和哲学，可以说是高位低层。所以黑格尔认为，艺术美高于自然美，也高于主观精神，高于法律、道德和伦理。这一点恩格斯是肯定的，"艺术、宗教、哲学是更高地飘浮在空中的东西，指向精神生活及其基础，远离经济基础，都是心灵化的东西"。黑格尔还说艺术必让位于宗教，宗教又让位于哲学，这是艺术终结论。由此，我们体会黑格尔的美学有以下三大特点：

（一）严谨的思辨结构

黑格尔力求把艺术发展看成一个有内在联系的过程。他在研究美和艺术时，注意到概念辩证法和历史辩证法的一致性。其美学分为三部分：总论谈艺术美的普遍性；历史发展的特殊性谈三个类型——象征、古典、浪漫，构成一部西方艺术史；艺术门类，谈艺术发展的个别性。三部分惯用的逻辑推论方式：由概念找出艺术普遍性、同一性，由判断找出特殊性、差别性（三类型），由推论找出艺术美个别性、综合性（艺术门类），井然有序，三部分也是正反合，由抽象、一般到具体。

（二）理性主义占上风

康德是从具体表象（合目的性的审美表象，体现审美理想之审美意象）出发，使感性通向理性，由审美通向道德。黑格尔反之，由理念出发，最后落实到个性。

康德美学是对美感特征做哲学分析,黑格尔美学是其辩证认识论向艺术领域推演,是"内容美学",是艺术认识论、艺术哲学。黑格尔对康德美学中非理性主义地方(天才论、灵感论)予以反对。

(三) 从人出发

黑格尔的理念是从人出发的,所以他确认人的心灵是艺术表现最恰当的领域。在艺术创造论中,他特别强调艺术家的主体性;在欣赏领域,他强调艺术是一种心灵的对话,审美的功能最后导致人的解放。这一切皆说明黑格尔美学是以人本主义为基础的。

第二节 黑格尔的艺术美本质论(美论)

一、艺术美的基本规定

关于艺术美的本质,黑格尔有明确规定:"美是理念的感性显现。"朱光潜说这体现了主客观的统一,内容与形式的统一,以及理性与感性的统一。这里包含以下三个术语:

(一) 理念

"理念"在美学中有特殊含义,它是处于高位低层的、绝对精神的初级阶段。它是具体的,黑格尔称之"确定形式的""摆脱物质感性束缚而和对象个别形象直接结合在一起的",即艺术的内容——"意蕴",是由心灵把握而又诉诸心灵的。黑格尔认为,艺术美本质上是真,但不等于真。真是知性的对象,知性从感觉到观念到抽象的概念再到抽象的普遍性,也需要和实在相统一,但这种统一是统一于客观的。在认识之前,主体先得肯定所见之物是独立自在的,然后用知性认识把握它。知性的原则是主观服从客观,黑格尔说"认识过程仿佛在告诉我们,只有克服了主体的作用,我们才能获得真理"。在此意义上,黑格尔把知性称为"片面知解力"。而在审美中,审美理念不同于知性概念,区别在于:第一,它是概念与感性个别的直接结合,因而使概念得到了定性(定在);第二,感性的东西不是物质感性,而是心灵中的感性,是取消了物质存在直接性的感性,是形象。它在心灵中与概念合为一体，就成为独立的理念，即形式的合目的性，只关乎表象而与实用活动区别开。在艺术作品中，客体是独立的，主体心灵也是独立的，故艺术是自由的。

（二）感性

黑格尔所言感性有以下两方面含义：

（1）对事物的感性把握，即直观，是认识的起点。

（2）我们对对象的欲念（起欲望）。在前一种意义上，是能与概念结合的感性。在后一种意义上，艺术中的感性是与实用无关的感性。"凡是实用对象都是有用对象，都和人的欲念、愿望、目的、意图相关。"实用对象诉诸人的外部行为，激发人的意志，使人把对象作为满足需要的工具，黑格尔称之为"实践"。实践活动中的意志是"有限意志"，因为在实践过程中，主体是自由的、无限的，而客体不自由，客体一旦进入人的实践活动，就取消了独立自在性。艺术中的感性不是物质实体性的感性存在，只是主体用艺术心灵去感受的那种感性存在，不受人的欲望所制约。感性形象是独立自在的，主体心灵也是独立自在的，故艺术中主客观的统一是自由的统一。

（三）显现

"显现"是中世纪神学的用语，指基督在死以后自己显身、复活。最早把这一词用于美学的是罗马帝国时代的普罗提诺，他认为真善美统一于神，神性为心灵所把握，心灵自己也就显现出神性，露出了光辉，这个光辉就是美。因此，"显现"在西语中遂有"显外形""放光辉"之义。美就是理念在感性中显出自己外形、放出光辉，这就说明艺术美是理想美。

由此可知，黑格尔的艺术论是反对自然模仿论的。他的"理念的感性显现"来自心灵，也诉诸心灵。艺术美既是感性世界的呈现，也是心灵的自我认识。艺术对象既是外在世界，也是人的内在世界，艺术的对象是心灵化的存在。

二、艺术美即艺术理想

"美是理念的感性显现"，就意味着具体理念与感性形象两者完美地结合。黑格尔说："按照这样的理解，理念就是符合理念本质而现为具体形象的现实，这种理念就是理想。"

（一）"理想"的含义

"理想"一词使用频率很高,在德语中有"理想物""典范"之义。朱光潜认为它是带有标准性、概括性的具体形象,须译成"意象"。在德国美学中最早使用这一术语的是温克尔曼,他用"理想"指称美的完备而典范的形象。他的《古代艺术史》分析了阿波罗、赫拉克拉斯、拉奥孔这样一些塑像,从中发现古希腊艺术家有着深厚而坚定的心灵,所有这些塑像都像汹涌澎湃的大海的底层,都体现了强大的精神力量,但其造型则很沉静、镇定。黑格尔也称赞米隆的《掷铁饼者》,认为它在极端紧张的运动中保持镇定,体现出了心灵的力量,黑格尔的分析是仿温克尔曼的。

温克尔曼由此认为古希腊人崇尚理想:高贵的单纯、静穆的伟大,这种理想就是当时美的理想。后来莱辛的《拉奥孔》也因袭了温克尔曼的说法,但莱辛强调理想的领域在人,自然中没有。康德对此发挥,认为只有人才有美的理想,自然之美不可能有什么理想,所以他认为审美理想体现为审美意象,其最适合的领域在艺术,尤其是关于人的艺术。黑格尔则更进一步指出审美理想就是具体理念显现于适合的感性形象,它就等于美的艺术品或最高的艺术,也就等于艺术美。黑格尔反复讲,理想是艺术最高成就的标志,美的艺术与娱乐艺术的区别就在于有无理想。

黑格尔反复说理想是艺术最高成就的标志,美的艺术和娱乐艺术区别在于有无理想,这是其体系的需要。在理想中理念和形象的结合是完满的,而非符合。单纯模仿也能达到符合,但只是正确而非真实,因为单纯模仿的艺术始终低于其蓝本、低于自然,只起娱乐作用而难和艺术竞赛(有如爬行的小虫在追赶大象)。

（二）艺术理想的特质是自由,艺术理想等于自由的形象

黑格尔对于后一命题曾有繁复的论证,首先说美本身就意味着自由和无限,即独立、不受限制的,也就是绝对的。他认为"绝对"要包含三个条件:客观的、普遍的、必然的,不受任何外部条件束缚的。在艺术中,理念正是通过感性显现呈现出绝对理念的最初层次。艺术的理想为什么是自由形象呢? 他从两方面展开论证:

（1）从主体的对象性关系中肯定对象的自由性。人的对象性关系构成了人的现实活动,人的现实活动都要面对自然对象,主要有三种活动,因此自然就呈

现为三种对象：一是认识活动，主体以认知态度对待自然，要求主体服从对象；二是实践活动（相当于实用活动），主体以功利态度面对自然，要求对象服从主体；三是审美活动。第一种认识活动表现了主体的片面知性，第二种实践活动表现了主体片面的意志。只有到第三种审美活动中，主体以审美态度对待自然，只着眼于对象外观，不取消其独立性，主体也不凭借概念去认识对象，故也不依附于对象。这种审美态度是用充满敏感的观照来维持的，是非概念无功利的观照，实际指人的美感。黑格尔在讨论自然美时，对此做了专门论述，非常重要。

"敏感"（sinn）是指人在认识美的时候一种特定心理功能，它和作为知性认识起点的感觉（sense）是不同的。在德语中，Sinn指感官、感觉，也有头脑、理解、思索的含义，是介乎感觉与思考之间的一种心理功能，包含了两方面，既指直接感受的器官，也指意义、思想、事物的普遍性。故黑格尔说，敏感既涉及存在的直接外在方面，也涉及存在的内在本质。他把对立的两方面包括在直接感官中，将理念包在形象中，在感性的直接观照中同时了解概念。

（2）从主体的对象性关系中肯定心灵的自由。"充满敏感的观照"使心灵从有限的认识中得到解放，摆脱了知性的片面性，使心灵不受概念的束缚，转而面向心灵自身。康德谈崇高时，审美才向内转。黑格尔则是整个审美向内转，使对对象的认识成为对主体心灵的自我认识，这说明美感是一种反思情感，就实现了心灵的自由。同时，充满敏感的观照还使人从有限意志解放出来，摆脱了意欲片面性，实现了意志的自由，使审美和艺术创造成为自由的实践（在广义上，等于实现了的活动，即现实活动）。这时，主体能激发想象和情感为对象灌注生气，艺术成为艺术家自由心灵的表征，展现出艺术家独立的人格力量，展现着艺术家的个性。正因为艺术美是自由的形象，艺术美的鉴赏和创造都能高扬审美主体的人格和个性，所以黑格尔说"审美带有令人解放的性质"。

第三节　艺术创造论（"理想的定性"）

黑格尔认为："理念的感性显现"既是美的本质，也是通过艺术所进行的美的创造的本质。所以艺术美就是艺术理想，艺术创造就是艺术理想的定性。

一、为什么要创造艺术美？

黑格尔回答得很清楚，就是因为现实不能满足人。自然美是不完满的美，而艺术理想才是本身完满的美。按照黑格尔的体系，理念在现实中不可充分显示为美，现实美也就是自然美。黑格尔有保留地承认自然美，且在书中专设章节讨论自然美，但其目的是证明艺术美高于自然美，自然美必然要让位于艺术美，他从以下三个方面论述了自然美不完满性的必然性：

（1）他认为处在机械性阶段的无机物是谈不上美的，原因是无机物不能构成生气灌注的整体。如石头处在缺乏生命或灵魂的状态，不是美的。

（2）处在物理阶段的自然物出现了统一性，但还不是有机的统一，而是简单的多样统一，如天体构成天体系统，有序运行，故有可能具备形式美。但这种形式美依然受到客体的束缚，这些形式仍是抽象的、不自由的，故而美也是很有限的。

（3）处在有机阶段的自然物，有了生命，有了生气灌注的有机统一，所以产生了美。除了形式美之外，它还有一种有限度的美，就是人可以猜想它是有灵魂的。因此，人可用自己的心灵为之灌注生气。这个意义上的自然美，黑格尔认为是自然物为其他对象而美，"为我们、为审美意识而美"。他分析了两种美，一是田园风光的美，山川道路等构成人的生活背景环境，因而使人感到一种愉快动人的外在和谐；二是自然事物能唤醒人的某种心情并与之契合，也显得美，如"寂静的月夜"与"恬淡的心境"，汹涌的海洋与人的豪迈激昂的心境相契合等。一旦两相契合，人就可为之灌注生气，这对自然物而言，是外加于它的一种心灵的力量，就像人常用自然物来比拟人的心情，如动物的勇猛与和蔼，这种心情契合论启发了后世的"移情说"。

总体来说，人不满足于自然美，而要求艺术美。艺术美不是自然美的单纯摹仿，而是对自然的心灵化和理想化。"高度的生气，就是伟大艺术家的标志"，艺术最适合的表现领域是人和人的心灵。

二、如何创造艺术美？

黑格尔关于艺术创造的论述有个特点：贯穿了他的正、反、合的三段式，其正、反、合就是他逻辑上讲的"普遍""特殊"到"个别（具体）"。"普遍"指世界一般情况,"特殊"指情境,"个别"指人物性格。

（一）世界一般情况（人的社会全景）

黑格尔认为人都生活在特定的时代,特定的社会历史条件制约着人的行动。其中,时代的理念、时代精神、社会普遍力量构成人的行动的一般背景。他认为最有利于艺术创造的一般背景是"英雄时代",也就是产生希腊古典艺术的时代。伯里克利时代的艺术以希腊神话为题材,反映的是氏族社会向奴隶社会过渡的时代。黑格尔认为最能代表"英雄时代"的创作是荷马史诗,这个时代有两个特点:一是全社会有共同的理想,这种理想得到全社会的普遍尊重,而个人要为全社会负责。二是个人有充分的行为自由,一切行为都来自于自由意志,这种理想造就了英雄性格。这种英雄性格也有三个特点:独立自主的个性(譬如阿喀琉斯),崇高的责任感和使命感,靠自己的劳动和创造来求取自己的幸福。而进入散文时代之后,不利于艺术的发展。这个时代的人失去了自己的独立性,伟大的理想也消解了,人的劳动成了疏远化(也有译作"异化")的劳动。穷人和富人都不能享受劳动的愉悦,这种社会导致性格的萎缩。黑格尔的分析,尤其对时代精神和时代理想的分析,指出了艺术繁荣和时代特点之间的关系,马克思在《经济学哲学手稿·导言》中也曾对此进行分析。

（二）情境与冲突（全景转为人物活动的特殊环境）

黑格尔认为情境不是凝固的,而是充满冲突,导致冲突的情境才是理想的情境。因为,只有冲突导致动作(情节),这样艺术才有适合表现的对象。黑格尔把冲突分成三种类型:由自然突变而引起的冲突、由自然条件(人的家世、出身、情欲)而引起的冲突、由心灵差异(不同的伦理、理念)而引起的冲突。三者当中,最适合于艺术的是第三种冲突,它能揭示人的不同心情和性格,能构成巨大的波动,最适于作为艺术的题材,尤其是作为悲剧的题材。

（三）动作与人物性格（动作与环境统一于性格）

因为情境中充满冲突,就促使人行动。行动的力量来自于两方面,外在力量是社会普遍力量(伦理、理念),内在力量是人的心情。当普遍力量表现为人的心情时,就是"情致"(Pathos),它不同于激情。但黑格尔也说该词难译,它有明确的、合理的(合理性)含义,但又与"宗旨"之义相异,它是一种感人的力量,既含有普遍的理性,又具有情绪的感发性。故可以引起回响和共鸣,渗透于全部性格和

性格发展的始终。(情致论是黑格尔很重要的一个观点)

黑格尔要求性格应是充分的个性,具有丰富性、明确性、坚定性。黑格尔对人物性格提出了三项要求:

(1)性格的丰富性(丰满性、完满性——强调性格是充满生气的整体),人物应具备多种性格特征,构成一个独立自足的世界,而不是孤立性格寓言式的抽象品。

(2)性格的明确性(鲜明性)。在众多的性格特征中,必有一个主导特征。它要承受着多方面的冲突,在不同情境中选择动作,始终保持性格的整一。

(3)性格的坚定性。不但要看人物在做什么,而且要看人物是怎么做的。黑格尔重点分析了哈姆雷特,不断延宕、犹豫是其性格的特点。这种性格不是因为他不知做什么,而是在他着手去做时感到势单力薄。黑格尔还分析了麦克白,恶人也曾犹豫过,通过三个形貌丑陋的女巫形象将其邪恶的野心外化于舞台上,在做决定时麦克白是很坚决的。

在此应注意两点:第一,黑格尔的创作理论虽是从世界一般情况、社会普遍力量出发,但经三个环节层层转化,凝聚到个性。这表明黑格尔哲学的一个思想:张扬自由意志,凸显人的主体性。第二,马克思、恩格斯对黑格尔美学最看重的就是这一部分,并提出了三个主要观点:

(1)不能把个性消融于原则,不能把人物变成"时代精神的单纯的传声筒"。

(2)塑造人物不但要重视他做什么,更要重视他怎么做。做什么表现了人物的倾向性,怎么做则要化为具体生动的情节和活生生的场面,倾向于通过情节和场面自然统一出来,不用直接说出来。

(3)在此基础上,恩格斯提出了对未来戏剧的设想,要求戏剧追求较高的思想深度,能意识到的历史内容和莎士比亚剧作情节的生动性、丰富性之间的完满结合。这一提法有人说是拉塞尔的设想,但他是分开叙述的,并没有谈到融合。

上面所谈的世界一般情况,动作、情节归结到个性。黑格尔称之为"理想的内在定性",是指艺术家心灵方面的东西,类似于我们今天所说的艺术构思。艺术创造还有另一方面,黑格尔称之为"理想的外在定性",就是指理想如何化为外在现实、理想变成有限的物质形式,这大体相当于今天所说的"传达方面"。"外在定性"大体包括以下三个方面:

(1)理想的物质材料化。也就是指取得艺术的有限形式,同时也使理想客观化,变成他人可以感受的对象。这一环节符合形式美的原则,黑格尔首次提出了三项原则:① 整齐一律;② 对称均衡;③ 和谐(音响、节奏、韵律)。

（2）人物与环境的统一。人物与环境的统一又分成三方面论述：① 单纯的自然环境（人的生活离不开自然环境），是人活动的舞台。德国中世纪的骑士文学、行吟诗有很大局限性，不写自然背景，远不及《伊利亚特》，后者写景概括又非常感人。黑格尔要求对自然环境的描写应构成有机的画面，来充当人物活动的背景。② 人化环境。人不但把自然当成活动的舞台，且通过自己的活动改变自然的面貌。因此，在这一环境中看到自己活动的价值，整个环境成为可以安居的家（这里包含了后来马克思"人化自然"的思想）。③ 人物与精神总和的统一。"精神总和"在此就是指时代精神（包含主观精神与客观精神），即流行于整个社会的意识形态以及人与家庭、人与社会、人与国家的相互关系的意识（伦理意识）。艺术作品中的人物与时代精神，须统一于人物的情致。

（3）作品与观众的统一。因为作品中的情致与时代精神联系在一起，后者弥漫于社会、弥漫于观众，必须能打动观众。于是又包含三层意思：① 每一部作品都是与观众的对话，作品表现出艺术家的心灵和人物心灵，实际上是对观众提出的询问。它要求观众做出应答，故而把作品的基本功能规定为与读者的交流。② 艺术是为当代人而作，是为我们时代和我们的人民而作，但又具永恒性，能为一切时代、一切民族所共赏。这时就产生一个问题，艺术家是忠实于自己的时代，还是追求永恒性？这在历史题材创作中则更显尖锐。黑格尔认为，诗人越忠于自己时代，其作品就越具永恒性。③ 作者与观众的地位问题。作者的创作是为观众，但不能居高临下地赐予。同时黑格尔又反对艺术家去讨好观众，"谁去讨好观众，就是对真理与艺术犯下双重罪过"。

三、艺术家：艺术美创造的主体条件

（一）创造性想象是艺术家"最杰出的本领"

艺术家的创造活动有赖于想象，形成想象力的条件主要有以下三方面：

（1）观察与记忆。看得多，听得多，记得多，有较强的记忆力，这是关于外在世界的。

（2）熟悉人的内心生活，特别善于体验，在观察中能设身处地体验各色人等的内心隐秘。

（3）熟悉人的内心生活以何种方式表现于实在界。

如此形成的想象具有双重性，即理解性与抒情性的统一。黑格尔说培养想象力不可靠抽象的哲学观念,而应从实在生活经验出发。他甚至说,想象和哲学是水火不容的。"如果艺术家按照哲学方式去思考,就知识的形式来说,他就是干预到一种正与艺术相对立的事情。因为想象的任务只在于把上述内在的理性化为具体形象和个别现实事物去认识……在这种使理性内容和现实形象互相渗透融会的过程中,艺术家一方面要求助于常醒的理解力,另一方面也要求助于深厚的心胸和灌注生气的情感。"①想象的双重性格发展了康德关于美感的论点。依康德来说,情感是想象力与知性和谐活动的成果。但黑格尔认为,情感推动想象力的发展,他认为这种想象是创造性的想象,其创造性就表现在事物的形象和内在自我的统一。因此,艺术家必须有丰富的阅历,要善于把人生经验吸纳到自己的内心加以玩味(体验)。许多杰出的艺术家在年轻时就初露才华,但其最好的作品应是在具有丰富阅历之后产生的。

(二)天才和灵感

黑格尔认为,才能和天才既有区别又有联系。才能是普遍的,一个人只要肯学肯练都可发展自己的才能,达到"熟练"。天才属于特殊才能,它包含着先天的资禀,先天资禀又须经过后天的学习训练才能被发掘,才能变成独特的创造。他与康德的区别在于黑格尔认为天才不光艺术家具有,科学家也具有;康德把天才看成是不可学、不可授的,与后天学习训练无关,只能形成人的技术、技巧。黑格尔则认为天才与技术、技巧相辅相成,天才也需熟练的技术与技巧的创新来实现其独创性。

黑格尔对灵感也做反神秘论的解释:灵感是艺术家创作过程中创造力勃发的一种情态,它是由偶然的机缘引起,是常在艰苦的思索和创造过程中突发的一种状态。黑格尔一方面承认灵感状态是无意识的,另一方面又说有意识的训练和刻苦的努力有助于人抓住现实当中偶然的机缘来触发灵感。

(三)独创性与风格

综合创造性想象、天才和灵感而成就了独创性与风格。黑格尔引用18世纪法国哲学家布冯所说的"风格即人"的命题。黑格尔之前,这一说法被认为是对"风格"的极好界定,意为"风格"即"人的个性"、个人的独特性。歌德说:"风格是艺术家内心生活标志。"

黑格尔对此说法有修正,认为风格不仅是主观心灵的,还应是主客观的统

---

① 黑格尔.美学:第1卷[M].朱光潜,译.北京:商务印书馆,1996:358-359.

一。除心灵因素之外,还要考虑到题材和体裁的特点。他赞成意大利吕莫尔所说"风格是对题材和体裁内在要求的适应"。黑格尔说:"独创性不单表现在主体心灵方面,应表现为主体与对象真正融合为一种客观性。"他的这一发挥有内在含义,考虑到作品与观众的统一。这与他的"情致论"一致,情致有感发性,引起大众共鸣,其中包含时代精神。要打动观众心灵,体裁就必须尊重观众欣赏趣味。题材进入作品后,成为情致对应物,也应与观众对应。

第四节 艺术历史发展论与艺术门类论

黑格尔的《美学》中发展论(第二卷)与门类论(第三卷)交织,从发展中引出门类,从各门类看出发展脉络。是发展学也是分类学,使历史分析和艺术分析统一起来。

一、艺术分类的双重标准

(一)艺术分类的历史标准

黑格尔把艺术分成三种类型:象征型、古典型、浪漫型。每一时代因时代精神的区别,理念的感性显现划分为不同类型。艺术的精神内容跟其物质形式构成了不同的关系。象征型是物质形式压倒了精神内容,古典型是物质形式与精神内容和谐统一,浪漫型是精神内容压倒了物质形式。

(二)艺术分类的原则

在艺术的每种类型都包含一个代表性艺术门类。象征型以建筑为代表,古典型以雕刻为代表,浪漫型以绘画、音乐和诗为代表。每个门类按大众接受的向度分为视觉艺术和听觉艺术,又按题材向度分为空间艺术和时间艺术。然后将两者综合确定每门艺术的审美特征。建筑是空间的视觉艺术,雕刻、绘画也如是,音乐是时间的听觉艺术,诗是时空与视听合一的艺术(诗即文学)。还可将艺术按表现形式和媒介分类。

上述两原则相结合就构成了黑格尔艺术批评的基本方法:历史观点与美学观点的统一,如表11.1所示。

表11.1 黑格尔艺术批评的基本方法

类型	建筑	雕刻	绘画	音乐	诗
象征型（古代东方）	✡	△	—	—	△
古典型（古希腊英雄时代）	△	✡	—	—	△
浪漫型（近代欧洲）	△	△	✡	✡	✡

二、横向：艺术门类的审美特征

横向序列，每一类型都有一种代表性的门类。象征型以建筑为主，雕刻为辅，古典型则是以雕刻为主，绘画为辅，浪漫型为绘画、音乐、诗，如图11.1所示。

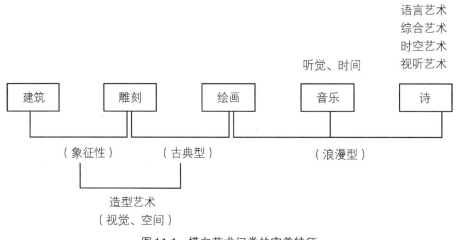

图11.1 横向艺术门类的审美特征

建筑、雕刻、绘画都是空间艺术，按黑格尔的观点来说是逐级递进的关系。

建筑采用有体量的物质，提供静态的三度空间形象，有物质空间结构，受重力作用制约，要突出技术的作用。心灵内容只能体现为建筑的象征意义，代表性作品是埃及古建筑。

雕刻受技术因素制约少，以人体为题材，可求得人体与心灵的统一，尤其是古希腊神像。因古希腊宗教是人神同形同性的，所以神性等于人性，也等于艺术家的心灵性。故而，古希腊雕塑可求得形象与心灵内容的统一，成为古典艺术的典范。

绘画虽属造型艺术,但它不用直接物质材料,而是用线性透视来表示远近,用光影透视表示形体,所以能以二度空间来展示三度空间。绘画虽诉诸视觉,但不可单用肉眼去看,还要用心灵眼睛去看。它在体现心灵内容方面较之建筑和雕塑就有了更大的自由,在浪漫时期成为重要的艺术门类。黑格尔考察了拜占庭基督教绘画,认为那是神性压倒了人性;意大利文艺复兴的绘画则是两者(人性与神性)的完美结合,构成艺术的高峰。到了17世纪荷兰绘画,人性超越了神性,以人的日常生活为题材,画面充满人情味。

　　音乐的物质手段是音响,它弃绝了三维空间而转向时间、转向心灵。它的表现内容是主体心情的波动。音响不能在空间并存,只能表现为"此时"的无限延续,遂有节奏的问题,音响与休止交替,不断唤起"此时",对心灵有撞击力量,叩击人的心灵。它没有形象,最适合于心灵的自由表现。"如果说艺术活动是为了心灵的解放,那么,音乐在这方面达到了最高峰。"虽然音乐是时间艺术,它弃绝了三度空间,但它与建筑仍有类似性。谢林称建筑为"凝固的音乐",反过来,音乐也可理解为展开了的建筑。它在心情波动的时间进程里,展现为多样统一、符合形式美法则的过程——整一律、均衡、对称以及和谐。黑格尔依次讨论了音乐的旋律、节拍与和声。他认为,音乐在古代东方和古希腊时期柔和,故具体情形如何不值得追究。音乐这种艺术只适合于在浪漫时期发展,只适合于西方近代。以德国的韩德尔、巴赫(这两人主要是教堂音乐)、海顿和莫扎特(交响乐)为最高成就的代表。

　　诗是音乐和绘画的统一,因为诗的表现形式主要是语言,语言既具音乐性又具绘画性。它有声,又凭借语词的虚拟功能去描摹事物,所以能赋形抒情,因而具有绘画性。以语言为表现手段的还有散文(指各色各样的应用文体),但这些不是艺术。譬如,历史记叙史实受事实的束缚,讲演用于教会布道、法庭辩论,要受事理的束缚,都没有诗来得自由。诗可将事实与事理叙说转为心灵化的艺术,心灵化有以下三个要求:

　　(1)诉诸人的静观默想。

　　(2)能使语言具有音乐性,有节奏、韵律和格律。

　　(3)具有绘画性,画面鲜明,状物栩栩如生。

　　如此,语言艺术变成了自由艺术。所以诗要求丰满的内在意蕴,要求诗人对题材有丰富深刻的内心体验。如希罗多德《历史》中曾记叙希波战争,三百名斯巴达人为守住温泉关而壮烈牺牲。当时的著名诗人西蒙尼德斯为三百勇士作两行诗并刻于关上,虽不叙事却庄严肃穆。

诗可分为以下三种形式：

（一）史诗

史诗叙述民族的历史。黑格尔称之为民族的传奇、民族的圣经。诗人不露面，而让读者直接面对历史，但历史中含有心灵的内容，历史的客观性与心灵内容求得了统一。代表作品是荷马史诗。黑格尔对荷马史诗的作者问题提出了自己的看法，认为"史诗"可能是群众口头创作的，由许多行吟诗人传唱，但两首史诗有心灵内容的统一性，无论如何是由一个人统编而成的。因此，传说史诗为荷马所作是可信的。

（二）抒情诗

抒情诗不叙述历史，而是为展示心情。不记述史实，而是凭诗人的自由想象来抒发情感，所以它摆脱了史实和事理的束缚而取得了心灵化的自由。

（三）剧诗

剧诗又称戏剧体诗，是史诗原则与抒情诗原则的统一。剧诗又分为以下三种形式：

1. 悲剧

悲剧的冲突是实体性（理念）的冲突，最后导致主体的失败或死亡。黑格尔强调悲剧性冲突须为必然的、不可避免的，处理此冲突有两个典范。古典时期的典范是索福克勒斯的《安提格涅》，它是最优秀、最完满的悲剧。近代（黑格尔指中世纪文艺复兴至18世纪）的典范以莎士比亚为代表，认为莎士比亚的剧诗在近代剧诗中是首屈一指的，取得了直接生活的鲜明生动与主体心灵的伟大完整的完美统一。在这方面莎士比亚无人可比。[1]

2. 喜剧

喜剧的冲突不是实体性的，其矛盾是内容与形式、目的与手段的矛盾。矛盾的结果导致主体性的丧失，如戏剧人物性格。贪吝，以钱财本身为目的，不惜一切手段聚财，最后落得一场空。大众通过喜剧的笑，展示了自己智慧上的优越。

---

① 黑格尔.美学：第3卷[M].朱光潜，译.北京：商务印书馆，1996：324.

3. 正剧

正剧是悲喜剧的合一，冲突最终都能达到圆满的结局。黑格尔认为正剧不太重要，因而没怎么分析。黑格尔认为散文时代乏味、无诗意，最缺乏心灵自由，这预示着艺术即将消亡。他用一段诗的语言表达其艺术消亡论："荷马、索福克勒斯、但丁、莎士比亚，再也不可能在我们时代出现了……其余一切都黯然失色，艺术的辉煌即将成为过去。"

三、纵向：艺术发展的历史序列

黑格尔认为艺术发展中只有建筑、雕刻和诗是成序列的，绘画和音乐只是近代才出现的新品类（黑格尔对此存而不论）。

（一）艺术分类体系

（1）象征型艺术，指东方古代艺术，属古希腊文明之前的远古文明，其地域在北非、西亚、中亚和南亚。黑格尔重点分析了三个国家——埃及、波斯和印度。象征型艺术的特点跟当时的时代精神有关。彼时人类尚处于被自然压倒的阶段，精神得不到自由，不可能从物质束缚中解脱。个体还为专制政体所压倒，个体跟社会普遍力量不能融合一致。当时的"理念"不可能与感性形象完满结合，艺术只能用有限的物质形式间接意指无限精神，所以号称"象征型艺术""史前艺术""艺术前的艺术""前艺术"。

（2）古典型艺术，指古希腊古典时代的艺术。公元前5—前4世纪的伯里克利时代，哲学、艺术、社会文化均处于繁荣期。其艺术以古希腊神话为武库和源泉，反映的是英雄时代，如荷马史诗，洋溢着自由精神。古希腊艺术提供的是就"艺术"这一概念而言的真正艺术。

（3）近代浪漫型艺术。黑格尔所指的"近代"，是中世纪文艺复兴直至黑格尔所生活的18世纪，地域包括欧陆国家和英国。此时是从基督教统治到人的解放，最后走向散文化的时代。黑格尔认为基督教是最心灵化的宗教，其主题是如何使心灵获救。文艺复兴批判了基督教的神权，实现了人的发现，出现了独立的个性，为近代艺术的繁荣准备了条件。近代艺术繁荣产生的经典作品在英国为莎士比亚的戏剧，在意大利是"三杰"的绘画，在德国是四大音乐家（韩德尔、巴赫等）的音乐作品。

（二）简介艺术的三种分类

1. 象征型

黑格尔认为,波斯、印度、埃及代表了象征型艺术发展的三阶段。古代波斯盛行自然崇拜,特点是神与自然物的直接同一。如拜火教,认为火就是神,于南北朝时传入中国,即祆教。在这里精神与物质没有分化,既非象征,也非艺术。既无神的心灵活动,也无人的心理活动。古印度在自然崇拜基础上已经形成了人格化的主神——梵天(太一),按照印度的史诗《摩罗衍那》的记载,梵天可化身为万物,有非凡的生殖能力,万物都是神。黑格尔认为,这种宗教具有泛神论色彩,其神话包含的观念荒诞、放纵、不雅,缺乏理念实体。古埃及的宗教崇奉的最高神是太阳神"拉",它有人间之子——法老,由法老在大地上代行"拉"的神权和神威。它的神话本身就有了象征意义,法老象征"拉"。由此,它在艺术上就有了真正的象征性。所谓象征,就是用有限的物质形式来间接指引无限的精神,真正的象征等于崇高。黑格尔对埃及建筑和雕塑有精彩分析,主要是金字塔和斯芬克斯像。金字塔尖顶朝向太阳,可承接"拉"的光辉,甬道象征人生的奥秘。斯芬克斯象征着猛兽之力与人性的结合,它是"象征的象征"。表现了神性的伟大和人要努力使自己神性摆脱兽性、理性挣脱物质的束缚,也象征着人类的一种意愿:"认识你自己",黑格尔在此引用了俄狄浦斯的例子。("认识你自己"是刻在德尔佛阿波罗神庙中的神谕,人们认为它标志着人类自我意识的觉醒。)

象征型艺术以建筑为代表。在象征型时期以埃及金字塔为代表;在古典型时期以古希腊神庙为代表,充满人间情味;到了浪漫型时期以哥特式建筑为代表,心灵的观念占据了优势。

2. 古典型

古典型的特点是精神内容与物质材料的完满结合,在古希腊达到最高峰。黑格尔对古典型艺术的分析是对古希腊艺术的礼赞。古希腊艺术的成就与其时代精神有关,它处在自由心灵与伦理实体相结合得恰到好处的一个转折点上,也就是神性向人性过渡的转折点上。希腊人在此登上美的高峰,黑格尔从古希腊神话发展来进行分析,认为它经历了三个发展阶段:动物神祇阶段,主要是从埃及和小亚细亚引进自然崇拜的结果;旧神(泰坦神族)阶段;新神(奥林匹斯神族)阶段。特点包括以下三方面:① 囊括了自然、社会、文化的全领域。② 由神族衍生出半神(英雄),如阿喀琉斯。希腊神话更加世俗化、人性化。③ 主神,不分担各神职责,还保留了多神教特点。人神同形同性,实为人间谱系缩影。这是造就古希腊艺术辉煌的根本原因。

3. 浪漫型

浪漫型的特点是转向人自身、转向人的心灵,这从基督教统治欧洲开始。因为基督教是心灵化的,神是理性化的,上帝等于理性,成了理性的肉身化,遂有上帝、耶和华、神父三位一体说。这就把理性与人的感性生命相结合,认为人类一半是魔鬼一半是天使。欧洲浪漫艺术中心是讲人的心灵冲突,分为三大阶段:第一,基督教艺术,表现神性与魔性的斗争,以神性为主导。第二,骑士文学,吟游诗人的罗曼史。骑士既讲武功又纵欲,是责任与魔性的斗争,责任占优势。第三,文艺复兴,个性觉醒,形成独立自主的性格,人的发现为艺术提供了丰富的素材。

四、关于本章的两个问题

1. 如何看待黑格尔的艺术终结论?

有几种流行看法:

(1)马克思在《剩余价值论》中说,黑格尔讲散文时代一般不利于艺术,实际上是指资本主义一般不利于艺术生产,甚至与整个精神生产相对立。原因在于艺术商品化,这对艺术是极大的损害。

(2)卢卡奇认为,黑格尔的艺术终结论是对于古典的人文理想的失望,现实自由社会乌托邦的破灭,不等于说艺术不行了。

(3)威莱克在《现代批评史》中说,这是一种对艺术颓废倾向的"预见",原来的艺术不行了,将有现代与后现代艺术。

(4)法国的爱弥尔·安格恩认为,在黑格尔的时代,诗就是世界本身,神话和史诗就是思想。但现在,艺术不再参与创造真理。艺术已经从前台隐退了,所以黑格尔的终结论是指艺术的历史地位和社会功能消退。

2. 要康德还是要黑格尔?

(1)黑格尔美学与康德美学为不同体系。黑格尔的体系是逻辑认识的体系,出发点是理念,经无数环节转化为艺术美。在艺术美中理念占统治地位,所以黑格尔的美学与其哲学一样带有强烈的本质主义色彩。黑格尔也强调艺术要实现艺术家的自由创造,要表现自由的人格(个性),但他认为,要达到这个目标,唯一途径就是辩证的逻辑认识,而实际上辩证逻辑本身并不能够实现这个目标。

康德的美学也被他称为广义的认识论,但他还设定了自然目的论和审美的目的论用于补充认识论的不足,所以比较能够展示整体人的多种心理功能。最后归结为自由人格(人的本体),这是一种人类学本体论的美学,包含了今天的审美价值论在内。

(2)康德的美学与黑格尔的美学都具神学色彩。康德美学的最终目的是道德的人,借助于道德的上帝,指向神学目的、道德的人;黑格尔的万能的"理念",就是理性的上帝。所以,马克思批判黑格尔的哲学是一种逻辑泛神论,费尔巴哈称黑格尔哲学为"理性的神学",是有道理的。但笔者更加偏向于康德的观点,因为他的理想是彼岸世界,虽不可知,但是可思的。

第十二章　宗白华美学导引

第一节　宗白华生平思想述略

宗白华(1897—1986),其美学处女作发表于1920年,题为《谈美学与艺术》,最后一文是1986年9月为北京大学《艺境》作前言。生平非常单纯,是一个纯正的文化人、纯正的学者、纯正的教授。他生于安庆,祖籍江苏常熟,1897年12月15日生于安徽安庆小南门方宅母亲的家中,8岁后随父母离开安徽就读于南京模范小学。1913年起,先后在青岛德国人创办的青岛大学中学部和上海同济医工学堂中学部学习德文。1916年升入同济大学预科,但无意学医,转而自修哲学与文学。1916年8月受聘上海《时事新报》副刊《学灯》任编辑、主编。宗白华是新文化运动的积极参加者。早在1918年,他就参加了由李大钊、邓中夏等发起的"少年中国学会",并在上海负责编辑该组织的刊物。1920年赴德国留学,在法兰克福大学、柏林大学学习哲学和美学等课程,仍抱文化救国之主张。他想从文化批判入手,反思中国传统文化,确立传统文化的地位和价值,立誓要当一个"小小的文化批评家"[1],对传统文化作批判(审视)。他认为最能代表中国文化精神的是中国艺术,艺术是中国文化史上最有价值、最中心的、对世界最有意义的一部分,从中可以寻找中国传统文化的真精神。基于这个需要,他立志将来要从事教育,活动地点在上海、南京或北京,毕生靠教育为生,他此生信守此诺言。回国后他在东南大学哲学系教哲学、美学,后改为中央大学,1952年,到北

---

[1] 宗白华.自德见寄书[M]//宗白华全集:第1卷.合肥:安徽教育出版社,1994:335.

京大学任美学教授。

宗白华在美学界活动66年,他的论文集《美学散步》于1981年出版,仅19.5万字。后安徽教育出版社出版了《宗白华全集》200万字,其中译文50万字,而他的美学笔记和部分未刊稿,特别是部分"艺事杂录",是读中国画论所作的批语,很有价值。此外,他于20世纪20年代所作的中国古代美学笔记,涉及园林、建筑。其笔记近5万字,是一部大著作的纲要,将中西形而上学作了比较,涉及古今中外的重要典籍和哲人理论,很深刻。特别有理论分量的是《形上学(中西哲学之比较)》有人认为该文作于1928年左右,但应认定为1945年所作,理由如下:① 文中涉及卓别林《摩登时代》;② 所引《西方伦理学选集》出版于1945年。

宗白华著述不多,没有系统专著,他的文章非纯理性的学术文体,梳理其思想较难,其理论成就可概括为以下三个方面:

一、宗白华美学是经过现代诠释的境界美学

宗白华研究美学的对象是中国传统美学思想和传统艺术,但不是就古论古、就事论事,而是做了创造性的具有现代意味的诠释,从中表露出独特的富有个性的美学观。他的诠释集中在中国传统艺术的艺术境界上。他的文集自题名为《艺境》,前言中写道,"我虽终生情笃于艺境之追求,所成文字却历来不多,且不思集存,故多有散失","人生有限,而艺境之求索与创造无涯"。《流云小诗》的影响很大,使他赢得"五四诗人"的美称。"诗文虽不同体,其实当是相通的。"① 他一生做了两件事:一是钻研艺境理论,二是用自己的艺术创造丰富艺境。他称《艺境》为"问路石",希望此书对后人有所启迪。

在宗白华看来,艺术的境界代表着中国艺术的最高成就;它又是中国艺术所归趋的审美理想,具有范导作用;艺术境界也是艺术之所以成为艺术的根本特征。所以宗白华抓住艺境,也就抓住了中国艺术的关键。

再深一层看,宗白华认为中国艺术的理想境界,也同是中国文人的理想的人生境界。在西方,人生的理想归属于宗教,而中国的宗教不发达,属于"准宗教"。儒教主要处理人际关系,是一种抒情态度,是"人学",世俗性很强。道教讲全身保真、求仙访道、白日飞升。佛教中国化后,演化为禅宗,世俗性也很强。中国宗教不发达便通过艺术来作为人生的追求、寄托。人生理想和艺术理想相沟通。因此,他认为中国艺术最有价值。宗白华对中国艺境的剖析,也正是他对中国文

---

① 宗白华.《艺境》前言[M]//宗白华全集:第3卷.合肥:安徽教育出版社,1994:623.

化哲学的批判和探讨。

二、宗白华美学是中西融合的人文主义美学

20世纪的西方美学存在两大对立趋势。一是以英国为中心的科学美学,如维特根斯坦。二是以德国为中心的人文主义思潮,如尼采、狄尔泰、存在主义(海德格尔)、七八十年代德国伽达默尔的阐释学等,以人为中心,高扬人的价值,把审美看成是追求人生价值的重要手段,"诗与思"的主题便是如此。人文主义美学思潮是建立在哲学有机论和生命哲学的基础上的。哲学有机论是由康德等提出的。有机界是有秩序的,康德提出"大自然向人生成"的理论,整个大自然是以人为目的的,其中包含"人和大自然统一"的重要思想,由此进一步引申出自然和艺术的统一,艺术是第二自然。大自然像艺术一样和谐统一,反之,艺术也像大自然一样"自然天成"。后经谢林等浪漫主义哲学家阐发,提出自然是大宇宙,艺术是小宇宙的基本思想,这一思想恰可以与中国的传统艺术沟通。中国的艺术强调天、地、人的统一,而统一的中心是"人"。宗白华反复强调"人者,天地之心""诗者,天地之心"这样两个命题。"天地之心"体现在人的"诗心"里。中国传统美学认为艺术不是单纯的摹仿,而是可以通于天地,体现宇宙精神。宗白华抓住中国和德国美学的结合点,反观中国传统哲学和美学,再作发挥,反复强调要重视"整体的人","知、情、意"三方面都要得到协调发展。他认为通过艺术可求得人与自然的协调,有利于建构人的健全人格,很重视美育问题。

三、宗白华美学是诗哲相兼的散步美学

如《美学散步》前的小言,审美如散步,具有无目的的合目的性。宗白华用审美的态度研究美,用一种审美的态度来探讨美,但"散步美学"也是美学,"散步"和逻辑并非绝不相融,如亚里士多德的学派就称之为"散步学派"。因此,他的美学是"散步"和逻辑的统一,是哲学和诗的统一。宗白华有意拒绝学理式的论证式的方式,而是用诗性语言叙述,不是推理式的,而是感悟式的,其文章浮想联翩,天马行空,思维自由、跳跃性大,文字极为精粹,耐人咀嚼,堪称美文。但若要清理出他的学理很困难。他的文章不以结论强加读者,而是启发读者思考。愈对他的文章加以体味,愈能感受到其内涵深刻。有如果戈理评论普希金的诗:"他的每一个字都是一个深渊。"

第二节　从中国百年美学反观宗白华

世纪之交,中国学术界关注的是中国文化往何处去,故而对中国传统文化的反思成为一个热点。对宗白华而言,他作为五四诗人,作为少年中国学会的骨干,众所熟知。但在20世纪80年代前,他在学术上的贡献少被重视。现在学术界对宗白华在现代美学上的地位认识不一。1998年出版的《中国现代美学思想史纲》①中,没有一字提及宗白华。蒋孔阳、谢冕、胡经之等读该书时,也未提及此一不正常现象。这就涉及一个尖锐问题,宗白华的美学是属于过去、现在还是将来?

从百年美学反观宗白华。可以肯定如下两点:第一,宗白华是现代美学的奠基人之一;第二,宗白华对传统文化的批判,对20世纪中国人的文化自觉方面能发挥了更大的启示作用。1999年第1期《文艺研究》刊发费孝通先生的文章②,预测21世纪将进入一个全人类的文化自觉时期,"和而不同,多元互补",此文可以一读。

一、现代美学的奠基人

中国现代美学可分为四个时期。

(一)19世纪初至20世纪20年代:西方美学的引进时期

鲍姆嘉登以"Aesthetic"为他的学科命名,1882年,日本人中江笃介翻译法国维伦(Veron,1825—1889)的《审美学》,并将其命名为《维氏美学》,此为"Aesthetic"译为"美学"之始,实际上应该翻译为"审美学"。王国维1903年发表《哲学辨惑》一文,首次引用"美学"概念。在王国维之前谈美感称"趣味"。20世纪20年代以前引进西方美学的学者主要有梁启超、王国维、蔡元培、鲁迅(《摩罗诗力说》),王国维、蔡元培是其中的重要人物。

王国维在30岁以前,写了《〈红楼梦〉评论》《人间词话》,后者研究意境,参照了尼采和叔本华的理论,但与宗白华相比,则显肤浅,停留在经验层面,研究物我关系。此后,王国维转入史学研究。

---

① 陈伟.中国现代美学思想史纲[M].上海:上海人民出版社,1993.
② 费孝通.中华文化在新世纪面临的挑战[J].文艺研究,1999(1):4-7.

（二）20世纪30年代开始：中国美学进入学科体系建立时期

接受过五四运动洗礼的一批留学者回国，如金岳霖、冯友兰等，他们确定了各自的学科规模。

就美学而言，主要有朱光潜、宗白华，二人同庚同寿，同样跟安徽有缘，且晚年同在北京大学共事。二人在理论上也有以下三个共同点：

（1）朱光潜、宗白华二人在大学长期教授美学，建立了美学的学科规范，强调以美感研究为中心。朱光潜说："美学的最大任务就在分析这种美感经验。"[①]宗白华把美感研究当作美学的"中心事务"[②]。这说明他们适应了西方20世纪美学发展的方向。宗白华综合了西方20世纪30年代以前美学的研究成果，朱光潜的著作中反映了20世纪60年代初之前西方美学的研究成果。

（2）朱光潜、宗白华二人都主张中西融汇的方法，宗白华把中西结合得了无痕迹。

（3）朱光潜、宗白华二人都认为审美目的是建立一种艺术化的人生态度，以便建立艺术人格，都重视美育。朱光潜主张"人生艺术化""艺术宇宙化"。宗白华主张建立"艺术式的人生"，要以歌德为榜样，以歌德精神做人，这和以叔本华的眼睛看世界是不矛盾的。朱光潜主张树立起超世入世的人生态度，"以出世的态度去做入世的事业"（朱光潜语）。

二人的区别正好构成奇妙的互补，表现在以下两方面：

1. 在融汇中西美学方面，有内外参照系的不同

朱光潜以中国传统美学为内在参照系，对西方现代美学进行择取，引申发挥，自称是给西方现代美学补苴罅漏，于其中发挥了西方美学，主要根据"距离说"、"直觉说"（克罗齐）、"移情说"，此三说组成了"文艺心理学"的骨干。他要对美感产生的条件（审美准备）和过程做整体把握。传统美学常将"知、情、意"做整体看待，"距离说"是条件（准备），"直觉说"是起点，"直觉（含想象）即表现"，"移情说"是审美过程的推移（主体对对象的情感移注）。朱光潜发挥"移情说"，注入中国传统美学的"物我双向交流"的观点，物我交流产生交感，最后达到物我同一，此为美感的最高境界。朱光潜的美学外在形态是西方的科学美学（心理学研究方法），按西方文艺心理学的框架做学理式的论述，但内在参照系是中国传统

① 朱光潜.文艺心理学[M]//朱光潜全集：第1卷.合肥：安徽教育出版社，1987：206.

② 宗白华.略谈艺术的"价值结构"[M]//宗白华全集：第2卷.合肥：安徽教育出版社，1994：69.

美学。在此方面,他最有价值的著作是《诗论》。

宗白华是以西方美学作为内在参照系的,对中国传统的生命美学和生命哲学做创造性的阐释,几乎看不到西方的痕迹。但在其阐释中,可见西方德国古典主义、浪漫主义美学的底色。用德国人的美学观,重新看待中国传美学和哲学,从中找出有价值的东西,不是用德国观点强行翻译中国传统美学和哲学,而是用德国美学观点来阐释中国传统美学和哲学。

在学科的性质上(美学是跨界学科),朱光潜偏重心理学,注重审美经验的描述,叙述方式上侧重学理论证。宗白华偏重哲学沉思,偏重范畴演绎,先抓住宇宙生命本体"道",再引申到"气""器""虚实""动静""时间空间"等相对并出的范畴。宗白华非常自觉地肯定美学的哲学性质。他在法兰克福遇上哲学和美学教师玛克斯·德索(Max Dessoir,1867—1947)。玛克斯·德索主张美学与艺术学应加以区分。美学以美感为中心,宜用哲学的方法研究美感。艺术学研究艺术的起源、发展、技巧和门类系统以及艺术的多重功能,主张建立"一般艺术学"。他也承认艺术学与美学有相互重叠的部分。宗白华于1925年回国,1928年开始教授美学和艺术学,这从一个方面说明宗白华的美学偏重哲学美学(受玛克斯·德索影响)。

2. 朱光潜、宗白华二人的不同构成互补关系

这种互补关系与二人的学术心路、知识结构有关。宗白华是在读同济医专三年级(1917年6月)时,开始弃医从文的,他在文学方面主要读歌德、席勒、荷尔德林、诺瓦利斯等的作品,哲学方面主要读康德、叔本华、尼采等的作品。后筹建少年中国学会,南方分部是一个纯学术团体,宗旨有三:一研究学术,二挽救社会,三转移末世风气(颓风)。此用渐进方式建设社会文化、启蒙社会。为此,宗白华写过许多文章,主要是有关德国哲学和中国新文化建设的设想的文章。1919年11月,他与田汉交流,他想从哲学跳到文学,因为"觉得宇宙的真相最好是用艺术表现……我认为将来最真确的哲学就是一首'宇宙诗'"[①]。引用朗格(德国)的一句话:"哲学是宇宙诗。"宇宙的生命精神在艺术中能得到最完美的体现。1920年他留学德国,期望做一个小小的文化批评家,以艺术为切入点。宗白华有很好的德国哲学素养,德文很好,他的美学带有哲学特色,而且他又是个诗人,因此他著作的语言特点为诗哲结合。

朱光潜在香港学习英国文学和心理学,1925年后留学英、法,1933年回国。

---

① 宗白华.三叶集[M]//宗白华全集:第1卷.合肥:安徽教育出版社,1994:240.

在欧洲期间,他先学心理学后转入美学,因此他的美学带有心理学特色。

朱光潜、宗白华同为中国现代美学的创始人,同中有异,异中有同。二人的互补同时也是英国的经验论和中国的理性论的互补。从中国现代美学建设的角度而言,既与西方哲学美学相衔接,又与中国传统美学吻合。他们同为中国美学的发展奠定了坚实的基础,成为双子星座。他们半个世纪的美学生涯,在中国现代美学发挥持久影响,此乃一大幸事。他们是专业的美学工作者,有涵盖本学科的代表性著作,并且都产生了持久的影响,是当之无愧的中国现代美学的奠基人。

二、从世纪之交文化自觉看宗白华美学的意义

中国文化向何处去,争论围绕四个字"中、西、古、今"。此争论早已开始,20世纪80年代中期的文化热后形成三种意见:① 以新儒家(文化保守主义者)为主,主张中学为体,西学为用。② 李泽厚提出"西学为体,中学为用"的口号。③ 华人学者傅伟勋主张中西互为体用。费孝通在《中华文化在新世纪面临的挑战》主张文化多元论,各种文化各有价值,应多元互补,还认为多元文化要广泛渗透交流,从中吸取其他文化的长处、发展自己。中国文化的涵摄力很强,善于把外来文化纳入本文化。中外文化交流的目标是"美美与共、各异其美",相得益彰,互为成全。

宗白华到德国后下定决心要从事文化学批判,在他的《自德见寄书》中谈到三点意向:① 研究学术(学术、艺术、伦理、宗教);② 当一个小小的文化批评家;③ 要着重研究四门学科(物理、化学、生物、心理),目的是把哲学上的各种代表思想和艺术中诸大家的作品和理论一一研究,回国后再花一二十年时间研究东方文化的基础,以期揭示中国文化的"真道理"。

结合宗白华深广的文化背景,可从以下五个方面谈:

(一) 从事文化批判的动机

从远因讲,是建设新文化、建设新的少年中国精神,弃医从文。1919年9月发表诗歌《问祖国》,从中可以窥见一个少年爱国者的志向。

从近因看,他留学德国受当时德国文化批判思潮的鼓荡。19世纪末,德国学者就在反思文化问题。威廉·狄尔泰(1833—1911,现代阐释学之父)提出:西方哲学主要研究认识论,认识论是由逻辑理性统治的,其最高成果是数理逻辑。人文哲学没有其应有的地位,主张建立人文哲学,又叫精神哲学,来探讨精神问

题,这是人文哲学和科学哲学的分野。第一次世界大战后,欧洲各国都产生了科技感伤主义,认为片面发展工具理性,导致人性分裂,导致认识与伦理的脱节,导致罪恶,导致感性和理性的脱节,导致物质文明和精神文明的脱节。于是,西方有人认为这一切是科学技术导致的,这种科技伤感主义暴露出西方工业化后物质文化与精神文化脱节的矛盾。因此,德国的新康德主义者主张建立新文化哲学,卡西尔(1923年出版《符号形式的哲学》第1卷)提出把理性的批判转化为文化的批判。过去研究人的纯粹理性不够,要以人的整体文化为研究对象,考察神话、语言、艺术。由于卡西尔提出文化批判的口号,新康德主义者考察各人文领域的哲学基础,就自然引入对西方哲学传统和文化传统的反思,引出斯宾格勒的《西方文化的没落》的问世。《西方文化的没落》列举了世界八大文明,它们都有一个发生、发展、没落的过程,由盛而衰大约1000年。西方文明衰落后,东方文化复兴。斯宾格勒的观点打破了文化上的欧洲中心论,为多元文化观奠定了方向。宗白华到德国时,正是处在这样的背景之下,也促使他下定从事文化批判的决心。

(二)从事文化批评的切入点

1919年,宗白华提出想从哲学转入文学。对此他在给郭沫若的信中做了解释。他说,宇宙的真相最好用艺术来解释,不是纯粹的名言(逻辑语言)所能写出的,所以将来最真确的哲学是一首宇宙诗。在1919年11月《谈柏格森“创化论”杂感》一文中,他引朗格语“哲学是宇宙诗”。朗格的观点是对德国浪漫主义精神的概括。18世纪后半期,施莱格尔兄弟就主张诗和哲学的统一,所以德国浪漫主义诗人的哲理性很强,谢林更明确地提出艺术表现的是宇宙的“一”与“全”。谢林主张宇宙的本体是“绝对”,这“绝对”能通过有限的形式(艺术)表现出来。世界万类可归结为“一”,也即“绝对”。谢林认为美是通过有限来表现无限的。所以谢林把他的哲学称为“宇宙哲学”。朗格的观点是对以上观点的综合,表现了艺术哲学化的倾向,把艺术看成宇宙观的核心部分,而哲学是宇宙观的核心。因此浪漫主义哲学又称“诗性哲学”。这一点确定了宗白华把艺术看成文化批判的中心,认为艺术最能表现中国文化的哲学心灵。

王国维也曾从哲学转向文学,但与宗白华不同。宗白华的转向是哲学的诗化,王国维是对哲学的抛弃。这已说明德国哲学对中国影响的加深。

(三)中西对流中的文化选择

宗白华选择的是对中国传统艺术的阐释,是以中国传统艺术和文化的阐释来进行文化批评,他的选择别具眼光。

　　20世纪初,德国人对中国文化情有独钟,主要关注中国的老庄、列子等,这主要与处于世界大战前夕的文化焦虑有关。他们从道家找到一种返回自然的希望。老子的返璞归真的思想引起共鸣。1910年马丁·布伯编出《老子语录》,1914年出了《易经》的德文版,翻译者理查德·威廉(汉名尉礼贤),原为在中国的传教士,1930年尉礼贤去世时,荣格著文纪念,称《易经》可能挽救西方人的精神危机。1919年卡尔·雅斯贝尔斯研究老子,发表长篇论文《老子》(收入《德国思想家论中国》[①]一书)。在第一次世界大战结束后,德国的中国文化热增温,宗白华到德国正逢其时,在一个月内出了四本介绍中国文化的书。宗白华很受鼓舞,也颇感奇怪。思考之后他认为,中国文化主静,西方文化主动(浮士德精神)。后者造成人与自然的敌对,精神无处安放。宗白华估计20世纪是中西文化对流的时期,两种文化互为吸取,这种趋势,宗白华觉得值得研究。

　　宗白华认为中国文化建设不能把西方文化搬取过来就算成功,而应竭力发挥中国民族文化的个性,不要一味模仿,而要借西方的血脉精神帮助中国文化的复苏。在接下来的几十年中,介绍西学为第一要务。他的思想若放在五四时期显然是不合拍的,他的主张处在当时文化的边缘状态,与学衡派相近。

　　宗白华早期认为未来中国文化应当吸取西方文化而成为世界文化的中心,但到德国后改为文化多元论,主张发扬中国文化的个性。"我们并不希求拿我们的精神征服世界,我们盼望世界上各型的文化人生能各尽其美,而止于其至善,这恐怕也是真正的中国精神。"[②]中国文化本身就是一种多元文化。

(四) 文化批判的方法

　　狄尔泰提出一种方法论原则——"同情的了解"。他以总体文化为研究对象,对各类对象要考察其哲学基础,就要把它们放在历史过程中考察。按照他的观点,宗教、艺术、哲学等根源于人的生命,生命都在时间过程中展开,历史是一维的时间过程,历史即是生命之流。狄尔泰把一维时间截成过去、现在、将来三段。从历史的过去考察生命的意义,从历史的现在去考察生命的价值,在历史的将来考察生命的目的。生命的价值和目的,靠生命的意义来联结,因此,研究历史显得尤为重要,而对生命意义的研究要用"体验",狄尔泰说"生命才能了解生

---

① 夏瑞春.德国思想家论中国[M].南京:江苏人民出版社,1995.

② 宗白华.《中国哲学中自然宇宙观之特质》编辑后语[M]//宗白华全集:第2卷.合肥:安徽教育出版社,1994:243.

命,精神才能了解精神"①,只有同情才能真正了解。"同情"(Sympathy)意为"设身处地""感同身受"。这一原则,学衡派亦以此为方法论,宗白华也很早就持此观点。他在《中国艺术意境之诞生》的引言中有相关论述。

(五) 宗白华文化批判的现代意义

1. 宗白华文化批判与西方现代哲学和美学相衔接

20世纪初出现的科技感伤主义一方面反映了西方生态危机和生存危机感,另一方面又否定了科技作为生产力的意义,因此是片面的。所以第二次世界大战后,西方出现人本主义上升的趋势,表现在存在主义和现象学的兴起。20世纪六七十年代,阐释学影响加深,80年代以来,多元文化论的讨论成为热点(美国),占优势的意见是多元文化论,主要代表是格尔茨(Clifford Geertz)。宗白华在20世纪初开始的文化批判符合西方现代思潮,他们有一个共同的前提——新康德主义。

2. 宗白华文化批判带有超前性

德国人的文化批判是在现代化的情况下提出的,而宗白华提出文化批判则是在半殖民地半封建的中国,是有超前性的。中国在实现现代化过程中如果想要避免西方曾经出现的问题,文化的批判是必不可少的。

3. 宗白华在中西古今问题上的观点是有生命力的

目前,对科技教育的重视程度提高,强调重视审美教育,使其具有制衡作用。

第三节　宗白华对传统意境论的现代阐释

一、早期"意境说":中西(德)美学的接合点

宗白华在《艺境》之前言说:"终生情笃于艺境的追求。"他对艺境的阐释痴情

---

① 宗白华.《屈原之死》编辑后语[M]//宗白华全集:第2卷.合肥:安徽教育出版社,1994:293.

不改,留德之前(1920年)就用艺境释诗。西方观点认为:第一,写实派并非最高的文学式(亚里士多德的摹仿学不时兴了);第二,追求以美的文学(指音律的、绘画的文学)来表现(写)人的情绪中的意境,文学思想偏于浪漫表现主义,因而强调"'诗的意境'就是诗人的心灵与自然的神秘互相接触映射时造成的直觉灵感。这种直觉灵感是一切高等艺术产生的源泉,是一切真诗、好诗的(天才的)条件",是不可思议,不可言传之境界。①

之所以选意境作为中心,有两方面原因:

(一) 受德国古典哲学和浪漫主义美学启示

在宗白华与田汉、郭沫若的通信中可以确证,宗白华认为哲学应是宇宙诗,此与谢林观点完全一致,都认为哲学类似于一部文学作品,艺术的本质应被理解为在艺术中出现的宇宙。歌德也有类似的看法,他认为自然是一位伟大的艺术家。

宗白华特别推崇歌德,歌德是一位泛神论者(patheism),诗人的宇宙观以泛神论最为适宜,此思想也深受郭沫若赞同。(泛神论源自斯宾诺莎,是最可爱的。)拟写歌德是好主意,"本体是神,神是万物"(此与庄子观点相通、一致),宗白华通过康德的接引,也接受了斯宾诺莎的思想,并用来阐释有机体(歌德),此表现在以下三个方面:

1. 接受了歌德基于泛神论的有机自然观

"上帝即自然"("nature"有以下三种含义:自然界,整体的与人类未分化的现实,人的本性。斯宾诺莎证明"上帝即自然",用"实体"概念,世界之本源即实体:实体是自因,是独立自存的、无理的,实体乃有机整体,整体在不断变化。总之,自然是不断运动的,以自动力运转的独立自存的过程。马克思、恩格斯认为斯宾诺莎的观点是不彻底的无神论者。歌德在青年时代就接受了斯宾诺莎的观点,并被其观点影响一生)。斯宾诺莎在伦理学上的观点认为:人要求自然保存,乃人一切行为之动力,自我保存愿望实现了,即善、幸福。什么才是真正的善、幸福? 斯宾诺莎认为自我保存的愿望涉及情感。情感分正、负两种,以理性判断为其划分标准。"人要以自己的知性、知识和理性来控制自己的情感,不至于盲目发泄,人才能得到真正幸福。""不要哭,不要笑,要理解。"但不能以理智来取代情感,情感有其合法性,可以控制规范。此观点与儒家"以理节情"(理—礼)观点接

---

① 宗白华.新诗略谈[M]//宗白华全集:第1卷.合肥:安徽教育出版社,1994:183-184.

近。此思想对歌德影响大,"使我对自然有一个清醒的认识","对一生起决定性作用","以大宇宙中永恒谐和的秩序整理内心的秩序,化冲动的私欲为清明合理的意志"①。歌德从泛神论中引出了有机自然观。用郭沫若的话概括即把宇宙全体看成有生命、有活力的整体。1786年,歌德访意大利,写出散文诗《自然赞歌》:"自然是独一无二的艺术家,大艺术家,最高的艺术家。"因为在自然中有永恒的生命成长和运动,自然永远变化,无片刻静止。它诅咒静止,自然是坚定的,它步调整齐,法则不变。人类就在自然中,自然也在一切人类中。

2. 艺术是第二自然

按有机体即系统论的观点,整体不等于部分之和。歌德从中引出观点:艺术亦应从整体看局部,是有生命的完整的第二自然。艺术家凭本能参与了大自然的创造。1788年,歌德在意大利写《单纯的自然描摹·式样·风格》,把艺术创造分为三层次如实描摹自然:作为创造自然的起点,如《少年维特之烦恼》《葛兹·冯·伯里欣根》,此为客观性。但自然要通过艺术转化为第二自然,还要有第二阶段,即艺术家思考过,达到完美的自然,故要"将自然移入意境",即艺术家通过自己的技巧、手法构成一定形式来表达的。此形式固定化了,即"式样"(德文为"manier",王元化译为"作风",宗白华译为"式样")。第三个层次是风格,(德文为"stil",英文为"style"),理想、极致。"风格的完成要探入万物的本体","风格"一词最高的意义就是标志艺术家所曾经达到,所能达到的最高点。王元化译为"最高境界",宗白华译此文的引言说:"歌德所谓'风格'(stil)是作家探入万物本体的认识,透彻造化的大理大法,把握物象最深的核心,然后创造出来的艺术,乃能作为'万物的基本型'的表现,如他在意大利所欣赏的希腊雕像。表示'风格'的文艺作品是伟大的,高明,深沉,真实而单纯,如大自然一样。个性的'式样'符合了自然的'式样',由主观变为客观,由狭小变为伟大,这就是'风格'的完成。天才的作品应该是'无名的','无我的',像一自然界的创造。"②这三个层次,宗白华认为体现了歌德哲学的辩证思考(主客观高度统一)。所以,宗白华说艺术是艺术家与宇宙的高度结合,常引用这三层次论。歌德以后,艺术是第二自然的观点被普遍接受,"大小宇宙"之思想,亦无高下之分,"小"与"大"可以一争高下,艺术可与自然争雄。

---

① 宗白华.歌德之人生启示[M]//宗白华全集:第2卷.合肥:安徽教育出版社,1994:7.

② 宗白华.《单纯的自然描摹·式样·风格》译者引言[M]//宗白华全集:第4卷.合肥:安徽教育出版社,1994:15.

3. 艺术家创造意境凭借什么

凭高度的洞察力,洞察能洞察万物,洞察心灵的深处。歌德说:"艺术家在作品创造的不是肤浅的,而是与自然相匹敌的精神上是有机的东西,他还要能赋予作品以这样的内容、形式,使作品看上去既是自然的,又是超自然的。"此洞察力在康德看来即"天才"(艺术家的直觉与灵感),人的本性里有一种构形的维向,构形、造型、塑造,与"格式塔"意思相近。凭此构形能力,能从混乱中引出秩序,揭示意义、规律,提炼出形式、联系,从无序中见出有序。即宗白华常说的"艺术家能见出秩序"。

(二)受中国传统哲学,尤其是华严宗佛教哲学影响

佛教自印度传入,于东晋产生佛玄,老庄与印度佛教结合起来,佛讲空无,道用"虚无"释"空无"(格义),从佛玄引出中国特色的佛教。天台宗与华严宗在南陈兴起,唐盛后消亡,唯禅宗在唐盛。宋明理学,明代人学习吸收,故禅宗对中国文化影响深刻。宗白华早期吸收华严宗思想,后来吸收禅宗思想。《我和诗》中说其学习哲学的起点因读华严经(在同济读书时入迷了)[①],对庄子、康德、叔本华、歌德等人的思想颇感兴趣。这也是他醉心于艺境研究的内因。

《华严经》在印度属于大乘佛教,重视佛教义理,经典的注释,小乘佛教讲戒持、修炼。大乘佛教中的《华严经》是最具哲学意味的经典,作者为印度僧"龙树"(空宗):认为现世界是虚妄的,只有空无才是实相。人只有皈依佛教才能返乐土,得以解脱。一切有情的、感性的,本质上皆不存在。大乘中龙树派是空宗中的中道,主张非空非有,具体事物中有空无实质,因此,空无即佛性,亦叫真如本体。佛性就存在于现实的慧性世界之中。所以《华严经》提出"真如与万法圆融一致"。法,指现实当中有大小,有形无形的一切事物,也指想象界中虚妄的万事万物,所以,万法又指事理、规则,哪怕龟毛兔角毕竟无,亦是法。此观点在唐代经僧人发挥,引出"理事无碍"观,与东晋佛玄完全一致。"即有得玄"(孙绰《游天台山赋》),即有悟无,"玄无"转换成"无限"之义了。为了从有中看出无,必然要重视境界问题(从具体事物中体悟出无限的生命)。在传注,如南陈僧人杜顺《华严五教止观》(传兴之典,重要)提"境界"。从庄子中引出"振于无竟,故寓诸无竟"(《齐物论》),对境界下了个定义:"境界者,即法明多法互入,犹如帝网天珠,重重无尽之境界也。"(宗白华转引出境界是"艺术家的心灵与宇宙的生命,两镜

① 宗白华.我和诗[M]//宗白华全集:第2卷.合肥:安徽教育出版社,1994:151.

相入的华严境界")杜顺之后法藏(武则天时代)为武则天讲经(互摄互映,十面镜子中点烛,佛像)非孤立的是无限的,即通真如本体了(禅宗"目击道存"中的"击",指击刺、目击、知觉),这是通向审美的。

宗白华发现了华严与庄子相通,接着又以东方思想理解叔本华、康德(颇似东方大哲思想)。康德的现象、本体两象说,本体是不可知,"不可思议";对歌德也作如此解释,"具东方乐天知命,宁静致远之智慧",又以西方为参照来阐释东方。东西互释的理论背景,艺境正是二者的接合点(东西美学的接合点,宗白华自身美学的开展点)。

二、宗白华对"意境"的解说

(一) 宗白华之前的意境解说多参照西人观点阐释中国意境理论

宗白华之前,对境界进行解说的主要有王国维、梁启超、朱光潜等人。王国维开其先河,筚路蓝缕,以启山林,功不可没。《人间词话》首先提出,古人用神韵、兴趣来解释诗歌,却未探其本。王国维提出"意境"概念,"本"有三义:"起源""本源""本质"。王国维认为"意境就是情景交融而要表现理想"。《人间词话》中分析"境""我"关系,"有我之境""无我之境",以"物我"关系为参照,"以物观物"(铃木大拙语)构成的境界是"无我之境"。王国维还提"造境"和"写境","造境"写实,"写境"毗邻理想,此乃浪漫派和写实派文学的分野。他的基本论述多在"情与景""物与我"层面上论述,对中国艺术追求的理想是什么,如何达到理想,没有回答。他谈人生事业的三大境界的描绘缺乏理性的沉思,此三大境界与艺术境界之关系如何,不见回答。他提出了问题,但没有解决问题。

梁启超在1922年写作《美术与生活》(美术指美的艺术,在西方称自由艺术),文中分析趣味(即美感)的三个渊源,说趣味有三个渊源,即境界的三个层次(冯契认为是梁启超的境界理论)。第一境界是"对境(生活之境)之赏会与复现"(基本上写实、对自然单纯模仿);第二境界是"心态之抽出于印契"(浑然无间,完全契合,朱光潜常言"欣然契合"),此为物我交融共鸣所达到的境界;第三境界是"他界之冥构与骞进"(骞进,即忽然间)。梁启超释之曰:"忽然间超越现实界而闯入理想界,那里便是人的自由天地。"此文写于他留欧回国,强调理想境界是忽然间超越进入的,实际上强调了灵感和直觉的作用。他还强调"理想境界"是一个自由的天地,与西方哲人如谢林、歌德一样,认为是人的精神自由活动到达的理想境界,这要比王国维高明。但梁启超也是仅此而已,此间有两个问题:第一,三层次的关系问题不清楚;第二,冥构蓦进的"他界"有无哲学和心理学上的必然性,没有论证。梁启超博学、兴广,却并不专精。他自己回答曰:"人总不满现实、厌倦现实,肉体、生活为环境所困,但精神是独立自由的,他总要构想将来、理想如何。"也就到此为止,这不算理论,只能算意见。

朱光潜1932年写作《诗论》,抗日战争之后出版,其中一章专谈诗之境界,一是按西方的直觉论解释意象的构成,二是引进移情论解释意象与情感的关系。此理论基本上是重复王国维的理论(我物关系、心我关系)。他虽然提到意境是实践层面上现实人生的返照,意境是意象世界对现实人生的超越,但对两者之间的必然性在哪里未作回答。

宗白华把意境作为艺术的本质和理想,回答了王国维、梁启超提出而未能解答的问题,较朱光潜更为深刻,朱光潜谈意境是从引用《人间词话》开始的,总体按照王国维的观点,把王国维作为近代意境解说的范本,有所局限。

(二)宗白华对"艺境"的全方位描述

宗白华从未对"艺境"做出严密界定,他只是对意境做出描述,看似不断反复且杂沓,实际上是一种全方位描述,具有定义功能,同时是诉诸读者的体悟,是传统哲学思想的表述方式。其描述方式为一总述、二分述。总述提出艺术境界是人生的六大境界之一,人与现实关系有六种境界。第一境界为功利境界,主于利;第二境界是伦理境界,人际关系,人与人的互爱与共存,主于爱;第三境界是政治境界,主于权;第四境界为学术境界,穷研物理,追求智慧,主于真;第五境界为宗教境界,"返本归真,冥合天人",主于神;第六境界即审美境界,介于宗教境界与学术境界之间,主于美。[①]此一思想受德国古典哲学之影响,颇有见地。

为了说明这个问题,给艺境作如此总述。他的分述可分为四个方面:

1. 艺术的根本特征

艺术家的心灵映射万象,代山川而立言,他所表现的是主观的生命情调与客观的自然景象交融互渗,成就一个鸢飞鱼跃、活泼玲珑、渊然而深的灵境;这灵境就是构成艺术之所以为艺术的"意境"。[①] 此处"映射"是代山川立言,物我同一的心灵的反射活动。[②]"映射,就是艺术家的创化"。[②] "鸢飞鱼跃",出自《诗

---

① 宗白华.中国艺术意境之诞生:增订稿[M]//宗白华全集:第2卷.合肥:安徽教育出版社,1994:360-361.

② 宗白华.美学散步[M].上海:上海人民出版社,1981:62.

经·大雅·旱麓》,"鸢飞戾天,鱼跃于渊",此两句诗表现出两种观物的方式,即上、下观察。宗白华从中引申出"俯仰观",抬头看看,俯身看看。此外,这两句诗也体现了"道",孔颖达注这两句诗曰:"其上则鸢鸟得飞至于天以游翔,其下则鱼皆跳跃于渊中而喜乐。是道被飞潜,万物得所,化之明察故也。"① 明代杨振刚说"鱼跃鸢飞,可以见道",概出于此。所以"鸢飞鱼跃"在此不只是引用两句诗,而是阐释历代经学家释道的密码。③ 艺境是一种"灵境",作为一空间是无限的,充满生命活动的境界,"虚灵"境界,"灵动"境界。"神""灵"在中国哲学中主要不是指人格神,而是指万物生长的一种征兆。"阴阳不测之为神","神者,妙万物以为言也"(《周易·说卦》)。"神"还可指人的精神活动。

2. 艺境的基本条件(情景交融)

宗白华有一句警语:"意境是情与景的结晶品。"(景,即意象)情与景的结晶是一个逐层深化的过程。② "外师造化,中得心源。"此处注意三个问题。一是宗白华理解的"意象"是多层级的。二是在此把"意象"与"意境"视作同一概念。第一层是写实层面;第二层是在精神层面,主客体交融进一步产生的意象;第三层"象外之象",用具体的象征去暗示"象外之象","形而上的象"。三是把张璪的"外师造化,中得心源"称之为"训示",这是绘画的基本原则,"天地有大美而不言","心源"是佛家语,就是指"心性",佛典主张"心为万法之源",故称之为"心源"。《菩提心论》:"妄心若起,知而勿随,妄若息时,心源空寂。万德斯具,妙用无穷。"《止观·五》:"若欲照知,须知心源。心源不二,则一切诸法皆同虚空。"宗白华在《艺境·原序》中说"外师造化,中得心源","指示了我理解中国先民艺术的道路"。③ 这两句话颇具佛家哲学意味。

(三) 创构过程

第一步,以宇宙人生的具体为对象,赏玩(静照,contemplation)。"contemplation"在英语中指冥想、祈祷,后发展成通过直觉把感性和理性直接结合起来的一种直观能力,通过感性形式把握其理性内容,赏玩是起点。

第二步,把外界事物的色相、秩序、节奏、和谐,借以窥见自我的最深心灵的反映。

第三步,化实景为虚境,创形象以为象征,使人类最高的心灵具体化,肉身

---

① 李学勤.十三经注疏:毛诗正义[M].北京:北京大学出版社,1999:1006.

② 宗白华.中国艺术意境之诞生[M]//宗白华全集:第2卷.合肥:安徽教育出版社,1994:330.

③ 宗白华.艺境[M].北京:北京大学出版社,1987:3.

化。此处"最高心灵"指"体道"的心灵状态,是心灵上的一种境界,用物质材料传达出来即是艺术境界。

(四) 艺境的终极根据

"'以追光蹑影之笔,写通天尽人之怀',这两句话表出中国艺术的最后的理想和最高的成就。"[①]"追光蹑影"指艺术要"尽精微","通天尽人之怀"是宇宙一体、天人合一,要"致广大",即"尽精微,致广大"。"正法眼藏"是"清净法眼",指包含真智的眼光;藏,指藏识,指人的认识能力,佛家分之为八等,最高一等为"阿赖耶识"。宗白华在此明确指出了什么是中国艺术的最高理想。这种全方位的描述,有着内在的联系,有理论内涵。

明代胡应麟《诗薮》:"严氏以禅喻诗,旨哉!禅则一悟之后,万法皆空,棒喝怒呵,无非至理。诗则一悟之后,万象冥会,呻吟唾咳,触动天真。"这一段话很好地说明了禅境与诗境的区别。宋代严羽《沧浪诗话》掀起以禅论诗之风(宋代吴可写过一首《学诗》,诗正是明此道也,"等闲拈出便超然")。追求诗与禅相通,导致满纸禅语。后人诗论家认为这导致误区,诗应有禅境,不能多禅语。"天真"指两方面,一是给万物传神,一是传递人的精神、本心。

此涉及艺术的本体。宗白华在1949年《中国诗画中所表现的空间意识》提出"一个充满音乐情趣的宇宙(时空合一体)是中国画家、诗人的艺术境界"。这是他对"艺境"的本体论的规定。这一规定在1949年提出,有他的思想的发展,其间他研究了中国艺术的发展,在《形上学(中西哲学之比较)》一文中涉及了中西哲学史、文化史的大量问题。这篇文章使他对中国传统哲学(律历哲学)的生命哲学有了深入的了解,宗白华在《道家与古代时空意识》中对艺境的论述较以前者更深入。

三、宗白华的艺境本体论

"一个充满音乐情趣的宇宙(时空合一体)是中国画家、诗人的艺术境界。"[②]是宗白华艺境理论的概括、内核、要义,也是他的美学贡献,据此可了解他的美学

---

① 宗白华.中国艺术意境之诞生[M]//宗白华全集:第2卷.合肥:安徽教育出版社,1994:338.

② 宗白华.中国诗画中所表现的空间意识[M]//宗白华全集:第2卷.合肥:安徽教育出版社,1994:434.

思想之独特意义。

（一）对传统艺境理论的深化

宗白华艺境理论的特点是"深"。他要求艺境的创造要深，要表现艺术家最深的心灵。艺境要有层深结构，同时要求艺境理论的探索要深，要"直探本源"。故他要对艺境做本体研究，这一回答抓住了中国艺术的根本特征(音乐化)。生命的节奏是一切艺术的本体，中国所有艺术都强调音乐化的节奏。如诗歌不仅在语言上具有音乐性，而且时空表现上充满韵律感、音乐感；中国绘画追求真，所谓"搜妙创真，观物象而取其真"(五代荆浩语)，此"真"特指生命之真实，指事物的生机、生气、生意。中国绘画是表现宇宙万物的生意，其技巧主要是笔墨、线条、点皴，基本上是一气呵成。中国之书法(宗白华称之为"墨舞")全靠线条的运动来表达心中情感的节奏。园林方面，西方园林几何形、人工痕迹明显，中国则是小桥流水、曲径通幽，在一种曲线、动态的观赏中体现音乐感。

艺术的音乐化在西方18世纪末、19世纪初被认为是艺术的极致，叔本华、丕特都持此论。这一点中国人早有所悟。

宗白华还深入研究了中国艺术意境论的核心——生命哲学。他找到了中国艺术意境论的核心，且找到了深层的根据。宗白华把这两条结合思考，参照西方哲学、美学，阐释意境理论，使人大开眼界，独树一帜，无人出其右者。

（二）对艺境本体论的阐释

一方面宗白华用气论来回答"时空合一体"，另一方面用律历哲学来阐释。

1. 艺术的本体是时空合一体

宗白华把它提高到此地位。此微之物同于天地、时空合一，是因为中国人的宇宙观的根本是周易哲学，也即"一阴一阳之为道"。此"道"是阴阳两元的互动，涵盖天道、地道、人道，能够弥纶万物。阴阳二气化生万物，万物都秉有天地之气而生，这生生不已的阴阳二气又组成了生命，生命的节奏和有节奏的生命。中国画的主题就是气韵生动，就是表现生命的节奏和有节奏的生命。此一思想是兼得儒道，古已有之。从道家而言，老子论道，提出"道一同"的思想，"一"也就是"恍惚无形"，一片"混沌"，但其中有无形之气。老子所说的"虚无"，不是"真空"，不是绝对的"无"，不是"顽空"，而是指气散状态的广大空间。庄子言"气聚则生，气散则死"，生命是气的凝聚状态，死亡是气的弥散状态。庄子从中引出了一种非常积极的乐生态度，"道天下，一气耳"，"唯道集虚"。故庄子把天地看成"气积"，生命之气是阴阳二气交通和合的产物。因此，在中国人看来，我们面对的宇宙空间充满了生命之气，充满了阴阳互动的创生力量，它不来自造物主，其动力来自自身，气—生命—发展—死灭—创生—发展—死灭，周而复始，构成宇宙不灭的万象。"太虚即气"，指一切空虚是生命的源泉。"一笔画，破虚空"，指阴阳交会使万物调畅，这是一个伟大的理想，非常古老的理想。万物自在，充分发育，各有自己的时空，一片生机勃勃，万物峥嵘的景象，此乃中国人的审美理想。万物调畅的理想和我国古代的"风调雨顺，国泰民安"的社会理想是吻合的。公元前780年（周幽王二年）镐京发生地震，导致三川竭，岐山崩，引起西周朝野的巨大恐惧，便找太史伯阳父解说，伯阳父解释说地震是阴阳二气不协调导致的，"天地之气，不失其序，若过其序，民乱之也"。地震的结局将导致西周王朝的垮台。他曾预言，西周的灭亡不会超过一纪（十年），果如其言。

中国人长期把宇宙看成是阴阳化生的伟大历程，所谓"大化流行（衍）""生生而有条理"（戴震语），这就是"生命节奏"，充满音乐感。

2. 宗白华认为宇宙是一个时空合一体

宇宙这一"大化流行"的历程既是一个时间过程，又是一个空间过程，是时空合一体。宗白华认为在时空合一体中，是时间率领空间（以时统空）。他用律历哲学来说明中国人的宇宙观（以时统空），这是他的一个了不起的发现。中国人很早就对时空有认识，认为"大化流行"是在无限时空中进行的，故中国人的时空观是"无限时空观"。《墨子·经说上》（有人称之为《语经》《墨辩》）："宙（久），弥异时也；宇，弥异所也。"尸佼的《尸子》："上下四方曰宇，古往今来曰宙。"《庄子·庚桑楚》："有实而无乎处者，宇也，有长而无本剽者，宙也。"中国人很早就知道了时空的划分，知道时动而空静的道理。空间分七方位（上、下、前、后、左、右、中），时间分为三维，一线度。西方对时空的研究到康德才提上日程。康德区分了时空，称空间是人的"外部直观的先验形式"，时间是"内部直观的先验形式"（故有心理时间说）。中国人所谓"乾坤万里眼，时序百年心"（杜甫《江村春日五首》）说的正是这个道理。再如刘勰《文心雕龙·神思》："故寂然凝虑，思接千载；悄焉动容，视通万里。"（中国人强调分而有合，西方人注重时空分开）西方人更重视空间，习惯于抽取时间来研究空间，如几何学，早在古希腊是一切学术的皇后，西方人所说的"范型"主要是指几何空间的原型。由建筑的透视到绘画的透视，是一种绝对静止的空间思维方式。18世纪西方的拉格朗日，主张把时间引入空间，变成四维空间。20世纪20年代,爱因斯坦从宏观到微观证明宇宙是一个四维空间。

康德用目的论打破极限论,是一个伟大的尝试,但不成理论。中国就因为主张时空要合体,故中国哲学强调对时空的整体把握,重视"通变",趋向于有机论。照李约瑟的说法,中国古典哲学是有机宇宙哲学,宗白华认为宇宙全体是大生命的流行,本身是节奏与和谐,人类社会的礼和乐都反射着生命的节奏与和谐。"在中国文化里,从最低层的物质器皿,穿过礼乐生活,直达天地境界,是一片浑然无间,灵肉不二的大和谐,大节奏。"①这就是中国人的宇宙观,也体现在佛学里。佛典经常用"世界",即"宇宙"。"世"为时间,"界"为空间。"世"有"迁流之义",迁流指过去、现在、未来时间的迁行。"界"指"东西南北之界畔,为有情依止之国土"(有情指芸芸众生)。佛典中的"世界"指有限"世界",但也可推至"无限",如"三劫"(时间),"三千大千世间","一花一世界,一沙一天国,君掌盛无边,刹那含永劫"(威廉·勃莱克语)。这在宗白华的美学里统一起来。

律历哲学,律,指音律、乐律,具体指五声(五音:宫、商、角、徵、羽)和十二律吕(律:黄钟、太蔟、姑洗、蕤宾、夷则、无(亡)射,吕:大吕、夹钟、仲吕、林钟、南吕、应钟。律为阳,吕为阴,次第相对)。历指历法,是按照天体运行的法则来标识时间的一种纪年、纪月、纪日之法。如太阴历,太阳历,干支运气历法(按日、月、地球三星体的相互关系,即火历)。农历指阴阳合律。律历哲学就是将音律与历法相比配,用律法来参问天文现象,反过来又用天文现象来定位律法。照古人看,天体运行、气象变化皆为阴阳两元交互影响之结果。音律也与阴阳互动有关,古人发现了律与历在数上的一致性,可通过用数学运算过程来定律和定历。两者的比配,在古人看来非常重要。《史记·律书》:"律历,天所以通五行八正之气,天所以成熟万物也。"五行,指金(太白星)、木(岁星)、水(辰星)、火(荧惑星)、土(镇星),每颗星名有分野,金主西,木主东,水主北、火主南,土主中,因此,天上五星与地上五方结合起来,两者的结合是因为中国人传统的宇宙模式是以天文统帅地理,以时间统帅空间。秦汉人对先秦宇宙观的概括,形成了自己的认识:四时统领五方。律历哲学将五声和历法相匹配,如图12.1所示。

春秋战国后,五声变为七声,宫(1)商(2)角(3)变徵(4)徵(5)羽(6)变羽(7)。

宫　商　角　徵　羽　宫
1　2　3　5　6　i
变徵(4)　变羽(7)

---

① 宗白华.艺术与中国社会[M]//宗白华全集:第2卷.合肥:安徽教育出版社,1994:415.

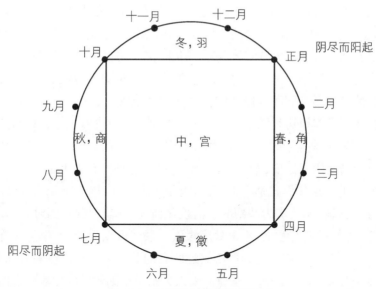

图12.1　五声和历法相比配示意

西方在18世纪末开始使用十二音律,七音律之间增加五个半音,这恰与我国十二律一致。将十二音律与七声辗转比配称之旋宫法。1968年出土的编钟证实了这一点,编钟可演奏任何一支西方现代乐曲。古人是如何用十二律来比配宇宙模式呢? 如图12.2所示。

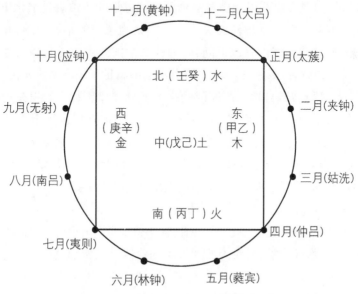

图12.2　十二律与宇宙模式相比配示意

古人用十二音律来配十二个月,主要用意是想以阳治阴,天文历法则是以阴治阳。《大戴礼记·曾子天圆》:"圣人慎守日月之数,以察星辰之行,以序四时之顺逆,谓之历;截十二管,以宗八音之上下清浊,谓之律也。律居阴而治阳,历居阳而治阴,律历迭相治也,其间不容发。"范文澜《中国通史》:"观象授时是最大的国政。""律管"又称"候气管",可测出十二个月气候的变化。

宗白华正是以律历哲学来证明中国人的宇宙观是以时统空,以四时统五方,以阴阳出入来统帅整个时空模式,最后落实到以四时二十四节气来统帅世事人生。阴阳顺畅则国泰民安,春种夏长,秋收冬藏,这种实践人生是有节奏的人生、音乐感的人生。这种模式是宇宙模式,更是天人模式,以四时配五方,以四时配十二个月,是以农业经济为基础的生活秩序而建立的。其间,四时、五方、八风、二十四节气,都对人有意义,宇宙秩序跟人文秩序可以沟通,其中包含着古人将礼乐努力与宇宙秩序相沟通的用心。这两者的关系是一种价值关系,而非实体关系,不是神秘之义,不是天人感应。天人关系是中国哲学的母题。宗白华从秦汉文化中发掘出律历哲学,也就发掘出天人之学的最后根据,是慧眼识珠,化腐朽为神奇。从乾隆年间的汉学大师崔述(东壁)起,一直视律历哲学为附会之言,异端之说。今人也多有持此论者,宗白华不尚附和,具有独立意识。其意义有二:一是它深入到中国哲学的根源之地,即上古以来的天文历法,中国一向认为"易历同源",即上古星象学和天文学,仰观天文是一切文明的起源。"人类的文明和尊严起始于仰观天象。"以律历哲学论证中国哲学的宇宙观是文化史的纵向论证。二是对传统意境的本源论的深化。一般认为意境的本源为中国的气论,但不了解律历哲学就不能回答以下问题,为什么中国艺术总是直指天地?"艺者小技",直指天地,"诗者,天地之心",中国山水画不满足于画自然山水的一景一幕,而是"提神太虚",鸟瞰自然。此原因最终可追溯到律历哲学。三是为中国的心物感应论提供了哲学上的根据。以时空统一的宇宙观揭示了节奏的本体论意义,如钟嵘《诗品序》:"气之动物,物之感人,故摇荡性情,形诸舞咏。""气"的存在状态是"时空合一体",中国人观物的方式是"应目会心"。元好问《论诗绝句》:"眼处心生句自神。"眼处即目接,由眼处之象转化为"意象"。

宗白华何以能发掘出时空观,原因有二:一是中国典籍中,各家学派一概重视时间。《周易》、老子、庄子、孔子、孟子、管子皆如此。中国农业社会起源很早,先民对天象、气象极端敏感,对天象和气象的价值意义特别重视。二是宗白华受20世纪初西方生命哲学的影响。如狄尔泰认为"研究历史要发掘历史的意义以确立现在的价值",他给西方阐释学以历史主义原则,生命需用生命来体验,精神需用精神来捕捉,要"同情地了解"。柏格森(Bergson,1859—1941)在20世纪初提出"创造进化论",其理论建立在生物学和心理学基础上。他按进化论的生物学原理描绘宇宙图景,认为宇宙由有机物和无机物组成,无机物向下发展,有机物是无机物向上发展而又回归物质的过程。他认为一切有机物都有生命意志在推动,这种生命意志一直在推动宇宙生命的进展,这是在时间一维中完成的。生命和生命意志等于时间的绵延。这个图景非常复杂,但人可以通过直觉来把握,当人排除概念的干扰,凭感官直观外物又诉诸内心时,可以把握住生命在时间的绵延中创造和进化的图景。人也在直觉的过程中实现了自己的自由意志,因为人已经用自己的生命参与了宇宙生命的时间绵延。柏格森的观点对国人也颇有影响,如梁启超、陈独秀。《敬告青年》:"人生如逆水行舟,不进则退,中国之恒言也。自宇宙之根本大法言之,森罗万象,无日不在演进之途,万物保存现状之理……此法兰西当代大哲柏格森之创造进化论之所以风靡一时也。"(陈独秀语)李大钊在《厌世心与自觉心》一文中说:"柏格森创化论之所以激励吾人奋发进取,就在于本自由意志之理。"宗白华在五四时期也参加了赞美创化论的大合唱,他说:"柏格森的创化论中深含着一种伟大入世的精神,创造进化的意志。最适宜做我们中国青年的宇宙观。"[①]C.怀特海,英国数理逻辑专家,他提出"过程哲学",也就是"生命哲学",C.怀特海的《分析的时代》,曾引用大量的他的观点,整个宇宙生命过程是一种诗意的过程。宗白华没有盲目跟随西方生命哲学,他从中找到生命哲学与中国传统哲学的结合点,用生命哲学来阐释中国哲学的"天地之心"的问题。"天地之心",也即天地阴阳生生之大德。天地以生生为目的,这与西方人讨论人与自然的关系中的一派很接近。

(三)艺境创构论

直观感象的描写:写实层、感受层、妙悟层。

1."静照"是一切艺术及审美活动的起点

"争先非吾事,静照在忘求"(王羲之语)。宗白华称之为"静观寂照"。他强调"寂照"是借用佛学心理学来解释审美。所谓"寂照","真理之体名寂,真智之用曰照"。"寂照"与"止观"同义,"止"指止息万念,专心于一境;"观"指"观智通达,契合真如"。佛家强调"止观不二","寂照不二","法性常寂曰止,寂而常照曰

---

① 宗白华.谈柏格森"创化论"杂感[M]//宗白华全集:第1卷.合肥:安徽教育出版社,1994:79.

观,止如明镜止水,观如明镜止水而影现万象,故止与观者,不二一体也"。

2."静照"当中求返于自我深心的节奏

"静照"当中求返于自我深心的节奏(情感),求得外物节奏与情感节奏的同频共振,互动互感。这里的关键在于:一是时间需要内心体验,经常强调反观内视,主要是指时间的体验,所谓"循耳目内通而外于心知"。二是与中国的宇宙模式有关,中国的模式是"周而复始的四方气节奏"。人的心灵也有"阴阳来复",这与天地周而复始的结构具有同构性。

3. 进入"神合之境"

求返于自我深心的节奏后,又要体合(体悟而契合)宇宙自然,进入"神合之境",也即"逍遥游"的境界。刘禹锡说:"心凝形释,与万化冥合。"用自己的超越的感受来体验宇宙的生命精神(与宇宙的本体合一)。宗白华称之为"象征",这"象征"与通常意义的"象征"不同。一般的象征是用具体事物象征观念(理想、意象)。此处的"象征"应理解为佛教中所说的"证悟"和"证入"。"证入"即"正智与所缘真理的冥合","证悟"即"以正智证知真理而悟解也"。这种体悟式的象征,是一种广义的象征,与西方的象征不同。形而上之境界不可言说,老庄主张"非言",禅宗"不立文字,以心传心"。

宗白华的境界三层次,包括这样一个模式,如图12.3所示。

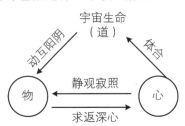

图12.3 宗白华的境界三层次

这是由有限到无限,由无限回归到有限的循环往复的过程。

第四节　宗白华的"艺术通观"

一、何谓"通观"

"通观"有三个意义：一是把各门类的艺术打通；二是把古今艺术打通（追本求源）；三是把中西相关艺术打通。之所以称宗白华为"艺术通观"，是基于黑格尔曾要求的"艺术的博学"，要求艺术的学者懂得艺术史，要有敏锐的观察力和鉴赏力，并做比较。宗白华不仅把艺术的历史做了通观，而且把各门类艺术做了通观，且把中西各门类艺术做了通观，这是我国自有美学思想以来绝无仅有的。古人在比较时缺乏自觉意识，现当代美学家王国维偏重文学中的诗学，朱光潜也偏重文学和诗学，邓以蛰偏重书法和绘画。时下有些美学名家也时时触及各门类艺术，只是感兴所致，还没有像宗白华研究的那样自觉、系统。

二、宗白华"艺术通观"的四大特色

宗白华的通观是自觉的、有意识的，形成了自己的特色。

（一）以意境为出发点和归宿

20世纪30年代初，宗白华写作了艺术学讲演稿提纲，提出意境是所有艺术的内容，分为两元，一是情，二是景。情和景都以作家、艺术家的全人格、全人生为基础，欣赏也是如此，要以了解作家、艺术家创造的意境为前提条件，而且要循此以进，自己去进行艺境的创造。不如此就不得称此为欣赏。[①]意境的本体是充满音律的宇宙，时空合一体，音乐节奏是通观的焦点。他从艺术的本体出发讨论所有艺术的节奏，这是其他美学家所没有做到的。朱光潜谈节奏大多是在心与我的关系上来探讨的。艺术的节奏是主观心灵与宇宙万物相互交响的产物。

---

① 宗白华.艺术学[M]//宗白华全集：第1卷.合肥：安徽教育出版社，1994：566.

（二）注意寻求各门艺术的共同原型以及各门艺术各自的原型

中国艺术共同的艺术是音乐、舞蹈。这不仅是因为中国乐教的历史很久，而是音乐恰是中国艺术本体最充分的表现。如建筑那些很大的房顶，有飞动之势，具有音乐感。宋代以后，乐教衰落，由书艺取而代之。这与西方不同，西方绘画的原型是建筑和雕塑（讲究团块，注意表现阴影），中国绘画的原型是"镌刻"。雕，"彤"，"𢼢"，常用作"瑂"）。许慎曰：画，"畫"，给田划出界线，同"划"（劃），"𤱊"。

（三）侧重艺术形式的分析

宗白华努力抽绎、整合出中国艺术的技巧和技法系统，这样就把宏观的文化哲学的分析落实到微观的实证。宗白华认为艺术有三种价值：一是形式价值；二是抽象价值；三是启示价值。形式价值等于审美价值，抽象价值等同认识价值，启示价值等于人生价值，通向宗教。其中最难把握的是形式价值。歌德说"题材人人看得见，内容意义经过努力也可以把握，而形式对大多数人是一个秘密（寻常人不太注意）"。在宗白华和歌德看来，忽视了艺术的形式也就忽视了艺术的审美价值，因为他们认为人生的意义要转化成艺术有赖于艺术家的天才。形式是情感的形式，情感是形式化的情感，形式化集中在节奏上。宗白华在《美从何处寻》中引艾略特（Eliot）的话（《诗的作用与批评的作用》）："一个造出新节奏的人就是一个拓展了我们的感性并使它更为高明的人。"[①]

（四）有深层的中西对比

不仅是中西艺术的对比，而且有中西文化的对比。宗白华对中西艺术知之甚深，他的比较是深层的比较，能将双方的同中异、异中同得到彼此的对照相互发明，这种比较都有多元化的文化立场作为背景，各有所长。[②]

三、"通观"举隅

中国山水画最受宗白华之重视，他把山水画看成中国最高艺术心灵之所寄。

---

① 宗白华.美从何处寻[M]//宗白华全集：第3卷.合肥：安徽教育出版社，1994：270.

② 宗白华.《中国哲学中自然宇宙观之特质》编辑后语[M]//宗白华全集：第2卷.合肥：安徽教育出版社，1994：243.

为世界之独绝。他说中国的山水画和花鸟竹石是世界第一流的,最有心灵价值的艺术,可与古希腊雕塑、德国音乐并列而无愧。中国音乐的美是"明月箫声"之美,西方音乐的美是"华堂弦响",各有各的妙处,彼此不能取代。他认为中国的山水、花鸟画价值很高,之所以如此,是因为这种样式最能表明中国人的艺术理想,最能代表中国人以时统空的宇宙观。

先说山水。山水连称,恰好表现了空间与时间。《论语·雍也》:"知者乐水,仁者乐山。知者动,仁者静。知者乐,仁者寿。"《论语·子罕》:"子在川上曰:'逝者如斯夫,不舍昼夜。'"时间是生命存在的必备条件,"生命只有就其在时间中逐渐形成,它才存在",生命始终是一个时间的流程。时间有三大特性:一向性,不可逆转;连续性;流逝性。生命也有此三大特性。就个体生命而言,每个人只有一次,个体生命如何寻找存在的价值成为存在主义关注的重点。中国古代文学,在时间上常表现出一种时间焦虑,如屈原"路漫漫其修远兮,吾将上下而求索",后鲁迅作对"望崦嵫而勿迫,恐鹈鴂之先鸣"。时间的焦虑,即是生命的焦虑。一般高等动物都有某种时间感,但不同的是人有记忆,有记忆就有历史,此外,人还有憧憬,既回顾过去又展望未来,这就加深了人对生命的体验。宗白华的《流云小诗》就是表现了这样的体验。中国之所以重视山水,山无水不活,就是强调时空合体,时间的节奏是最重要的因素。

花鸟都自有生命。中国人所谓"写生",即给花鸟传神写照,写出其生命来,栩栩如生。宗白华肯定山水、花鸟的价值就是用通观的方法,通过各类艺术的比较,确定山水花鸟的价值。其《读画感记》曰:"山水画因为中国最高艺术心灵之所寄,而花鸟竹石则尤为世界艺术之独绝。"①他常以"静穆的伟大"来比喻古代的器物,线条感等典型地荟萃在山水画中。

(一)观照方式

中国人观照的方式"俯仰往还,远近取与,是中国哲人的观照法,也是诗人的观照法,而这观照法表现在我们的诗中画中,构成我们诗画中空间意识的特质"。嵇康云:"目送归鸿,手挥五弦。俯仰自得,游心太玄。"陶渊明:"俯仰终宇宙,不乐复何如。"由此可得宇宙全景,将"形而下"和"形而上"贯通。《中国诗画中所表现的空间意识》一文有论,如"两个黄鹂鸣翠柳,一行白鹭上青天",俯仰之间,时空转换。又如陶渊明:"众鸟欣有托,吾亦爱吾庐。"宗白华曾引了两首诗,清代戴熙《题画》:"群山苍郁,群木荟蔚。空亭翼然,吐纳云气。"元代张宣《题倪瓒画》:

---

① 宗白华.读画感记[M]//宗白华全集:第2卷.合肥:安徽教育出版社,1994:301.

"石滑岩前雨,香泉树杪风。江山无限景,都聚一亭中。"

再说远近。势随气生,势即生命。"远望得其势,近望得其质"(郭熙语)。远有三远,平远、高远、深远。"远"通向无限,太玄、浑元、道。往还,即取形与情,形成人与物的双向交流互感,形成回旋节奏。这与西方一味外放,放而不知返的观物方式有很大不同。中国人观物方式隐含人与外物的亲和关系,西方的定点透视、几何透视方式隐含的主客观、心与物相互对待的僵硬关系。中国艺术家观物的方式是"往复绸缪",是用"爱怜""眷恋"的眼光看自然景物,正所谓流连山水也。这决定了中国园林的布局,中国园林是无数空间的有机统一,化空间为生命境界。以行游动作在时间中体验空间……园林空间之布置与画上空间之布局同一方法,同一意境。

(二)特有的透视、构图

中国的构思方式是以大观小(动点透视,散点透视),这是一种统摄宇宙全景的方法。"折高折远自有妙理",宗炳"身所盘桓,目所绸缪,以形写形,以色貌色"。晚清邹一桂说西洋画虽逼真,"令人几欲走进","虽工亦匠,不入画品"[①]。

构图似断非连,讲究龙脉(以山的高下曲折之势,聚散节奏),由龙脉统帅山石林泉,组成节奏,以空虚为有的不写之写、不画之画。

(三)特有的传达手段

(1)引书法入画法,特别重视线条的表现功能,讲求笔情墨韵。书画同源,上古时代重视"契"(刻),在文字出现之前,以书契代替结绳,因此,引书法入画法,如赵孟頫所说"石如飞白木如籀,写竹还应八法通"。

(2)中国人强调以线示体,以线取形,无线者非画也。要求下笔便有凹凸之形,形成中国特有的皴法、点苔、衣褶。化实为虚,化虚为实。[②]

(3)运墨而五色具(五色指墨的浓、淡、干、湿、黑)。传统常用的墨法有泼墨法、破墨法等。

---

① 宗白华.中国诗画中所表现的空间意识[M]//宗白华全集:第2卷.合肥:安徽教育出版社,1994:425-437.

② 宗白华.宗白华全集:第3卷[M].合肥:安徽教育出版社,1994:257-258,533.

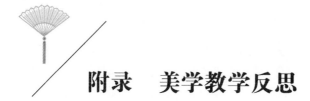

附录　美学教学反思

拓展学科领域，注重知识更新

——开设"审美心理研究"选修课的体会

在从事"美学原理"课程教学的同时，我于1986年和1988年分别为中文系高年级学生开设了"审美心理研究"的选修课。其间，又分别为"绘画艺术研究""中国现代文学""文艺美学"三个专业的硕士研究生讲授过同样内容。师生共同切磋、讨论，使这门课的内容不断得到充实和加深，逐渐成为一门内容新颖严谨，而且有自编教材、有相应概念系统和理论特色的课程。"审美心理研究"这门课对西方现代美学的广泛汲取和对传统美学思想的新的解说，予学生以深刻印象，受到了普遍欢迎。

事先经过慎重考虑，开设这门课的意图于我而言是相当明确的：

（1）审美心理研究是全部美学理论的中心课题，抓住这个中心，有利于加深和拓展美学的教学内容，更新美学知识。自20世纪以来，西方美学的研究重点早从美的本质论转移到审美心理即美感论方面来。西方现代美学的众多流派，几乎无一不在对美感经验做哲学概括或心理描述。自20世纪30年代起，朱光潜开风气之先，将这一潮流引入中国，认为美学的主要任务即在研究美感经验。中华人民共和国成立后的美学大讨论，由于焦点集中在美学的哲学基础方面，美的本质论成为大家注意的中心，美感研究相对有所削弱。直到20世纪80年代初，才有人不断呼吁"美学应以美感经验为中心"，审美心理研究重新受到重视，对西方现代美学的引进工作，才重新得以开展。因此，开设"审美心理研究"课程，无疑有利于帮助学生接触西方现代美学思潮，而且符合美学学科发展的大趋势。

（2）审美心理研究是审美教育实践的理论前提，也是艺术学研究的基础之一，开设这方面的课程，可以帮助学生进一步探讨审美教育的理论和实践问题，有利于加深学生艺术学的理论素养，这和师范院校的培养目标，是完全吻合的。

（3）我个人在审美心理学方面，一直在潜心研讨，理论上已做过长期准备。从1981年起，我在开设"美学原理"课之余，参加《美学基本原理》（现列为"高等学校教材"）的集体编写工作，承担的就是审美心理部分，即第二编"美感论"。此后，我为主持编著《审美教育》一书，认真探讨过个体的审美心理发展，在国内尚无现成概括的情况下，写过有关"审美心理的年龄特征"的专章；我还参加科研项目《心理学大辞典·文艺与美育心理学》的编纂工作；发表过有关文艺心理和评述朱光潜早期美感经验研究的论文。在这过程中，我花了大量时间研究西方当代美学的主要流派，涉猎了中国传统的审美心理思想材料。这些学习和研讨的收获，汇总在我的"审美心理研究"课程里。因此，这门课的开设，于我本人来说正是以科研促教学，用教学带科研的具体体现。

本课内容，基本反映在已印发使用的"讲授提纲"之中。因为内部使用，未能发表，自然未见评论。但若干读到过这份提纲的美学同行，均来信多所勉励，力劝及早成书，某出版社在审定提纲后，亦要我尽快写成专著，交付公开出版。

本课在内容安排上，力求突出以下三点特色：

（1）注重中西参照，在比较中寻求中西美学合适的接合点。在西方现代美学诸派别中，我最重视的是弗洛伊德（Freud）的精神分析美学、科林伍德（Collingwood）的情感表现美学、杜夫海纳（Dufreune）的现象学美学以及苏珊·朗格（Susanne Langer）的情感符号学美学这四派。因为它们正好从审美内驱力、主体情感表现、美感中主体与对象同一、艺术形式作为人类情感符号这四个环节，把主体内在的审美需要同外在艺术形式这两极联系起来，可以从中窥见美感的完整过程；同时，这四派与中国传统的审美心理思想关系最为密切。精神分析与《乐记》以来的"感物动情说"相接近（对"感物动情"的解释与时下所论不同，一般把它归入认知心理，强调它是唯物论观点，在我看来，"感物动情"的要旨在人性由外物撩动而产生欲望，欲望通过艺术表现而得以节制；它与精神分析的本能情欲升华论同属审美内驱力理论）；表现说与屈原和司马迁的"发愤抒情"说可相侔；现象学美学则在物我关系上与传统的"物我交融""物我同一"思想有共同旨趣；情感符号论与传统的比兴说，讲求寄托、寓意、象征的主张有可通之处。西方美感研究自康德以降，探讨的中心是主体的快感、不快感和来自外部世界的表象的关系问题。中国传统的审美心理思想，则以"象"或"意象"为中心范畴。西方审美表象论与中国审美意象论从心理学角度而言，实质融贯一致。因此，我的"审美心理研究"课程，将审美意象确认为美感的基元，以审美意象的诞生、伸展为线索,将审美发生论、审美心理结构论、审美意象体系论、审美心理交流论这四大块联结起来,成为一个理论体系,就我所知,这在国内美学研究中,是不乏创见的新体系。而它的建构,又建立在中西美学的参照交融基础之上,有较为厚实的理论根据与美学史根据。

(2)在方法上注意宏观哲学概述与微观经验描述的结合。在国内外美学界,"自上而下"美学与"自下而上"美学的争论历来聚讼纷纭,而有识之士(例如朱光潜,美国当代美学家托马斯·门罗)则主张两者的综合互补,他们主张两者并举,共同揭示审美心理的奥秘。20世纪80年代以来,国内美学界也在这方面做过多种尝试,有的主张心理学化,甚至用普通心理学的框架去生硬解释审美心理,其结果是削足适履;也有主张侧重思辨论证,致力逻辑推演,这样做也易于肢解生动的美感经验,把它抽象化。这两种做法都是我所反对的。本课在哲学概括方面,坚持马克思主义的历史主义原则;在经验描述方面,大胆吸取西方和传统美学中既有成果,使两者在宏观微观两方面相互融会,致广大、尽精微,力求对美感经验做出有深度广度的概括和描述。

(3)具有理论上的现实针对性和论辩性。美感研究会遇到一个十分敏感的问题,即个体与社会的关系问题。在美学上有人强调群体主体性,强调历史的、群体的心理经验在个体的积淀作用;有人则强调个体主体性,强调个体对社会、对群体意识的超越。前者追求个体与社会的和谐,后者张扬个性绽放。这一争论,已波及艺术理论关于主体性的讨论,双方深刻的理论分歧在青年学生中激起了很大反响。经过认真考虑并和几届研究生共同讨论,提出个体与群体对立与和谐的"过程"说(原始群体分化出个体,个体经与群体相冲突的历程,求得统一,再分化,再统一,由此循环往复,逐步提到更高程度),主张将"积淀"与"超越"当成一对平行的可以互补的概念。根据这个看法,我认为,在面临经济现代化和政治民主化任务的今天,有必要强调张扬个性,冲破传统文化所形成的以压抑个性为前提的个体与社会的原始和谐;但不能由此否定个体与社会的和谐是人类文明始终指向的崇高理想,我们应该在社会主义条件下,在新的经济政治基础上求得两者新的和谐,不能一味强调个性对社会的冲突和对立。这个看法,至少在与我讨论的研究生和部分教师中,是得到支持和赞同的。

教学过程中,我采用的主要是讲演法。为了使讲演法取得应有效果,我特别注意两点:一是尽可能和同学交流思想感情,二是努力提高自己讲授的论辩力量。为了增进交流,我在起始的"绪论"课就将本课教学目的,提出的论题要点,必要参考书目交代清楚;在具体讲授时,则从原已上过的美学原理课业已提出的问题入手,先点出问题的焦点所在,然后层层剖析,务使学生跟上自己的思路;由于本课接触到大量西方现代美学成果,讲课时,我总注意将必要的概念、术语疏解明白,做出简要明晰的规定,然后才借这些概念、术语做逻辑推演,避免因堆砌新名词使学生思维受到阻滞。为增强讲课的论辩性,我常抓住关键问题展开多层次、多侧面的证明反驳,务使结论坚牢有力,学生印象深刻。如讲审美发生学时,我在介绍群体审美发生史和个体审美发生史之后,提出一个问题:这两个发生序列,有没有对应性? 接着再介绍20世纪30年代关于"复演"说的争论。在评述这场争论时,我鲜明地表示支持"复演"说,并从下述三个侧面去肯定这一"复演"说的价值和意义:① 它符合群体和个体审美发生的实际过程;② 从生物学与生理学角度肯定:人类胚胎发育史复演了物种进化史(19世纪德国海克尔),人脑结构经长期进化形成"三叠体",其生理结构正复演了从爬虫类动物的脑("爬虫复合体")到哺乳动物的脑("边缘系统")再到人类大脑("新皮质")的进化过程(美国现代学者克莱恩提出);③ 从维科《新科学》第一次将原始人类称为人类的同年,到黑格尔的重申,马克思的确认,再到恩格斯关于孩童精神发展是我们祖先智力发展的缩影的论述,都从理论上猜到、论证了个体心理对群体心理的复演关系,在做过这样的论证之后,我再补充说明,所谓"复演",不是个体对群体心理的机械重复和具体内容的重现,而只是"复演"群体心理结构与心理模式发展的大致历程;指出个体生活在当代世界,一出生就处身于当代文化环境,因此要防止简单类比。这一课题,我讲得很集中,很紧凑,大多数学生为被内容本身的逻辑力量所吸引,课堂的气氛特别好。

我是一个年过半百的中年教师。自20世纪80年代初改教美学以来,连续开设了"美学""审美心理研究""审美教育专题"三门新课。自己的知识结构,也在不断更新之中。美学由于它自身的特点,以及它和整个艺术文化的血肉联系,往往最敏锐地感应着时代的变革、思潮的变迁,新的理论、新的观点层出不穷,故步自封是不可行的。这些年,我也经历了从忌"新"忌"怪",到冷静钻研,再到在分析中吸取新潮的艰难而痛苦的过程。说它艰难痛苦,是因为这迫使我去集中精力认真读书、深入思索,去掌握那些原来比较陌生的东西。我历来课务繁重,家庭又有很多实际困难,在课务、家务不断缠身的境遇中,要强使自己不断吸取新知,有时便把自己弄得很苦。但付出这样的辛劳是值得的。恩格斯把这种学术思想上的自我更新称之为"换毛"。要认真改进教学,要结合教学做点有效的学术研究,这样的"换毛",不可避免。不然,我们就很难使自己的教学适应本学科学术研究的进展,也很难满足同学们日益增长的获取新知的欲求。"苟日新,日日新,又日新",教学没有止境,知识的更新也没有止境。只要生命许可,我将一直这样做,至死而无怨。

1989年2月25日

走出"滞徊状态"的中国当代美学

一、"滞徊"与反思

当前国内美学研究的总趋势是复兴与热潮——滞徊与反思。群众性美学学习热潮在消退,理论研究进入表面上的"滞徊"状态,实际上却进入深层反思,在酝酿新的突破。当前研究的特点如下:

第一,代替群众性学习热潮中美学泛化(伴随着浅化与简化)现象的,是美学研究的精确化和科学化趋势。

第二,代替任意构造体系的时尚的,是对西方新潮的多向吸取。

第三,代替磨道式争论的,是20世纪五六十年代原有各派的自我反思和自我完善,并由此促进现代美学史的研究。

第四,代替美的本质论的哲学单一探讨的,是美学视野的扩展(文化学与美学)与历史研究的加强。

二、美学三大领域的研究现状

(一)美的本质论

在20世纪五六十年代美学大讨论中,形成四大派,即客观派(自然派)、社会派(实践派)、主客观统一派、主观派。在20世纪80年代,四派各有发挥引申,有的理论开拓深广一些,有的浅狭一些,但基本理论、哲学基础未大变。

20世纪80年代的第一个收获是把根源与本质相区别。20世纪80年代,《1844年经济学哲学手稿》一书各派争相引进,都想通过《1844年经济学哲学手稿》的启示,由根源至本质,将问题的探讨推进一步。

1. 客观派

客观派也引进了《1844年经济学哲学手稿》,将"美的规律"与"典型的规律"相衔接。《美学原理》将《美学手稿》中关于两个尺度的理论,都归之于对物自身本质的规定,一是关乎物的本质(物种尺度),二是关乎物的内在本质(内在尺度),把握这两种本质去进行建造,即是美的规律,也就是"典型的规律"。

其漏洞如下：

（1）物的本质与内在本质如何区分？

（2）典型说是本质与现象、必然与偶然的统一，从"美的规律"过渡到"典型的规律"，就必须说明本质→现象、必然→偶然在"建造"过程如何统一。对此《美学原理》是用哲学常识来补足的，当然，本质特征是要通过现象和个别性表现出来的，而美的事物的本质特征是通过特异的现象和个别性"充分地表现"出来的。这是把问题先做成结论，变成前提在推演，逻辑上是很脆弱的。

（3）《1844年经济学哲学手稿》讲"美的规律"，是在讲人的劳动与动物的劳动时提出的，把握（掌握）"尺度"不能抽去实践环节。离开了实践，只在认识里兜圈子，"尺度"就落实不到"造形"上来，落实不到"建造"上来，就不符《1844年经济学哲学手稿》原意。

2. 社会派

20世纪五六十年代这一派有三种主张：

（1）"真善统一"说：美是合规律性与合目的性的统一，"两个尺度"，一为客观物种尺度，一为主体内在需要尺度（目的）。这在《美学三题议》中讲得很清楚。

（2）美是人的本质力量的对象化。

（3）美是社会性与自然性的统一，自然经人化而具备社会意义，所以社会性为决定性因素。

在"真善统一"说基础上，20世纪80年代又滋衍出两说：

（1）美是自由形式。具体解释尚有出入：

李丕显认为，"两合"为自由，运用尺度于对象（造形），引起形式改变，在感性形式中实现自由，形式于是成为自由的象征。美的内容为自由，形式为自由的象征。（《美学导论》）

杨恩寰认为，两个尺度均为主体尺度，主体运用尺度，通过改变自然之物的形式、结构，以实现自己的目的，尺度与形式统一，规律与目的统一，是谓美。（尺度按目的运用于对象，即"两合"，两合体现的"造型力量"凝结于形式，是谓自由形式，即是美。）

《美学教程》在论述"内在尺度"即人的"动作图式""智力结构"时谈到，主体运用尺度于对象，有两种形式：一是主体尺度适应客体形式而发生改变，表现为"顺应"；二是客体形式适应主体尺度而发生改变，表现为"同化"。"顺应"与"同化"由对立而取得平衡、和谐、统一，结果便构成人化的形式，合于尺度的形式。这就是物质生产过程中的造形规律，"美的规律"。合于尺度的形式即是美。（自由消融在形式中，积淀在形式上，这种形式作为自由的形式，就是美。）

（2）"美是和谐"说。

美的根源在审美关系。审美关系的基础是实践。在审美关系中,实现以下诸方面的和谐即是美:第一,人与自然和谐:经过实践的人化自然是美的诞生地;第二,作为对象的和谐:实践对象,按认识、实践(狭义)、审美三分,审美对象是认识对象与实践(狭)对象的直接统一,即合规律性与合目的性的统一,其价值为美;第三,作为主体的和谐:实践主体按认识、实践、审美三分,认识——理性,实践——感性,审美——理性与感性、理智与情感直接统一,审美主体以情感直观方式观照对象,产生审美情感。

所以美是人与自然、主客体、"两合"、感性与理性、真与善的对立统一达到和谐平衡状态。

"美是和谐"说用于美的形态、范畴、艺术论,得出以下看法:

第一,美(量)的分类以内容形式关系划分:自然美是偏形式的,社会美是偏内容的,艺术美是和谐统一的。

第二,美(质)的分类以人与自然、"两合"、感性与理性对立统一状态划分:优美偏和谐,崇高为社会化崇高,喜偏矛盾对立。

第三,艺术历史进程:古代为朴素和谐(古典和谐美),近代为偏于对立不和谐(崇高美),现代为更高阶段上辩证统一的和谐美。

第四,艺术方法:在古代为古典主义;在近代为现实主义与浪漫主义;在现代为两结合。

"美是和谐"说不仅总结了美学史上源远流长的和谐说,而且反映了整个文明史、文化史的趋向。依照黑格尔辩证思考(正、反、合),有较为严谨的逻辑面貌,艺术美的出现的必然性论述十分精到。其弱点是将康德三分法纳入黑格尔的辩证逻辑,有强制结构的味道。如对象三分与合规律合目的的统一(涉及主客关系)即是一种强行黏合。量的分类与质的分类标准各异,内容形式关系与其他一系列和谐关系的联系、过渡、转化不明确,特别是运用此说于艺术史、艺术方法之中时常常捉襟见肘,屡遭非议与诟病。

3. 主客观统一派

（1）朱光潜的主客观统一论。

劳承万《审美中介论》提醒读者注意朱光潜20世纪50年代关于物甲、物乙的提法,认为是对"中介论"的一种猜测,这有一定的道理。物甲是条件,物乙经意识形态作用,意象与情趣相融而为形象,是为美。

朱光潜此说涉及一个古旧的哲学问题,即我们感知觉反映的并不等于万物的属性,说"物是感觉的复合",不对,说物的形象(事物具体感性形式)是"感觉的复合"则千真万确。格式塔心理学已充分证明了似动现象和知觉完形体现了人类知觉的能动性(知觉完形能力)。

洛克当年提出物的第一性质与第二性质问题,外部经验与内部经验(来自"内在感官"的反省)的差异问题;贝克莱主张的"存在就是被感知""物是观念的集合"或"物是感觉的集合",固有夸大主观感觉的能动性之嫌(以认识论的主客关系取消本体论的"存在"——"存在即虚无"),但在反对机械唯物论的镜式反映论方面,还有积极意义。

(2)朱光潜的弟子丁枫试图在乃师晚年美学观点的基础上有所发挥。

他指出,朱光潜晚年转向实践观点是一大转变,但把马克思主义对劳动的分析(自然人化与本质力量对象化)直接搬到美学领域,将物质生产等同于艺术生产,则是不妥的。丁枫接受了自然人化,美=两合统一=真善统一的理想,又认为这两个等号之中,包含着过渡环节。因为本质力量对象化不一定都美,如砍伐后的荒山、解剖中的尸体、骷髅模型等。这个中介环节即是"情感的凝定"。

他推论道:

① "情欲是人强烈追求自己的对象的本质力量"。

② 在实践中肯定性情感将主体联系于对象,在两者之间产生亲和力。

③ 美的创造除"两合"之外,还要具有主客体之间的亲和性。正是这种"亲和性",使主体得以将情感凝定于对象。

丁枫认为,美可定义为"美是人的本质力量的对象化,是作为这种力量的创造激情的物态凝定"。

这一定义,似又回到其师朱光潜的"主客观统一"论去了。"亲和力",是自然科学(化学)用语,指的是化学变化中两种以上物质化合时相互作用的力。美的创造中的亲和力是一个借喻,它无法做出实证。它脱胎于乃师的"情趣意象化""意象情趣化"。如果我们回顾一下创造性劳动的过程中,表象预先存在于创造者的脑中,这一表象获得物态化的形式,表象与形式"恰好"的时候,我们能体会到主客之间的亲和力、亲和性,便可唤起美感。丁枫在实践的基础上讲亲和,强调了美的动情性,试图揭示它的根源,这种探索不为无因,亦不为无益。

(3)王朝闻及其弟子刘骁纯的观点。

王朝闻是出色的艺术批评家。他在对创作心理、欣赏心理的奥秘的批评过程时有发现,时有创获。在美论上,他持"关系论",实为主客观统一论。《美学概论》中的美论并不一定可以代表他本人对美的看法。他的真实看法,可从刘纲纪概括王朝闻文论的评介中见出:"他反复讲到事物的美,一方面不能脱离事物所固有的、不以人们意志为转移的某种属性,另一方面这些属性对于人们之所以成为美的,又是因为它们在客观上和人们的生活理想产生了某种联系,表现了生活的理想。他看到了美和事物的某些属性分不开,但这种属性又是一种体现了人的生活理想的属性。"

这个论点,可化简为美是事物属性与人的生活理想的统一。"事物属性"是自然的还是社会的? 它"表现"生活理想,是象征的(情意化的)抑或是经过实践对象化的? 如系前者,则属于朱光潜所说的"主客观统一",如系后者,则属于社会客观性派。王朝闻本人对此持的是悬置态度。

刘骁纯的《从动物的快感到人的美感》提出了自己关于"实践美学"的若干重要看法,发展了乃师的"关系说",也可以说发展了朱光潜的主客观统一论。

刘骁纯像朱光潜一样,重视美与美感的生理基础。刘骁纯对动物快感与审美快感关系的探究,意在为美感寻求全面的生理基础。

在美与美感关系上,承续了"美即美感"的朱氏公式。朱光潜认为"美生于美感"(《谈美》)。刘骁纯则认为"没有离开美感的美,也没有离开美的美感"。

但刘骁纯的论证方式则是王朝闻式的,原因如下:① 对象的审美特性[有两类:韵律美(形式美)——以"多样统一"为主要法则;意蕴美(内容美)——以"历史积淀"为主要依据]是主客统一;② 主体的审美尺度(即审美理想、审美标准与审美旨趣等)有生理性尺度(自然性尺度,相对稳定)和人性尺度(社会性尺度,相对变异),两者均是主客观统一。所以,"美和美感不是两个东西,而是一个事物的两个侧面,美是美感的物态化形式,美感是美的心灵化内容;作对象观,我们把它称之为美,作主体观,我们把它称之为美感;没有离开美的美感,也没有离开美感的美。……实际上,二者是心物共鸣体的一体两面。"

应当说,刘著的主旨不在美论而在审美发生论,但他"美即美感"的公式,是值得注意的。

刘骁纯的论述有两方面的问题:① 从美论说,美=美感物态化的定义只适用于艺术,与朱光潜存在同一问题。美=艺术美,美学=艺术哲学,相当于说在美的大花园里,只有艺术美一枝独秀。② 从审美发生学来说,刘骁纯大量占有文化人类学的实证材料,而且重地下文物,这方面的研究有独创意义。可惜所论只到工具制造为止。提到了原始礼乐,但如何从工具制造到原始礼乐? 原始礼乐又如何分化为宗教、科学与艺术? 都未曾涉及。其实这两个问题尤其是后者,才是审美发生学的关键处。这至今是世界美学的一大难题。卢卡奇《审美特性》对此所作的分析,依然具有极大意义。只是从第一卷尚难窥其全豹而已。

4. 主观说——高尔泰的"美是自由的象征"

20世纪80年代各派美学中,进展幅度最大的要算高尔泰所代表的主观论。"美是自由的象征"命题的提出和阐发,使这一派美学取得了鲜明的理论特色和较为完备的理论形态,赢得了青年读者的心。20世纪80年代是主观论独树一帜、自成一派的重要年代,它从根本上改变了美学领域原有的朱光潜、蔡仪、李泽厚三足鼎立的旧格局。

对于高尔泰的理论,我们可以借用美国哲学家莫尔顿·怀特评论萨特的一句话:"人们可以批评他,却不能忽视他。"(《分析的时代》)

(1)"美是自由的象征"论的提出。

20世纪50年代中期,高尔泰提出美的主观论,只从两方面加以论证:① 美离不开美感,离开美感,美便无法确证;② 从美感相对性论证美的相对性,归结为"美=美感"。他理解的"美的本质在自然的人化",人化便是意识化、感性化。不用说,这样来理解马克思的"自然人化"思想,带有一个年轻人的幼稚性和肤浅性。

20世纪70年代以来,经过20余年的深沉思索,通过20余年心灵的痛苦熬煎,高尔泰的美学思想大大深化。他抓住了马克思关于"人的本质力量对象化"的命题,认为它"为美学研究指出了一个正确的方向",但他无意于停留在"注经"阶段,而以"对象化"为阶梯,进而提出"自由象征"说。其要义有四:① 人的本质决定美的本质;② 人的本质是在自然人化前提下的自由;③ 本质对象化,即自由在对象上的显现;④ 美是自由的象征。

这种美论,从人的本质即自由的基点出发,有很浓厚的人道主义色彩,是一种人本主义美学观。

丁枫将这种美论概括为一个三段论:① 美是人的本质力量的对象化;② 人的本质是自由;③ 美是自由的象征。丁枫指出,这个三段论的推理,逻辑不够严谨,因为"对象化"的大前提推不出"自由的象征"(对象化≠象征)。从"实践对象化"的观点看,这里确实有毛病;从"意识对象化"的观点看,却是顺理成章。高尔泰恰恰在这里做文章。在高尔泰看来,自由=意识的自由,它作为人的本质,有三个层次:① 人与自然的关系——人的诞生;② 人与社会的关系——(劳动)主体性;③ 个体与社会——文化心理结构。

$$自由\begin{cases}认识了的必然——合规律的认识(手段)\\目的的实现——意识到的需要(目的)\end{cases}劳动实践\begin{cases}物质实体\\(创造世界)\\人的生成与改造\\(创造自己)\end{cases}$$

自由是实践对意识的超越=人类对意识的超越=人的自我超越=手段对目的的超越

黑格尔认为,手段高于目的。狭隘的有限目的实现之后,手段满足了原有需要,又创造出新的需要,产生新的目的,寻求新的手段……由此循环往复。由上,高尔泰进一步概括为自由是对于必然性的超越。

其中包括两重超越:① 对自然必然性之超越,使人摆脱动物界而进入历史;② 对社会必然性的超越。又分为现实的超越与精神的超越。(人的解放=人的自我实现=人的本质的全面复归)

精神超越发生在"史前期"——有阶级以来的异化状态。精神解放是事实解放的探索、预演和准备。它可以超前,可以不待历史条件成熟。作为精神解放手段之一的审美,则是以审美体验(感性)方式使人得到暂时的解放。

超越性,原系胡塞尔现象学的概念。后移入存在主义哲学而获广泛流传。法国哲学家让-保罗·萨特在演讲《存在主义是一种人道主义》时说:"我在此所谓超越性,是作为人的一种构成要素,指超出的意义,而不是指'上帝是超越的'话中所指的超越意义。"

(2)"现代美学"的理论要领。

1983年高尔泰发表的《美的追求与人的解放》,揭起"现代美学"旗帜,这是它的理论宣言。

> "现代美学"是以宏观历史学(人道主义)为依据的微观心理学(按:实为审美经验的哲学论证),它"以'人'为研究对象,以美感经验为研究中心,通过美感来研究人,研究人的一切表现和创造物,提出了'自我超越'这一说是人道主义,又是美学的任务"[1]。

这一规定表明,高尔泰更为自觉地将他的美学建立在人本主义哲学基础之上。它的要领有三:

① 逻辑起点——异化条件下个体与族类的深刻矛盾。由这一矛盾引出两种异化:第一,存在与本质的异化(个体的、心理学的);第二,族类自身的异化(社会的、政治经济学的)。两类异化的扬弃,分别有两条途径:第一,个体异化之扬弃——自我超越——克服私心与狭隘的功利主义。审美即自我超越的一种形式,审美中通过自我超越,求得精神解放,而通向历史,通向人类进步,指向个体与族类之统一。第二,人类历史的——私有制的扬弃,社会的积极改造。

② 审美经验的特点及其根源。

第一,审美活动——内心体验即美感,美感是动力过程。审美活动具有无私性和非实用性,它是对自然必然性的超越——生理快感,亦是对社会必然性的超越——具有丰富的历史和社会内容的生理快感。

---

① 高尔泰.美是自由的象征[M].北京:人民文学出版社,1986:100.

第二,其根源是人的感性动力(自然生命力、原始生命力)的自我表现。关于自然生命力、原始生命力、感性动力,高尔泰没有做出明确的规定,他的论证是存在主义式的。

"人是现有的、有生命、有需要的存在。"因为系"现有",人是"受限制的",因为有生命、有需要,所以它是有痛苦、有热情的存在。由此形成感性动力。它与社会理性结构结成两重关系:理性结构化分为二,作为异化的理性结构,是封闭的、僵死的结构,它与感性动力相对峙,感性动力表现为"感性批判能力",感性力量的实现,是对异化力量的否定,对自由的肯定;作为融入美感的理性结构,它成为美感中"一个被扬弃的环节",理性成为感性动力的营养,"力量来自营养,却又是营养的扬弃"[①]。

美感经验的作用在于它能突破理性结构的限制而指向未来。它不断"试错",不断"自由定向""自由选择"。所以美是人类借以取得进步、借以实现自己本质的力。

第三,"超越"高于"积淀"。

高尔泰承认"积淀",但他更强调变化和发展。"强调开放性感性动力还是强调封闭的理性结构? 这个问题对于徘徊于保守与进步、过去与未来之间的我们来说,是一个至关重要的抉择。"

"'历史的积淀'和既成的理性结构,是过去时代的遗物。""从变化和发展的观点,即从人类进步的观点来看,不是'积淀'而是'积淀'的扬弃,不是成果而是成果的超越,才是现代美学的理论基础。"[②]

这个观点十分鲜明地表明了高尔泰、李泽厚之间的深刻分歧。"积淀"一语是李泽厚美学的独创假说(范畴)。它来源于"美感两重性"和对康德先验美学的批判。高尔泰不否认"积淀现象",但他强调两点:一是美不是静态成果(对象化、积淀后的产物),而是动态过程(不断创新、超越);二是"积淀"与"超越"即是面向传统或面向未来的问题。"面向未来"比承袭传统重要,因此,"离开感性动力谈理性结构与历史积淀,能合乎逻辑地说明已经形成的事实,但这种说明至多只有艺术史或美学史的意义,而没有美学原理的意义"[③]。

李泽厚构建的体系如下:

实践—自然人化 { 对象性—外在自然人化—本质力量对象化—社会工艺结构—物质文明(美) / 主体性—内在自然人化—五官感觉社会化—文化—心理结构—精神文明(美感) } 双向平行发展(积淀)

---

① 高尔泰.美是自由的象征[M].北京:人民文学出版社,1986:104.

② 高尔泰.美是自由的象征[M].北京:人民文学出版社,1986:109-110.

③ 高尔泰.美是自由的象征[M].北京:人民文学出版社,1986:111.

审美意识和艺术的历史行程不可能是历史→现实、族类→个体、理性→感性的单向"积淀"过程，而似应为各自之间既"积淀"又"超越"的双向作用过程。这个问题关乎传统与创新的老课题。这需要从文化学高度加以考察。

应该怎样评价高尔泰的"现代美学"？

（1）它突出了审美心理中个体心理与社会心理、感性与理性的关系问题。它高扬个体感性因素，似更符合美感经验的实际（美感的个体性、偶然性、突发性、创造性、不可重复性等）。从哲学上说，它重视个体发展，个体潜能的发挥（个性全面发展）。把审美问题引向人的深层心理（感性动力属于无意识与潜意识领域）。以个体审美经验的"试错"假说，从一个角度解释了黑格尔的名言："审美带有令人解放的性质。"

（2）以感性动力的自我表现解释艺术史，尤其是悲剧性艺术，有其深刻处。高尔泰对忧患意识的重视，对屈赋的分析（感性动力与理性结构的冲突构成《离骚》的情感模式），都颇为精到。

高尔泰的"现代美学"的弱点如下：

宏观历史学和微观心理学相脱节。事实的解放和精神的解放相脱节。出现艺术理论中社会学分析与哲学、心理学分析的自相矛盾和抵牾。

在感性与理性的相互关系、个体与社会的相互关系上，高尔泰受存在主义影响很深。

（1）存在先于本质——人最真实的存在是处于孤寂、苦闷、绝望和阴暗的情绪之中。人应该生来就是自由的，"我们被判处了自由这样一种徒刑"（《存在与虚无》）。

不自由＝不存在。裁纸刀的本质先于存在，人若先行强加本质即变成为非人（物）。

（2）选择的自由——"不选择也是一种选择"。关在狱里的人选择不了出狱的自由，但只要他向往出狱，他依然保持自由（想象的自由）。

（3）行动的哲学——"不冒险，无所得"，人生就是掷骰子。

（4）人生即是烦恼、孤独与绝望。

高尔泰也承袭了存在主义的优点和弱点。存在主义强调个体生存的意义，强调每个人自由选择的权利，但它否定理性。

在我们看来，精神解放有一定超前性，但归根结底依赖于实际的解放。而实际的解放的根在生产的发展。精神生活问题如果不归结到生产力的发展，那可以说是一种无用的理论。高尔泰的理论有超前性、早熟性，因而曲高和寡，使这个理论带有某种悲剧色彩。

在理性与感性关系问题上,说理性是稳定结构,感性是动力结构,这样区分,大致可以。但稳定不等于封闭、僵死,不等于不可变。这只要一看皮亚杰的S→AT→R公式便可了然。事实也会反驳高尔泰。大谈感性动力万能的高尔泰,不也在凭借某种理性结构(例如人本主义、生存主义)来张扬个性和感性吗?力量是由营养转化的,总不能赞美力量而鄙弃营养。

高尔泰把理性结构看成某种宗教教条或某种道德信条(如"心理杀人"),而且是最坏的宗教教条和道德信条,那是以偏概全。

关于美论的研究趋向:

(1)需迅速跨越"对象化"的阶梯,以更宽广的视界从宏观上把握美的本质。

目前"对象化"派美论,一个致命的弱点是只停留在物质生产领域,而且将美看成对象化成果,这是十分粗浅的。应该从物质生产→精神生产→艺术生产,从更高、更深的层次来展开人与自然的统一、个体与社会的统一。在这一点上,高尔泰的研究不失为一种尝试。

(2)从文化学背景来看审美:在人类的文化—心理结构之中,考察这一结构的缩影——"审美文化—心理结构"或"艺术文化—心理结构"。

(3)审美发生学的推进,关乎美论的突破。

物质生产→原始巫术→科学、宗教、艺术之分化→艺术生产的出现。

1988年2月4日整理

编　后　记

　　起意为我们的老师汪裕雄先生再编一本集子的萌芽,伏根于先生的《汪裕雄美学论集》(安徽师范大学出版社2016年版)整理完成和出版之际。这"根"之能破土而出则有一段因缘需向读者诸君交代。

　　2020年11月3日22时18分,时任文学院院长的储泰松教授通过微信发给了我一张照片和一段文字:"汪裕雄老师的备课笔记,早年送给了一位校友,他愿意捐回来。"看到图片,我激动不已,那再熟悉不过的笔迹,劲秀而深蕴,于是便催促储院长赶紧把全稿要来。随后得知,愿意捐出先生手稿的正是我们1988届的杰出校友、创办社会影响极大的"宝宝念诗"公众号的韩可胜学长。在2016年的一次校友采访中,可胜学长曾深情回忆自己至今还保留着汪老师第一次上美学课时的备课笔记:"那是恢复美学课以后,汪老师用活页纸来写、自己用线装订的,严谨工整,钢笔书法赏心悦目,大概是在20世纪70年代末期,这是中国美学教育史的宝贵财富。"接着还特意表示:"我应该找出来,捐给安徽师范大学中文系。"[①]看来可胜学长早有此深情厚意,令人可敬可爱!

　　两周后的11月18日上午,我从储院长办公室拿到了从上海快递过来的这份珍贵的手稿,立马回了家,把我自己收藏的汪老师当年作

[①] 徐炜红.1988届校友韩可胜:人生很多种可能,但要不忘初心[EB/OL].(2016-11-01)
　　[2022-12-12].https://:wxy.ahnu.edu.cn/info/1052/5840.htm.

为礼物送给我的另一本《美学讲稿》(扉页有:1982年秋[79]、1983年春夜大首届中五、1983年秋经修改用于81[1]),连同早先从陈元贵老师那儿借来的葛永波师兄读研时跟随本科生听先生美学课笔记,加上光明日报出版社1987年出版的《审美教育》中先生所写文字,摆在了一起——给老师再出一本集子的时机终于来了。当天我就把结集出版的想法汇报给了储院长,他欣然同意,并表示积极支持。接着教研室同仁们便开始行动了,尤其是"朱光潜暨皖籍现代美学家研究中心"执行主任且在出版方面经验丰富的侯宏堂教授,直接指导组稿和联系出版,成立了"整理小组",好几位先生昔日的学生、今日已全国知名的校外学者,如朱志荣、韩德民和钱雯等,也都加入了这个小组。随后桑农老师又贡献出他珍藏多年、先生当年自己复印并作了少量批注的钱奇佳老师的听课笔记《康德美学导引》《黑格尔美学导引》《宗白华美学导引》共三本。就这样,这本《美学讲稿》的整理工作便开始了。

为了使书稿内容更加充实完善,12月13日我专门到先生家里,同师母朱月生老师做了沟通,后带着正在以先生的美学思想为学位论文选题的研究生,从老师遗留下来的好几箱材料中,挑选了七份和这次结集主题相关的手稿材料。在确定了最大可能被这次使用的材料后,便请张新雪、夏兴才、潘婷这三位都曾研究过先生美学思想的研究生,分别对手稿进行了电脑录入工作。录入完毕后,"整理小组"根据内容,就编纂体例和内容安排进行了多次充分的讨论,最终确定结构上分为上、中、下三编,分别为"美学基本理论""美学要籍导读""美学教学反思",共20余万字,意在从中凸显先生精深的学术研究(针对学者)、精心的教材撰写(针对学生)和入心的课堂教学(针对教师)这个三位一体的大格局。书稿校对工作分别由先生的入室弟子乔东义、陈元贵和夏艳三位老师担任并负责统一版式体例,侯宏堂老师和我做了最后统稿。

先生的这些手稿,朱师母曾在电话里描述过它们的出生历程:先生先是系统看书,做笔记,然后思考,写出简要的大纲,开选修课,发给选修的学生,根据讲授情况和学生的反响,再写较为详细的大纲,再修改,然后完善后发表。在上面提到的挑选出来的七份材料中,其中就有一份题为《拓展学科领域注重知识更新——开设"审美心理研究"选修课的体会》的材料,据这份写于1989年2月25日的"授课体会"记述,"审美心理研究"选修课"于1986年和1988年两年分别为中文系高年级学生开设……其间,又分别为'绘画艺术研究''中国现代文学''文艺美学'三个专业的硕士研究生讲授过同样内容。师生共同切磋、讨论,使这门课的内容不断得到充实和加深";课程"将审美意象确认为美感的基元,以审美意象的诞生、伸展为线索,将审美发生论、审美心理结构论、审美意象体系论、审美心理交流论这四大块联结起来,成为一个理论体系"。这份材料足可以印证朱师母的描述,并且对当下人文学理论的研究和教学有着非常明显的借鉴意义。整理期间,我曾在孔夫子旧书网上购得先生开设"审美心理研究"选修课的油印教材,名为"审美心理研究纲要",为1992年7月修订版,共五章,43页。这个"审美心理研究"提纲的目录和内容与辽宁教育出版社1993年出版的《审美意象学》相比还是有不少值得关注的重要差异的。从1985年到1993年,前前后后,先生给了他的"审美心理研究"近十年的时间。从中可以照见先生的审美研究,有一个从"审美心理"到"审美意象"的深化和细化的过程,而且,先生关于审美心理的研究恰好是其卓有成效的审美意象学研究的学理基础和背景参照。就目前掌握的材料看,先生关于审美心理的研究已经非常深入且系统,这部分手稿,也非常值得关注。

在整理的过程中,我们曾想搜集先生谈美论学的书信和其他散落的材料,但收获甚微,有点遗憾。现在,书稿已经交付出版,萌芽已有结果,请允许"整理小组",包括朱师母,在这里向关心支持这部文集出版的韩可胜学长、朱志荣教授、储泰松教授、项念东教授等表达最衷心的感谢,让我们一起见证先生学术成果的不断光大、先生学术精神的代代传承!

就在此时,为先生编写第三本文集的种子,是否也已经种下,让我们一起期待等待吧……

《美学讲稿》整理小组
受业弟子李伟执笔
2022 年 8 月 6 日